SCHOPENHAUER

UNE PHILOSOPHIE DE LA TRAGÉDIE

DU MÊME AUTEUR
À LA MÊME LIBRAIRIE

L'ŒUVRE DE KANT. La philosophie critique.
Tome 1 : La philosophie pré-critique et la critique de la raison pure. 1969, 6 e éd. 1993.
Tome 2 : *Morale et politique*. 1972, 5 e éd. 1993.

L'ŒUVRE DE FICHTE. 1984.

L'ÉCOLE DE MARBOURG. Cohen – Natorp – Cassirer. 1989.

ESSAIS DE PHILOSOPHIE DE LA GUERRE. 1976, 2e éd. 1988.

ÉTUDES KANTIENNES. 1982.

LA LIBERTÉ HUMAINE DANS LA PHILOSOPHIE DE FICHTE. 1966, 2 e éd. 1980.

THÉORIE ET PRAXIS DANS LA PENSÉE MORALE ET POLITIQUE DE KANT ET DE FICHTE. 1968, 3 e éd. 1988.

SCHOPENHAUER. UNE PHILOSOPHIE DE LA TRAGÉDIE. 1980.

JEAN-JACQUES ROUSSEAU ET LA PENSÉE DU MALHEUR. (3 volumes), 1984.

LA THÉORIE KANTIENNE DE L'HISTOIRE. 1986.

LA JEUNESSE DE FEUERBACH (1828-1841). INTRODUCTION A SES POSITIONS FONDAMENTALES. 1990.

QU'EST CE QUE LA PHILOSOPHIE ? Kant et Fichte. 1991.

LECTURE DE LA *PHÉNOMÉNOLOGIE* DE HEGEL. Préface, Introduction. 1994.

MÉTAPHYSIQUE ET POLITIQUE CHEZ KANT ET FICHTE. 1997.

LA PHILOSOPHIE DU MALHEUR – 1. Chestov et les problèmes de la philosophie existentielle. 1998.

LA PHILOSOPHIE DU MALHEUR – 2. Concepts et idée. 1999.

Traductions

KANT (E.) *Qu'est-ce que s'orienter dans la pensée ?* Traduction, commentaire et notes. Préface de F. Alquié.

KANT (E.) *Critique de la faculté de juger.* Traduction.

KANT (E.) *Réflexions sur l'éducation.* Traduction, commentaire et notes.

KANT (E.) *Lettre à Marcus Herz du 21 février 1772*, in *La Dissertation de 1770*. Traduction, introduction et notes.

KANT (E.) *Métaphysique des mœurs.* Première partie : *Doctrine du droit.* Introduction et traduction. Préface de M. Villey.

KANT (E.) *Métaphysique des mœurs*. Deuxième partie : *Doctrine de la vertu.* Introduction et Traduction.

HEGEL (G.W.F.) *Foi et savoir.* Kant, Jacobi, Fichte. Introduction et traduction.

FICHTE (J.G.) *Œuvres choisies de philosophie première : Doctrine de la Science, 1794-1797.* Traduction.

FICHTE (J.G.) *Ecrits de philosophie première : Doctrine de la Science, 1801-1802*, et textes annexes. Traduction, commentaire et notes.

BIBLIOTHÈQUE D'HISTOIRE DE LA PHILOSOPHIE

NOUVELLE SÉRIE

Fondateur : Henri GOUHIER — Directeur : Jean-François COURTINE

SCHOPENHAUER

UNE PHILOSOPHIE DE LA TRAGÉDIE

par

Alexis PHILONENKO

Deuxième édition corrigée

PARIS

LIBRAIRIE PHILOSOPHIQUE J. VRIN

6, Place de la Sorbonne, Ve

—

1999

Imprimé en France
ISSN 0249-7980
ISBN 2-7116-1415-8

En hommage amical et reconnaissant

à

Monsieur Martin FLINKER.

« La spirale est une forme d'optimisme,
car elle est ouverte. »

Le Laocoon

Schopenhauer jeune

AVANT-PROPOS

Schopenhauer est l'homme d'un seul livre rédigé plusieurs fois : *Le Monde comme volonté et représentation.* Il l'a écrit tout d'abord à Dresde entre 1814 et 1818. Il l'a retranscrit, avec des variantes intéressantes, dans ses Leçons de Berlin, connues sous le titre *Vorlesung ueber die gesammte Philosophie,* de 1820 à 1831. En 1831, rebuté par son insuccès dans l'enseignement universitaire, et craignant le choléra qui sévissait à Berlin et dont Hegel et Clausewitz furent victimes, il abandonne et Berlin et le professorat. La seconde édition de son ouvrage principal est accompagnée de suppléments, qui prolongent la doctrine et constituent un ensemble qu'on pourrait considérer comme une troisième rédaction si la forme architectonique ne faisait défaut. Enfin les *Parerga et Paralipomena* (surtout le second volume qui forme le tome VI de l'édition des œuvres complètes, publiée chez Brockhaus par les soins de Arthur Hübscher), sont la quatrième rédaction. Les *Parerga et Paralipomena* de 1851, sept années après la seconde édition du *Monde comme volonté et représentation* (1844) prolongent également la doctrine sans la modificr. Aussi dans la *Préface* à la dernière édition du *Monde comme volonté et représentation* (1859) Schopenhauer n'hésite pas à dire de ces développements qu'ils « auraient trouvé leur place naturelle dans les deux présents volumes »[1].

Voici donc un philosophe qui prétend s'être enrichi, mais refuse toute évolution réelle de sa pensée. Cette affirmation le distinguc de ses illustres « collègues », Fichte, Schelling, Hegel. Dans une lettre assez tardive, puisqu'elle est adressée à Erdmann le 9 avril 1851, il affirme que « son système philosophique se forma dans sa tête, en quelque sorte sans sa volonté, comme

1. Les deux volumes dont il est question sont d'une part, l'exposé systématique de la doctrine et d'autre part, les suppléments liés à la critique de la philosophie kantienne.

un cristal dont tous les rayons convergent vers le centre ». On ne saurait être plus explicite. Il n'a jamais pu dépasser ses premières pensées ; il n'a su que les compléter. De là les quatre rédactions. La lettre à Erdmann est d'autant plus significative qu'elle est écrite à une date où Schopenhauer commence enfin à connaître la célébrité et s'applique à son *curriculum vitae.* Il ne semble pas s'être plaint outre mesure de la destinée qui ne lui a apporté la gloire qu'au terme de sa vie. Il ne demandait rien pour lui-même — mais espérait beaucoup faire connaître ses idées. Au souci d'approfondissement se joignait le désir de se faire entendre, non de faire entendre *sa* vérité, mais *la* vérité. Ces rédactions diverses, mais dans le fond semblables, ne sont pas le fait d'un esprit aigri pour ne pas avoir été entendu immédiatement. Schopenhauer fut, au meilleur sens du terme, un *héros* de l'esprit.

Sans doute certains de ses ouvrages peuvent-ils être considérés séparément. C'est le cas pour sa *Théorie des couleurs* inspirée par Gœthe et qui ne rejoint pas directement le noyau d'intuition qui forme le cœur du système. Mais il en va tout autrement pour des textes comme *La volonté dans la nature* ou le célèbre *Fondement de la morale.* Ce n'est pas à dire que Schopenhauer soit l'homme d'une seule idée ; c'est l'homme d'une intuition unique qui éclaire toutes ses idées, et qui est demeurée toujours identique. Si l'on devait proposer un exemple pour illustrer la pensée de Bergson, suivant laquelle, si grande que soit la diversité des matières le philosophe ne cesse d'affirmer son intuition, c'est, sans doute, la pensée de Schopenhauer qu'il conviendrait de retenir.

Nous n'avons pas pu — à quelques exceptions près — fonder notre étude sur des travaux antérieurs. Il nous a souvent semblé, à tort ou à raison (le lecteur jugera) que les commentateurs du dernier grand idéaliste allemand n'avaient pas su d'une part éclairer la puissance émotive de cette pensée et d'autre part, plus grave est le reproche, qu'ils avaient certes mentionné avec exactitude les contradictions du philosophe, mais sans les situer au moment où elles possèdent une valeur névralgique. Aussi nous sommes-nous vu obligé de parcourir l'itinéraire de Schopenhauer avec une certaine naïveté et même cette candeur qui conduit à négliger les contradictions aussi longtemps qu'elles apparaissent comme des jeux d'écoles, mais qui fait qu'on s'y arrête, en revanche, lorsqu'elles prennent une teneur humaine indéniable, signe de notre condition. Par exemple la dialectique du principe d'individuation et du caractère intelligible, théoriquement délicate, prend une dimension soudaine et profonde, lorsqu'elle est traitée au terme de la Métaphysique du Beau. C'est qu'à ce point elle nous *engage*, tandis qu'au niveau de la philosophie théorique, se ramenant à une opposition de concepts, la contradiction demeure académique.

L'œuvre de Schopenhauer est comparable à une spirale. Moment de la pure théorie (le monde comme *représentation*). Moment de l'apparition de la *Volonté* (Métaphysique de la Nature). Moment de la *représentation supérieure* (Métaphysique du Beau). Enfin moment où la *volonté*[2] se comprend elle-même (Phénoménologie de la vie éthique). Nous nous sommes attaché à gravir cette spirale, complétant certains moments par des réflexions qui pourront paraître personnelles, mais qui s'inspirent directement de la pensée de Schopenhauer et qui sont, à la vérité, peu nombreuses. — Qu'il nous soit permis d'insister sur un fait : il ne s'agit pas d'une progression dialectique, telle qu'on peut la discerner chez Fichte ou Hegel. C'est devant un itinéraire interne et moral qu'on se trouve placé. Schopenhauer a repris la maxime de Vauvenargues : « Toutes les grandes pensées viennent du cœur ». On ne s'étonnera donc pas que nous ayons voulu cesser de jongler avec les contradictions littérales de la doctrine ; nous étions invité à un effort de réflexion *cordial*. Notre analyse pourra être jugée parfois *sentimentale*. Il n'est pas dans notre intention d'en rougir. Cela exige, en effet, de notre part un effort nouveau par rapport à la constitution mathématique d'une dialectique, à laquelle nos études sur Fichte nous avaient préparé. L'enseignement acquis dans nos travaux sur la philosophie kantienne nous a plus servi ; mais à beaucoup d'égards cette dernière préparation se révélait insuffisante. Il reste que parler d'*analyse sentimentale* ne veut pas dire mièvrerie ou absence de rigueur ; l'analyse sentimentale est un effort *sui generis* pour se mettre à portée d'*entendre* le discours qui se veut *vivant*. Sans doute devra-t-on lire de nombreuses pages « techniques » (ainsi celles qui touchent à la théorie pure de la représentation : espace, temps, causalité). On ne saurait en faire l'économie : si la théorie pure de la représentation ne constitue pas ce qu'il y a de profondément *original* dans la pensée de Schopenhauer, elle constitue son point de départ. Bien plus essentielles sont les réflexions du philosophe sur l'art et la vie

2. Le mot de Volonté pose un problème pour l'interprète de langue française ; il lui faut tantôt l'écrire avec une majuscule, tantôt avec une minuscule. Mais cette difficulté est tout à fait secondaire.

éthique. Respectant le développement de la pensée du philosophe, notre dessein a été de le suivre avec humilité, tentant de pénétrer sa *Weltanschauung*. Il n'était pas nécessaire de tout commenter et nous avons, en particulier, omis d'analyser sa critique de la philosophie kantienne, qui, à notre sens, est finalement plutôt un obstacle qu'un moyen en vue de l'intelligence de sa pensée. Nous voulions montrer avant tout la portée fondamentale des pensées issues de son cœur.

Cette étude se fonde sur le *Monde comme volonté et représentation*. Nous avons aussi constamment fait appel au texte des Leçons de Berlin [3]. En ce qui concerne les œuvres publiées par Schopenhauer, nos références sont données dans l'édition de Arthur Hübscher [4] et indiquées ainsi : Brockhaus, Bd. IV, p. 59, — nous avons utilisé également la seconde édition des *Œuvres complètes*, publiées par Julius Frauenstädt, un disciple du maître [5]. Le texte des deux éditions est souvent identique et la distribution des écrits (comme leur pagination en ce qui concerne Le *Monde comme volonté et représentation*) également. Il ne nous est pas apparu nécessaire lorsque nous citions l'ouvrage fondamental de Schopenhauer (le *Monde...*) d'indiquer toujours la page. Il suffisait d'indiquer le paragraphe ou de renvoyer à un texte appartenant aux suppléments par la formule suivante : *Monde*, Supl. XXXVII. En général, en ce qui touche le *Monde comme volonté et représentation*, les citations sont données d'après la traduction de A. Burdeau, revue et corrigée par R. Roos [6]. Mais il nous est apparu que parfois la traduction devait être modifiée encore une fois. Dans les cas les plus impératifs nous avons signalé la correction apportée.

Il reste encore quelques mots à dire. L'ouvrage qu'on va lire est, en fait, le résumé des leçons professées à l'Université de Genève sur la philosophie de Schopenhauer au semestre d'hiver 1978-79. Nous voulons remercier M. F. Alquié, Membre de l'Institut, qui nous a aidé à réviser le manuscrit avec une rare bonté. Nous remercions également notre épouse, qui a porté la dernière main à la rédaction.

Genève, le 24 avril 1979.

3. Arthur SCHOPENHAUERS, *Sämtliche Werke*, Herausgegeben von Paul Deussen, Bd. IX & X, München 1913. R. Piper & Co., Verlag.

4. Arthur SCHOPENHAUER, *Sämtliche Werke*, F. A. Brockhaus, Wiesbaden, 1972.

5. C'est pourquoi on ne peut se dispenser d'utiliser son édition — surtout sa seconde version, qui élimine les fautes de la première.

6. *Le Monde comme volonté et représentation*, traduction A. Burdeau, édition revue et corrigée par Richard Roos, 1 vol. Presses universitaires de France, Paris, 1966.

INTRODUCTION

La *Probevorlesung* des Leçons de Berlin

§ 1. **Prélude.**

Dans la *Vorlesung ueber die gesammte Philosophie*[1] Schopenhauer affirme que la philosophie, plus que toute autre science, possède une unité et une cohérence interne — cohérence qui est celle d'un organisme. Peu soucieux, en cette première définition qui ouvre les Leçons de Berlin, de faire état des sciences et en particulier de la bio-zoologie, qui avait enseigné à reconstituer un organisme à partir d'un fragment d'os, il demande seulement qu'on imagine un observateur qui n'aurait jamais vu un corps, mais seulement des membres, des organes. Cet observateur, selon Schopenhauer, ne parviendrait jamais à imaginer l'unité[2]. On jugera banale l'affirmation. Mais puisqu'elle introduit dans les Leçons de Berlin l'exposé de la doctrine entière du philosophe, elle mérite attention. La pensée de l'auteur du *Monde*, bien qu'elle connaisse une progression interne que seule l'image d'une spirale peut rendre, à la différence de celles de Fichte ou de Schelling (pour ne rien dire de Kant et de Hegel), repose sur une *intuition* que rien ne saurait livrer en sa totalité : quel que soit le mode d'exposition, il est appelé à la défigurer. On remarquera simplement que l'exposition ne peut être que *discursive*, souvent aux prises avec les problèmes de l'architectonique, et encore plus simplement que tout livre a un commencement et une fin. Or l'intuition qui constitue la pensée schopenhauerienne n'a pas vraiment de fin, ni de début. Elle s'organise dans une totalité, peut-être comparable à un diamant dont les facettes s'illuminent récipro-

1. In *Arthur Schopenhauers handschriftlicher Nachlass* (Deussen Herausgeber), Bd. IX & X des *Sämtliche Werke* (Deussen) désormais cite Deussen.
2. Deussen, IX, p. 69.

quement : c'est ainsi que la phénoménologie de la vie éthique, clôture de l'exposé, ne se comprend pas sans la Métaphysique de la Nature et inversement. Dans l'*Exordium* des Leçons de Berlin, l'auteur du *Monde* insiste sur l'insuffisance de chaque moment détaché des autres. Ainsi on ne saurait traiter de la logique, c'est-à-dire des formes abstraites de la pensée, sans, par opposition, méditer sur la connaissance intuitive. Mais traite-t-on de cette dernière, on se voit conduit en la théorie de la représentation, de là aux notions de monde et de sujet qui émergent comme manifestation de la notion de Volonté comme essence de l'Être, essence qui n'est pas un sens ultime, mais un non-sens radical.

Certes la nécessité organique n'est pas absolue, même si elle se constitue comme totalité indivise. Physique, esthétique, éthique sont comme les reins, les poumons, le cœur même de la pensée de Schopenhauer. Mais dans la prétention à l'être-indivis, il y a des limites ; par exemple le droit, bien que relevant de la totalité, mérite d'être désigné comme un appendice au sens organique et physiologique. Un homme chauve peut vivre, c'est plus difficile pour un homme sans tête. Donc dans l'unité organique qui se constitue en philosophie, il se trouvera, comme en tout organisme, des moments marginaux. Le droit, pour revenir à cet exemple, dès lors qu'il prétend valoir pour lui seul et par lui seul, n'est que la perruque de l'histoire. Plaisanterie qui possède un sens digne d'être consigné. C'est dire que l'homme ne peut être plus que l'homme. Après les rêveries du jeune Schelling, la formidable tentative hégélienne d'apprivoiser le Logos, avant le délire nietzschéen, qu'il a pourtant annoncé, Schopenhauer professera la limitation de l'homme. Cette pensée de la finitude humaine n'est pas véritablement héritée de Kant, qui croyait en un progrès de l'humanité [3] — elle ne s'explique pas seulement par une réaction contre les prétentions hégéliennes ; elle ignore même la vraie pensée de Fichte. Que ce soit chez Kant, Fichte, Schelling, Hegel et Gœthe, qui les dépasse tous, si détermination il y a de la finitude humaine ou de la capacité de l'homme à se dépasser, elle n'est jamais issue du seul sentiment (qui ne se confond pas toujours avec la *Schwärmerei*). Tous ces philosophes ont voulu présenter des *raisons*. Schopenhauer ne dérogera pas à cet impératif de la pensée philosophique. Mais à l'arrière-plan de ses déductions on reconnaîtra toujours une pensée *musicale*, qui

3. A. PHILONENKO, *L'idée de progrès chez Kant*, Revue de Métaphysique et de morale, 1975. Voir aussi, *L'Œuvre de Kant*, T. II, ch. 1.

reflète les choses de la vie. Son style, sans doute le plus distingué de la philosophie idéaliste allemande, est là pour nous rappeler, à chaque instant, que toute déduction intellectuelle, si abstraite qu'elle paraisse, ne peut manquer d'éveiller des sentiments profonds dès lors qu'elle est philosophique, et tandis qu'elle engage l'homme, elle l'arrache au sol natal de la crédulité pour le mener dans le sombre couloir des questions.

Pourrait-il en être autrement ? L'homme est un animal métaphysique et il n'est pas besoin d'en dire beaucoup pour l'amener à réfléchir. Ainsi dans le *Monde comme volonté et comme représentation,* Schopenhauer dit une chose très simple, mais susceptible de conduire à la méditation la plus angoissée. « L'homme est le seul être qui s'en aille à travers le monde avec la certitude de sa mort ». Il y a bien des choses à mettre en lumière ici. Que signifie cheminer ? Nous verrons bien plus loin que l'homme parcourt en zigzags la ligne droite de sa misérable existence. Que signifie « à travers le monde » ? La doctrine y répondra longuement. Qu'il nous suffise, en ce prélude, de retenir que l'homme se sait mortel et qu'il sait qu'il n'est rien de plus qu'homme. L'essentiel est de comprendre que ce qui est le plus important est moins la mort que le *savoir* de celle-ci, que tout homme possède sans en avoir l'expérience. Ce savoir introduit une irrémédiable cassure entre la vie et la conscience. Habitée par le savoir de la mort, la conscience ne peut adhérer entièrement à la vie, et à la limite, ce qui est la *définition* de la conscience *tragique,* vie et connaissance (ou plus simplement *conscience,* comme on le verra) tombent l'une en dehors de l'autre.

« Sorrow is Knowledge : they who know the most
Must mourn the deepest o' er the fatal Thruth
The tree of Knowledge is not that of Life »[4].

Ces vers pourraient exprimer l'intuition qui soutient le système tout entier. L'arbre de la connaissance n'est pas celui de la vie. Aussi les réflexions qui s'appuient sur cette intuition serontelles *pessimistes,* mais d'un pessimisme qu'il convient de bien entendre comme originairement fondé dans la mouvance tragique. Ce n'est pas le pessimisme qui fonde la philosophie de la tragé-

4. BYRON, *Manfred,* Acte I, scène I. Notre éminent collègue, le Professeur G. Steiner, qui enseigne la littérature comparée à l'Université de Genève, propose pour ce texte qui n'est pas sans difficulté, la traduction suivante : « Douleur est Connaissance, ceux qui savent le plus, doivent souffrir le deuil le plus profond de cette fatale vérité — l'Arbre du Savoir n'est pas l'Arbre de Vie. »

die, mais l'inverse. Dans la certitude ontologique de sa mort, certitude qui est un savoir, l'homme voit s'écrouler les murailles sereines de l'existence et de la vie toujours recommencée. Certes Schopenhauer n'a pas ignoré les doctrines classiques et surtout celle de Pope, voulant « sauver les phénomènes » en montrant que le cadavre d'un homme sert de nourriture à une vie qui s'esquisse [5]. Pope en un sens n'avait pas tort. Mais ce qui paraît significatif aux yeux de Schopenhauer, c'est que si la vie se nourrit de la mort, elle ne devient pas pour autant *autre*. La vie se renouvelle à partir d'elle-même, elle demeure *identique* à soi, manifestant ainsi son *inertie métaphysique*. Le savoir de l'impossible altérité est au cœur de la pensée tragique de Schopenhauer. De là une philosophie qui, sans artifices, se proposera, à son sommet, non d'apprivoiser l'Absolu, mais de transcender la mort en nous procurant un *calmant*. L'arbre de la connaissance n'est en aucune façon l'arbre de la vie — c'est sans doute celui de la mort. Pourquoi ne tenterait-on pas de le décrire ?

§ 2. **Aperçu préliminaire sur les ordres du réel.**

Comment parvenir à ce savoir tragique et l'explorer en ses profondeurs ? S'il est vrai qu'il constitue une totalité, comment commencer et quelle voie nous faut-il prendre pour mordre dans la pomme ? Dans le *Monde* [6], Schopenhauer se sert abondamment de son ouvrage de jeunesse sur *La quadruple racine du principe de raison suffisante*. Le but de cet ouvrage est d'établir, étant admises les théories kantiennes relatives à l'idéalité du temps et de l'espace, une classification des domaines en lesquels s'applique le principe de raison suffisante, qui signifie qu'il n'est aucun effet, quelle qu'en soit la nature, auquel on ne puisse assigner une cause [7]. Dans les *Parerga et Paralipomena*, il débute, non sans rappeler Fichte, mais de très loin il est vrai, par une analyse concernant la philosophie et sa méthode [8]. Plus scolaire, la *Probevorlesung* qui ouvre les Leçons de Berlin apparaît, à notre sens, aussi bien par ses sous-entendus, ses implications, sa banalité aussi, comme l'introduction la plus efficace.

5. POPE. *Essai sur l'homme*, tr. J. F. du Bellay de Resnel (Genève, 1737), VOLTAIRE, *Œuvres*, Paris, 1817. T. VIII, p. 433.

6. Désormais nous écrirons *Monde* pour désigner l'ouvrage essentiel de Schopenhauer : *Le Monde comme volonté et représentation*.

7. Cf. mon exposé dans l'*Histoire de la Philosophie* (Pléiade) T. III, p. 50 et ici, § 8.

8. On fait ici allusion à l'écrit programmatique de Fichte *Sur le concept de la doctrine de la Science*, Gesamt-Ausgabe (R. Lauth), Werke, Bd. II.

La question posée est celle de la forme des causes et Schopenhauer, reprenant une thèse de son premier travail, affirme : « Que tout se meut dans le temps et dans l'espace suivant une cause antécédente, c'est là ce que nous savons *a priori*. C'est une chose admise et qui ne souffre aucune exception ; cela ne vaut pas moins pour le mouvement de mon bras que pour une boule qui roule »[9]. Rien n'est sans cause, même si la cause est autre chose qu'une force physique aveugle. Tout ce qui se manifeste dans l'espace et dans le temps est déterminé. Nous pourrons examiner plus loin en quel sens Schopenhauer reprend les thèses kantiennes relatives au statut du temps et de l'espace. Nous verrons l'importance de la loi de causalité, qui procédant de l'union du temps et de l'espace, détermine l'entendement (*Verstand*) comme connaissance intuitive par opposition à la connaissance logique (*Vernunft*). En ce moment nous nous contenterons d'admettre ces données.

Ceci posé l'auteur du *Monde* va droit à l'essentiel de son propos et ne dit, en apparence, rien de bien nouveau. Il existe des ordres dans le réel : la chose morte, la plante, l'animal, l'homme. Cette idée est propre à tous les philosophes allemands depuis Leibniz[10]. Kant l'a approfondie[11]. Fichte n'y a pas été insensible[12]. Schelling ne l'a pas ignorée dans ses premiers écrits[13] ; et l'*Encyclopédie des sciences philosophiques* de Hegel — plus tardive que les écrits fondamentaux de Schopenhauer — montre bien assez que l'attachement porté à cette idée ne diminuait pas.

Cette idée est, au demeurant, éternelle : la scolastique que connaissait bien Schopenhauer (tout en la méprisant) ne l'a pas ignorée, non plus qu'Aristote et Platon. Elle est banale et formera, pour ainsi dire, l'ossature du système de Schopenhauer. A notre sens il n'a pas tort de commencer par là. C'est en partant de la banalité que les grandes philosophies conquièrent leur originalité. Quand la philosophie dès ses premières paroles veut s'opposer au banal en se montrant excentrique, il y a fort à parier que, manquant l'originalité, elle se résumera pour nous en un galimatias. *Excentricité* n'est pas *originalité*. L'originalité est le propre d'une pensée qui, s'inscrivant dans nos idées les plus reçues, parvient à en ranimer les couleurs. Si elle se veut grande, une philosophie doit donc commencer, comme une sage maîtresse,

9. Deussen, IX, p. 7.
10. G. W. Leibniz, *Philosophische Schriften* (C. I. Gerhardt), Bd. VI, p. 611.
11. A. Philonenko, *Kant und die Ordnungen des Reellen*, Kantstudien, 1970.
12. Fichte G.-A., *Werke*, Bd. III, p. 79 sq.
13. Schelling, *Sämtliche Werke* (Schröter), Bd. I, pp. 310-311.

à nous parler de ce que nous savons. Aussi la question n'est nullement de savoir si Schopenhauer a raison de distinguer ces ordres du réel (il a raison, car une telle concordance dans toute l'histoire de la pensée ne saurait être récusée). La vraie question est de rechercher les critères qui appuient, chez lui, la constitution de ces ordres. Faut-il, comme Leibniz, invoquer les degrés de la connaissance ? Ou doit-on recourir à un autre critère ? Schopenhauer penche pour la seconde solution : c'est la différence des structures de la causalité à travers les ordres qui doit être retenue. L'exposition de cette différence est ce que l'on peut, dans la terminologie kantienne, appeler : « l'exposition *métaphysique* des ordres du réel ».

La première forme de causalité, celle qui détermine ce que nous sommes convenus d'appeler les choses — cette table, cette barre de fer — est la *causalité physique* qui se détermine par deux caractères. D'une part la cause subit une transformation *égale* à l'effet qu'elle produit, d'autre part le degré (*Grad*) doit toujours être égal à celui de la cause. On trouve ici deux vérités *a priori*. Certes le développement de la causalité n'est pas toujours *visible* : pour prendre un exemple connu, la compression des gaz ne peut s'entendre pleinement à l'aide de la seule vue. La manifestation visible peut être quasi nulle, même nulle, et pourtant nous savons nous assurer de la réalité effective du phénomène. Considérant semblables exemples, Kant distinguait *le cours du monde* et *l'ordre du monde*, le premier relevant de la perception grevée par toutes ses insuffisances, le second de la science et plus particulièrement de son outil extraordinaire qu'était le calcul infinitésimal [14]. Cette distinction permettait de relever le défi de Hume et de rétablir la causalité. On verra que Schopenhauer n'a pas voulu suivre ce chemin. Mais en son souci unique de montrer que dans le monde matériel il n'y a jamais de causalité *créatrice*, il est fidèle à Kant [15]. Il cite la définition wolfienne de la cause : « *Causa est principium a quo existentia, sive actualitas, entis alterius dependet* » et s'élève vigoureusement contre elle : « *Es hat aber gar keinen Sinn zu sagen ein Objekt sei Ursache eines anderen* » — Il est tout à fait dénué de sens de dire qu'un objet est la cause d'un autre ». Cette compréhension de la causalité est un héritage malheureux

14. Cf. H. COHEN, *Das Prinzip der infinitesimal- Methode und seine Geschichte* (Suhrkamp-Verlag, 1968, *Kommentar zu Immanuel Kants Kritik der reinen Vernunft*, Leipzig, 1917, p. 80, sq. *Kant's Theorie der Erfahrung* (3e ed.), p. 424.

15. KANT, *Akademie-Ausgabe*, Bd. III, p. 177, l. 31. Cf. Brockhaus, Bd. I, p. 37.

de la pensée cartésienne : il n'y a pas d'une part un objet *cause* et de l'autre un objet *effet*, mais seulement des systèmes de relations, des transformations d'états. Dans sa *Quadruple racine du principe de raison suffisante* Schopenhauer écrit que la loi de causalité s'applique exclusivement aux transformations (*Veränderungen*), c'est-à-dire à l'apparition et à la disparition des états (*Zustande*) dans le temps[16]. C'est bien la pensée de Kant[17]. Mais on y trouve une prémonition de la philosophie de Bergson, dont Schopenhauer semble souvent si proche. Si, en effet, on ne peut dire — dans la rigueur philosophique — qu'un objet soit cause, de quel droit parle-t-on d'objet ? L'objet est ce qui fait face (*ob-jectum*), mais si les vrais concepts objectifs sont la transformation et l'état, ne faut-il pas regarder l'objet comme un moment prélevé par la perception et le besoin dans la continuité de la connexion du temps et de l'espace ? L'objet ne serait-il pas plutôt un moyen d'action qu'un moment de pensée ? Schopenhauer, trop attaché à la vision kantienne, ne saura jamais répondre clairement à cette question. Notons pourtant que nous sommes devant un aspect général de sa philosophie : il entr'ouvre des perspectives, il donne à penser, et si nous n'avions appris à nous méfier du mouvement rétrograde du vrai, nous devrions souvent lui attribuer la paternité de maintes doctrines.

Quel est le domaine de cette forme de causalité ? « La mécanique, la physique, la chimie »[18]. Une difficulté qui nous retiendra apparaît dès à présent : en distinguant une forme de causalité propre à l'inorganique, ne détruisons-nous pas l'unité de l'Être au profit d'un dualisme opposant matière et vie ? La Métaphysique de la Nature devra surmonter cette aporie. Schopenhauer estimera réfuter ce dualisme en montrant la *volonté* à l'œuvre dans son effort pour exister dès le simple niveau du cristal. Dans ces préliminaires l'auteur du *Monde* ne peut présenter une théorie détaillée de l'unité de l'Être. Il affirme seulement que les différences sont principalement *quantitatives*. Elles n'expriment que les degrés de l'objectivation, de la *Sichtbarwerdung* d'une seule et même réalité qui est la Volonté. Si, appuyé sur le juste concept de cette volonté, on parle d'une vie de la Nature — en se gardant bien de verser dans un hylozoïsme primaire justement dénoncé par Kant[19] — on n'avancera pas seulement une *métaphore*, mais on visera l'unité de l'Être.

16. Brockhaus, Bd. I, p. 36.
17. Kant, AK, Bd. III, p. 167.
18. Deussen, IX, p. 9.
19. Kant, *Critique de la faculté de juger*, § 65.

La seconde forme de causalité, celle qui caractérise par excellence la vie *végétale*, et dans une certaine mesure la vie animale s'il est vrai qu'il existe des fonctions végétatives servant de fondement à la vie animale *stricto sensu*, se traduit dans le phénomène de l'excitation (*Reiz*). On comprendra qu'en une leçon inaugurale, Schopenhauer ne se soit pas cru obligé de présenter une analyse approfondie de la finalité organique. Si le terme peut être employé, son intention est d'ordre phénoménologique. Il veut mettre en lumière la nature de la forte structure de l'excitation. Ce qui, à ses yeux, la détermine tout d'abord, est le fait reconnu et attesté que la cause de l'excitation ne subit par un contre-effet (*Gegenwirkung*). En second lieu, point décisif selon Schopenhauer, il n'y a pas, comme en la précédente forme de causalité, égalité ou adéquation (*Gleichmässigkeit*) entre la cause et l'effet. Ainsi un certain degré de chaleur suscitera l'efflorescence végétale, tandis qu'un degré légèrement supérieur pourra entraîner la mort. L'excitation est certes affaire de quantité, mais aussi et surtout d'une qualité qui ne se laisse pas mesurer. On ne peut dire, ici, que penser est mesurer. Au demeurant, souligne Schopenhauer, nous pouvons en faire l'expérience en nous-mêmes. L'alcool absorbé dans certaines quantités (au vrai variables avec les individus) peut jouer un rôle d'excitation, de stimulation, qui peut donner à notre activité cérébrale et intellectuelle une agilité incontestable — la dose dépassée, le résultat s'inverse.

Si nous revenons à l'idée que la vie végétale est le support de la vie animale, nous devons reconnaître que les moments fondamentaux de la vie animale (réception de la chaleur, perception et besoin de lumière, nourriture enfin) relèvent de la causalité par excitation. Il ne faut pas certes exagérer la portée de cette assertion. Fichte a su très heureusement en marquer les limites : « L'homme, écrit-il dans sa *Fondation du droit naturel*, est une plante parfaite, mais il est aussi bien plus »[20]. Il ne faut pas non plus oublier deux évidences. D'une part dans le règne végétal l'immobilité est moins totale qu'on ne le pourrait croire. L'arbre possède le singulier *privilège* de grandir jusqu'à sa mort. Ceci est vrai de tous les végétaux pour Schopenhauer, conduit à une idée qui pourra paraître curieuse : enfoncé dans la vie concrète, tendu vers une fin unique, sa croissance, l'arbre en sa *torpeur*, poursuit un chemin en lequel il n'est point d'illusions. Un arbre ne *se trompe jamais*. Ce thème sera d'une essentielle

20. FICHTE, G-A, *Werke*, Bd. III, p. 379.

portée dans l'édification de la Métaphysique de la Nature, comme en celle du Beau qui la prolonge. L'arbre est *sérénité,* sans doute habité par la passion de vivre, mais ignorant tous les intérêts qui égarent les humains. S'il pensait, il dirait seulement : « Je suis » — « je suis » en un devenir auquel nul intérêt ne me retient prisonnier. L'esthétique de Schopenhauer sera inspirée, croyons-nous, par cette image qui, incapable certes d'illustrer la philosophie en son sommet[21], offre néanmoins le reflet d'une vie *pure.* La *candeur* du génie semble déjà s'exprimer dans les calmes frondaisons, qui témoignent de la vie *calme*[22] du végétal. — D'autre part dans la *Probevorlesung* Schopenhauer a voulu indiquer qu'il n'y avait pas dualisme entre le végétal et les autres formes de vie, pas plus qu'entre l'inorganique et l'organique. Les lentes précipitations matérielles, minérales, géologiques se rattachent à la vie et en celles-ci le végétal trouve, non son Idée, mais son image. Les végétaux fourniront à leur tour l'image de la vie animale, non seulement parce que les fleurs se tournent vers le soleil et la nuit referment leurs pétales, mais aussi parce que certaines espèces sont capables de mouvement et répondent à des excitations brèves. Nommons-les : *Mimosa pudica, hedysarum gyrans, Dionaea muscipula*[23]. On les nomme plantes sensitives ou encore carnivores. Comme la lente cristallisation du minéral *mime* l'évolution de la plante, ces espèces miment la vie animale. Mais si le mime implique une continuité de sens, il suppose aussi une rupture, sinon le mime parviendrait à l'identité. La rupture est facile à dévoiler : à la différence de l'animal, la plante ne peut qu'attendre l'*excitation* — elle ne saurait la provoquer. Aussi dans le monde végétal la causalité demeure une causalité « réflexe » ou par déclenchement, qui se distingue de la causalité par impulsion ou déroulement[24].

Il faudra donc recourir à une troisième forme de causalité pour rendre compte du degré supérieur de la *Sichtbarwerdung* de la Volonté. C'est la *motivation* et elle est liée, ce qui est nouveau, à la connaissance de la causalité. La motivation dépasse déjà l'excitation en ce sens précis qu'elle peut émaner d'un désir de la provoquer — ce qui suppose connaissance et même réflexion. Aussi la motivation n'intervient-elle qu'à partir du moment où, dans la chaîne des êtres, est atteinte une complexité manifestée

21. Brockhaus, Bd. VI, p. 5.

22. On verra dans la IVe partie de ce travail l'importance du calme (et du calmant).

23. Deussen, IX, p. 11.

24. BERGSON, Œuvres (édition du Centenaire), p. 557.

par la pluralité des désirs et des besoins. Le *besoin*, philosophiquement parlant, est la *disparition* de la simple sensibilité qui se traduit dans le *désir* nocturne et aveugle. Aussi suppose-t-il l'entendement. Dans la rigueur philosophique, même si la plante est désir, elle n'éprouve pas de besoin. Simple désir d'être, aveugle à soi, la plante dont nous admirons la beauté et les riches couleurs est, en réalité, condamnée aux ténèbres. Si elle s'épanouit dans la lumière, cela n'ôte rien à sa radicale cécité. Schelling a écrit une belle page à ce propos. C'est dans l'obscurité (*Finsterniss*) que vit la plante et le soleil est pour elle chaleur, non lumière. Par là s'explique sa totale absence à soi sur le mode de la réflexion. En revanche avec le besoin, le besoin animal, l'œil de la créature s'ouvre, tandis que de manière aussi intuitive que confuse elle commence à se *comprendre*, grâce à *l'entendement*, donné avec la vue et surgissant du fonds intime de la vie. L'animalité est le début du long chemin en lequel le pour-soi vient à soi. Schopenhauer écrit : « *Der wahre und wesentliche Karakter der Thierheit ist das Erkennen* »[25]. Cette pensée se module à l'infini. Mais il est clair que la pensée kantienne est dépassée[26], et quand Schopenhauer posera que c'est une seule et même chose que d'être perçu et connu (« *wahrgenommen und erkannt zu seyn* »), il n'attaquera pas seulement Hegel, mais aussi les fondements de l'Analytique transcendantale kantienne.

C'est en ce contexte qu'il convient de s'interroger sur la nature de la motivation. Bien entendue elle constitue la cause de l'opération de la volonté qui, par le médium de la représentation permet de désigner l'objet du besoin. Sans doute la motivation ne peut-elle s'expliquer comme la cause physique ; sa structure est autre. Métaphysiquement il est vrai qu'elle est la cause du vouloir, comme la boule de billard est cause d'un choc. L'opposition est de nature phénoménologique : la boule de billard nous apparaît comme un principe externe, tandis que nous voyons en la motivation un principe interne. Encore ne faudrait-il pas surestimer cette opposition. Tout est volonté et la chose en soi limite avec une égale vigueur la valeur conférée au mot externe, comme au mot interne. On voit donc que la séparation effectuée n'a pas

25. « Le caractère essentiel et vrai de l'animalité est la connaissance ».

26. Lorsque Kant dans sa *Logique* (AK, Bd. IX, pp. 64-65) détermine les degrés de la connaissance il précise que les animaux peuvent « *kennen* », mais non pas « *erkennen* ». Schopenhauer reconnaissant à l'animal la possibilité d' « *erkennen* » se sépare donc de Kant. C'est une rupture dont l'importance apparaîtra plus loin.

plus de portée ontologique intrinsèque que la précédente distinction entre la vie minérale et la vie végétale. Si Schopenhauer ne néglige pas ces distinctions phénoménologiques, c'est qu'elles sont *raisonnables*, et que sans prétendre se substituer à l'ontologie, elles peuvent préparer à la faire entendre.

Quel est le ressort de la motivation ? Serait-ce les sens (*Sinne*) ? Il convient ici de s'entendre. Si le sens désigne la pure impression (*Einwirkung*) la réponse sera négative, car cette *Einwirkung* détermine dans le sens de pures excitations, semblables à celles qu'éprouve le végétal. Elle *motiverait* plutôt des réflexes que des actes et ce n'est pas à cela que l'on songe en parlant de *motivation*. Ce qui constitue le motif ou la motivation (comme on voudra), c'est l'objet ou plus précisément la représentation. Le processus d'accès à l'objet que Schopenhauer expliquera longuement dans sa théorie de la vision[27], met en œuvre non seulement le temps et l'espace, mais aussi la causalité. Il y a un passage (*Uebergang*) de la donnée sensorielle à sa cause. Aussi détournant la terminologie de l'idéalisme allemand de Kant à Hegel[28], Schopenhauer voit dans le règne animal l'exercice presque complet de l'entendement (*Verstand*). L'entendement organise les relations de cause à effet qui déterminent la motivation et on le voit à l'œuvre chez les êtres les plus primaires[29]. Prenons un exemple : *voir*. Voir n'est pas seulement recevoir des impressions lumineuses. C'est aussi les organiser, en opérer la synthèse, en un mot *percevoir* (en latin « per » signifie *à travers* et « *cipere* » — pour « *capere* » — veut dire « prendre » ; en allemand « *wahrnehmen* », prendre pour vrai). Considérant cela Schopenhauer écrit : « En fait toute intuition est intellectuelle et non pas seulement sensible »[30]. Ce qui signifie, comme on le comprendra par la suite, que si la représentation est intellectuelle, elle est aussi *intéressée*. On se bornera à remarquer que les structures de la perception, selon Schopenhauer, sont déterminées par les formes *a priori* de la sensibilité et le principe de raison. La référence à Kant est constante, et Schopenhauer en a accepté les avantages et les difficultés. C'est que la valeur de la doctrine kantienne sur ce point est suspecte. Elle prétend valoir pour les sciences et ensuite pour la perception. Or il n'est pas évident que les données phénoménologiques de

27. Deussen, IX, pp. 178-182.
28. Hegel, *Enzyklopädie der philosophischen Wissenschaften*, § 389.
29. *Monde*, § 12.
30. Deussen, IX, p. 14.

l'espace vécu coïncident avec les structures géométriques[31]. Songeons simplement à cette irrécusable donnée phénoménologique que constitue le « derrière-moi » — espace fermé, gris, plein de menaces. Schopenhauer qui veut expliquer la vision par la causalité et la pure géométrie n'en peut rendre compte[32].

Cependant il a eu l'idée que le corps jouait un rôle privilégié. Mon corps, dit-il dans la *Probevorlesung*, n'est pas un objet comme les autres ; c'est un « *Mittelpunkt* », point central et centre de gravité, qu'il nommera *l'objet immédiat*[33], trahissant la doctrine kantienne, dans la mesure où elle ne valide que l'espace géométrique qui ignore tout lieu privilégié. Si le corps est l'objet immédiat, l'entendement est le *Médium* de toutes les intuitions. En somme les intuitions sont les projections soutenues par la causalité de toutes les données des sens. On comprendra que Schopenhauer, déclarant que toute intuition est intellectuelle, puisque la médiation est le fait de l'entendement, se trouve obligé de faire à la sensation une situation pour le moins fort mince : « Les sensations ne sont que la matière brute, dont jaillit l'intuition, lorsque l'entendement intervient ». Il nous invite à imaginer que le travail de l'entendement soit d'un seul coup supprimé. Il ne resterait que de vagues et imprécises nébulosités correspondant aux affections de la rétine. Ce serait peut-être voir *stricto sensu*, non percevoir ou voir *sensu lato*.

Si le travail de l'entendement est à ce point fondamental, les animaux qui perçoivent n'en sont pas dépourvus. Mais on ne saurait parler de réflexion proprement dite. Il faut donc que le travail de l'entendement soit *immédiat* comme *insensible*, aussi *nécessaire* que *vivant*. Aller de la cause à l'effet n'est pas effectuer un raisonnement de raison (*Vernunftschluss*) et le monde de l'entendement n'est point celui de l'abstraction. Pourquoi s'obstiner à parler de conclusion ou d'effort réfléchi dans la liaison de la cause et de l'effet, si l'opération de l'entendement est, en fait, inconsciente ? Schopenhauer n'a pas su thématiser pleinement les implications de son orientation, se contentant de dire que la perception est une conclusion puisque l'entendement est à l'œuvre et qu'elle est bien autre chose que le flux des

31. J'ai exposé dans mon commentaire de *Qu'est-ce que s'orienter dans la pensée ?* (VI, § 2, p. 65 sq) les difficultés de la doctrine, déjà entrevues par Wizenmann.

32. Cf. E. MINKOWSKI, *Le temps vécu, Études phénoménologiques et psychopathologiques*, Paris, 1933, p. 77.

33. *Monde*, § 6.

impressions reçues, sans accorder qu'il s'agisse d'une conclusion au sens où les logiciens l'entendent. Il est bien clair qu'une philosophie de l'inconscient, du genre de celle proposée par E. von Hartman, s'inscrivait dans sa démarche et en fait devant certaines difficultés nous pouvons le voir raisonner en de tels termes.

Toutefois ce qui est le plus manifeste à la lecture de la *Probevorlesung* c'est un goût marqué pour les raisonnements simples mêlant philosophie et physiologie. Parmi les exemples cités on retiendra le prétendu paradoxe suivant lequel nous avons beau avoir deux yeux nous ne voyons qu'un seul objet [34] — ce qui, selon l'auteur du *Monde*, est incompréhensible sans l'hypothèse d'un travail de l'entendement [35]. On connaît la rançon de cette doctrine : l'entendement ne peut pas être infaillible, sinon le problème du membre fantôme qui a si fort retenu l'attention de Descartes ne se poserait pas. Il est des exemples plus simples encore. Dans la peinture l'art consiste à user de la faiblesse de l'entendement qui se fonde pour conclure sur le seul matériau brut qui lui est fourni : l'impression. C'est ainsi qu'un tableau annonce une profondeur qu'il ne possède pas. Nous traiterons suffisamment de l'art pour nous limiter, ici, à cet exemple. Mais il est important de noter que Schopenhauer renverse, une nouvelle fois, la terminologie et la pensée kantiennes. Il nomme *illusion* (*Schein*) l'opération inexacte de l'entendement ; il appelle *erreur* les fautes de la raison, revenant de Kant à Lambert [36]. On ne doit donc pas s'étonner que l'idée kantienne de l'illusion transcendantale ne le retienne pas [37]. Le propre d'une illusion est, comme Spinoza l'avait souligné, qu'on peut la reconnaître comme telle, sans pour autant la voir se dissiper. En revanche toute erreur trouve sa résolution. Dans sa critique de la philosophie kantienne et plus particulièrement des antinomies de la *raison* pure, Schopenhauer sera conduit dans le fond à traiter des *erreurs* de la raison, non de ses illusions, rejoignant bien

34. Deussen, IX, p. 17.

35. *Monde*, § 6.

36. J. H. LAMBERT, *Philosophische Schriften*, Bd. II, *Neues Organon, Phänomenologie*, § 112.

37. Dans tous les cas il n'a pas su voir toute la richesse métaphysique du concept d'illusion transcendentale. Fichte a été plus habile. Cf. A. PHILONENKO, *La liberté humaine dans la philosophie de Fichte*, Paris 1966. R. Lauth dans ses éditions critiques de l'exposé de la *Doctrine de la Science* de 1801 et 1804, permet de voir comment Fichte n'a cessé de manier avec une vigueur étincelante ce concept.

souvent S. Maïmon[38] en sa discussion[39]. On voit comment un point de départ simple conduit à des positions extrêmes.

Mais enfin il y a entendement — donc application immédiate et inconsciente de la causalité. De cette application naît l'objet ou sa représentation, qui constitue la motivation. Deux questions se posent. Premièrement d'où vient cette loi de causalité ? On pourrait tout aussi bien demander, selon Schopenhauer, d'où vient l'entendement ? Précédant les représentations, les appelant à l'existence pour un sujet, la loi de causalité ne saurait en être issue[40]. Une connaissance métaphysique, indépendante de la causalité, n'est concevable que parce que la nature tout entière est placée sous le régime de la causalité. Schopenhauer n'hésite pas à s'écarter de Kant. Loin de prouver l'a priorité de la causalité, Kant en a seulement détruit l'explication empiriste. Dans sa « construction » l'auteur du *Monde* prendra grand soin d'établir clairement l'a priorité de la causalité[41]. Remarquons seulement, d'une manière anticipée, que fondant la représentation sur la connexion du temps, de l'espace et de la causalité — dont l'ensemble forme l'entendement —, Schopenhauer repousse avec vigueur deux aspects de la doctrine kantienne : d'une part il simplifie à l'extrême le système des principes de l'entendement pur, la loi de la causalité suppléant à toutes les catégories[42] — d'autre part il critique le schématisme des concepts de l'entendement pur[43], inutile complication dans la théorie de l'entendement. Il suffit de retenir que la causalité est l'unique forme de l'entendement (« *die alleinige Form des Verstandes* »)[44] pour cerner avec précision la différence de la connaissance abstraite et de la connaissance concrète. Cette différence sera tout autre que celle établie par Kant. L'entendement, le *Verstand* est l'immédiat, l'intuition intellectuelle. La raison est discours, logos. — On posera dès lors une deuxième question : jusqu'où s'étend l'entendement ? La *Probevorlesung* répond clairement : jusqu'au

38. Salomon Maïmon dans sa *Versuch einer neuen Logik* (rééditée dans S. MAIMON, *Gesammelte Werke* (Valerio Verra Herausgeber), Bd. V, montre que les thèses kantiennes succombent devant les antithèses, et Schopenhauer l'a suivi.

39. Sur *erreur* et *illusion* le texte le plus clair demeure le § 6 du *Monde*, mais les difficultés impliquées par la définition ne sont pas résolues.

40. Brockhaus, Bd. I, p. 37, 51, IV, p. 19 sq. *Monde*, § 4.

41. Voir ici, § 12.

42. Brockhaus, Bd. II, p. 536. Il reste que la Volonté est toujours le *Prius* et que l'intellect est le *Posterius*, IV, p. 20.

43. Brockhaus, Bd. II, pp. 534-535. — La critique est opérée par le détour d'une réfutation de la table des catégories de Kant.

44. Brockhaus, Bd. II, p. 529.

polype d'eau-douce ! Tout être qui perçoit, connaît, possède un entendement ; l'exemple de l'orang-outang, repris dans le *Monde* —[45], permet d'introduire les nuances nécessaires. Si proche de nous cet animal manque en tout de *prévoyance* — à l'intelligence de l'homme, à sa *Klugheit* ou *Besonnenheit*, à tout ce qui constitue le *Scharfsinn* (la compréhension pénétrante) de l'être humain s'oppose la *Dummheit* (la bêtise) de l'animal. Ainsi on peut posséder un entendement sans être intelligent et quant à l'entendement, il ne suppose pas la raison.

La *Probevorlesung* quoique concise n'est pas sans répétitions[46]. Elle vise en s'achevant à mieux définir ce qui sépare l'animal de l'homme. Que l'animal vive bloqué dans le présent, ce n'est pas une affirmation originale. L'animal « n'a aucune relation à l'avenir, au passé, à l'absence », si l'on fait abstraction du dressage et de l'instinct. En revanche l'homme est motivé surtout par l'avenir, par l'absence, mais aussi par le passé, car il a des regrets. On pourrait résumer cette opposition en disant que l'homme est l'être des possibles ; il est réfléchi et soucieux dans ses actes (« *besonnen und bedachtsam handeln*). Totalement (*völlig*) indépendant de l'impression (*Eindruck*) du présent, il peut faire des choses auxquelles répugne sa nature animale : bataille, exécution, duel, suicide. Bien plus les motifs de l'animal sont candides et clairs : « Les motifs de l'acte animal sont manifestes »[47]. Ceux de l'homme ne sont pas visibles et il sait toujours emporter un secret dans sa tombe. *L'homme est secret* — c'est une des grandes pensées de Schopenhauer.

Mais l'homme ne pourrait être secret sans disposer d'une autre faculté que l'entendement, principe des intuitions intellectuelles. Ce qui fait de l'homme l'être du secret est la raison, source des concepts qui sont les *generalia* et les *universalia*. Toutefois les concepts, dans la mesure où ils doivent servir le secret, sont contraints de s'adapter au monde. Schopenhauer, sans très bien s'en expliquer, fait des concepts des reproductions du monde[48]. Mais cette adaptation serait encore impossible sans un mode de reproduction *sensible* permettant aux notions de prendre corps. La raison devra donc s'appuyer sur ce que l'on considère parfois comme une autre faculté : le langage[49]. Schopenhauer peut sembler assez embarrassé par le langage. Son

45. *Monde*, § 6.
46. Comparer Deussen IX, p. 14, l. 18 et p. 16, l. 30-31.
47. Deussen, IX, p. 21.
48. *Monde*, § 9.
49. *Ibid.*

problème n'est plus toutefois celui du XVIIIe siècle se demandant si l'animal possède ou non un organe lui permettant de parler[50]. En fait Locke, Rousseau ont pris une fausse piste : à entendre une langue d'extrême-orient, avec ses incroyables flexions, nous ne saurions dire, nous européens, qu'il s'agit d'un langage différent des cris du singe, si nous ne pouvions constater que ces sons étranges sont produits par des hommes — et partant de là se poser la question de savoir si le singe est un homme sauvage est commettre une pétition de principe. La question qui occupe l'esprit de l'auteur du *Monde* est bien différente. C'est sur le statut du mot qu'il s'interroge. La langue serait-elle un télégraphe qui enverrait à une vitesse accélérée des images sensibles ? En fait ce qui est communiqué est bien abstrait, mais Schopenhauer ne va pas plus loin et ne se demande pas, car cela gênerait en ce point sa critique du schématisme transcendantal, dans quelle mesure intervient le symbole. Il se contente d'affirmer que ce qui est communiqué par le mot ce sont des représentations abstraites, non intuitives, générales et non individuelles, formées une fois pour toutes, mais dont les multiples combinaisons permettent à une pensée de s'exprimer dans sa singularité. Et il rappelle comment la raison est nommée *logos, logymon, logistikon, la ragione, la raison, reason* et rapproche ces différentes dénominations de la coïncidence signalée par Ciceron entre *ratio* et *oratio*[51]. En réalité il n'est pas nécessaire de tracer un mystérieux parallèle entre la raison et le langage : parler est penser et penser est parler, au moins à soi-même intérieurement.

Nous sommes ainsi parvenus à la dernière cause de l'action : après la causalité mécanique, l'excitation, le motif, nous voici devant le principe abstrait qui fonde la possibilité de la démarche humaine et la *Probevorlesung* est à son terme. Elle a beaucoup emprunté au livre premier du *Monde* ; elle doit être complétée par une réflexion sur la philosophie et sa méthode.

§ 3. De la philosophie et de sa méthode.

Le fondement et le sol sur lequel reposent toute notre connaissance et toute science, c'est l'inexplicable. Que ce soit à plus ou moins long terme chaque définition, toute détermination y revient. La sonde peut mettre un temps plus ou moins long

50. J. J. ROUSSEAU, *Œuvres complètes*, (B. Gagnebin, M. Raymond), T. III, p. 211.

51. CICERON, *De Off.* I, 16, *De nat. deor.* II, 7, *De Legib.* I, 10.

à atteindre le fond de la mer ; elle l'atteindra finalement. Cet *inexplicable* est l'objet de la métaphysique. Mais l'homme le découvre en lui-même, car il est un animal métaphysique[52]. Il s'étonne de son existence : non pas tellement, comme on le dit depuis toujours, qu'il y ait de l'être, mais bien qu'il existe lui-même. C'est ce sentiment lié à la connaissance de la mort qui donne toute sa gravité à la démarche de l'homme. Si tous les hommes pensent qu'ils sont *hommes*, chacun pense moins qu'il *n*'est *qu'un homme* et c'est mystère qu'il puisse sortir de cette unicité, non seulement pour penser les choses en leur présence (*Daseyn*), mais aussi pour en apercevoir l'universalité. Une telle pensée déborde en effet la relation immédiate commandée par la Volonté. Le *pur* sujet de la connaissance qui peut non pas connaître l'inconnaissable, mais expliquer qu'il y ait de l'inconnaissable, suppose, en sa constitution, un arrachement à la vie, à la Volonté, qui ne laisse entrevoir que les incarnations des essences (au sens platonicien), c'est-à-dire les objets[53]. La grande ennemie de la philosophie est donc la Volonté et par extension la vie : vouloir est s'attacher aux choses particulières, et s'interdire la contemplation des essences qui dans la calme réflexion de l'intellect[54] se jouent les unes à travers les autres en dehors de toute finalité pragmatique.

Ainsi se développent science, art et philosophie. La science est la moins libre : bien que pensée de l'universel, elle reste trop intéressée par la pratique. Plus désintéressés, art et philosophie diffèrent pourtant. Évoluant à travers les Idées, l'artiste ne songe qu'à plaire : il abandonne son œuvre à chacun, s'adresse aux sages et aux fous, et sans demander qu'on l'imite, cherche à plaire. Le plus grand des artistes serait celui qui laisserait son œuvre inachevée pour que chacun puisse en imaginer cependant le terme, en se plaçant, pour ainsi dire, dans la rivière de son rêve. C'est pourquoi les œuvres géniales, mais inachevées, comme certains tableaux de Léonard de Vinci, nous séduisent tant, tandis qu'elles appellent, au-delà du plaisir, notre libre participation. Au contraire, le philosophe ne veut pas plaire mais faire comprendre, et ses pensées les plus abstraites doivent posséder une fermeté exigée par la notion de système comme totalité achevée. Aussi exige-t-il que l'on pense droitement *tout* ce qu'il a pensé. Le poète, dit Schopenhauer, présente la belle fleur, le

52. *Monde*, Suppl. XVII.
53. *Monde*, § 34.
54. Schopenhauer se sert parfois du mot *intellect* d'une telle manière qu'on pourrait penser qu'il est le moyen terme entre l'entendement et la raison.

philosophe en fait paraître l'essence saisie en sa profondeur ultime.

On comprendra que les artistes puissent coexister, tandis que les philosophes doivent se combattre. Un talent n'est pas nécessairement l'ennemi d'un autre, ni dans l'espace, ni dans le temps. En revanche un système philosophique ne vient au jour que si, tel un despote asiatique, il tranche la tête du précédent. Schopenhauer dit ironiquement : « les artistes sont des agneaux, les philosophes des carnassiers »[55]. Sans doute les artistes se décrient-ils les uns les autres. Mais les philosophes nous demandent bien davantage. Chacun veut que nous oublions tout ce qui a pu être dit, pensé, écrit pendant les deux mille ans de cette guerre, « *bellum omnium contra omnes* », pour ne retenir que son propre discours et à travers celui-ci relire l'histoire de la philosophie. Le philosophe a la prétention — qui ne sera jamais celle d'un artiste — de mettre un terme à l'histoire de l'esprit en proposant une vision définitive du monde. Il ne faut pas mettre cette pensée au seul compte de l'aigreur de Schopenhauer, longtemps méconnu ; il y faut voir aussi l'expression d'un sentiment profond : ériger un système de philosophie ne demande pas seulement du cœur et de l'esprit, mais aussi le courage de la négation. Chose difficile et pénible trop souvent ignorée de l'historien de la philosophie. On retiendra la belle formule de Schopenhauer : « Der philosophische Schriftsteller ist der Führer und sein Leser der Wanderer »[56]. Le philosophe est le guide et son lecteur le promeneur. Ils marchent ensemble, le philosophe devant bien sûr ouvrir la voie. L'idéal serait que l'ombre du guide et celle du promeneur se confondent. Cette confusion est le but recherché par l'effort pédagogique du philosophe, qu'il se nomme Kant, Aristote ou Platon, cherchant à conduire le lecteur, pas à pas, de la conscience commune à la vision philosophique. Dans ces chemins sinueux les grands mots ne servent à rien et encore moins les idées fantastiques comme l'intuition intellectuelle selon Schelling. Il faut partir des choses les plus humbles, mais aussi les plus sûres. Schopenhauer use d'une comparaison simple, mais cependant délicate à comprendre pleinement : « La conversation avec un autre sur tel sujet se rapporte à notre méditation propre, sérieuse et intérieure, comme à notre contemplation, ainsi qu'une machine à un corps vivant ». La méditation du philosophe est simple et claire, organique ; mais elle doit se com-

55. Brockhaus, Bd. VI, p. 5.
56. Brockhaus, Bd. VI, p. 6.

muniquer, et pour cela passer par le langage. Ce passage transformera la perfection organique (ici la contemplation intérieure du philosophe) où rien ne se fait en vain, en une machine : car le langage est rempli d'approximations, de pertes, de lacunes, si bien que, pas plus qu'une machine qui n'a jamais un rendement absolu, la pensée philosophique soumise au langage ne pourra préserver son économie fondamentale.

Il s'ensuit une phrase mélancolique : « On ne comprend jamais entièrement que soi-même ; l'autre on ne le comprend qu'à moitié »[57]. Le destin de la philosophie est l'incompréhension et aussi le sentiment de la solitude et du malheur. On en peut déduire que de grandes pensées ne verront jamais le jour dans l'histoire de la philosophie. C'était sans doute pour y parer que Platon devait choisir le dialogue comme méthode de l'exposition philosophique. Schopenhauer certes ne l'ose critiquer. Cependant il n'accorde au dialogue qu'une valeur mineure : il est préparation à l'exercice du développement de la pensée, puisqu'il favorise la critique. Mais on ne peut rien attendre de plus. De deux choses l'une en effet. Ou bien il y a vraiment dialogue — en ce cas deux philosophies s'affrontent et il n'y aura pas d'entente, mais un combat sanglant. Ou bien le dialogue est un ornement esthétique et son utilité n'est pas évidente. Dans le fait il vaut mieux s'épuiser à penser qu'à dialoguer. Au reste le meilleur des dialogues n'est jamais qu'une transfusion de la pensée qui ne l'augmentera pas. Seule vaut la méditation personnelle. Nietzsche en son *Zarathoustra* se souviendra de cette malédiction. Les disciples sont trop souvent des outres vides où l'on ne trouve pas trace du sang versé par la pensée.

Mais par cela même, par ce malheur de la réflexion, que beaucoup évitent, on comprend l'illusion de l'histoire de la philosophie et la rareté des vrais philosophes. Être historien de la philosophie, il faut bien l'avouer, c'est trop souvent se donner l'illusion de penser grâce à autrui. C'est sans doute une douce illusion et peu pénible à supporter ; mais c'est quand même une illusion : on ne deviendra jamais un philosophe en récitant l'histoire de la philosophie. En revanche, si l'on sait s'élever à la véritable interprétation — celle qui n'hésite pas à reléguer toutes les lectures précédentes dans l'oubli — on sera certes historien de la philosophie, mais néanmoins philosophe, ou du moins presque philosophe. Viennent d'abord les philosophes, puis les grands interprètes, enfin les compilateurs. On mesure par là,

57. *Ibid.*, p. 7.

encore une fois, comment Schopenhauer, prisonnier de son idée suivant laquelle les philosophes sont des carnassiers, a néanmoins su évaluer, imparfaitement certes, l'apport d'autrui. Le Philosophe n'est pas seulement un génie ; c'est l'expression d'une puissance héroïque de la pensée et les poètes, qui ne se contredisent jamais, seront toujours plus nombreux. Schopenhauer qui n'estime pas Descartes a su voir en lui toutefois le génie lié à la gloire militaire. Ces esprits célestes font appel aux grands interprètes, qui vivent dans une sphère inférieure, sans pourtant manquer totalement de génie et de courage. Les épigones et les compilateurs de toute sorte et de toute espèce sont les esprits inférieurs dont il est préférable de ne rien dire.

On remarquera donc que la philosophie n'est pas, comme le veut Kant, une science élaborée à partir de simple concepts. Certes elle s'exprime dans un savoir abstrait, mais « les livres ne remplacent pas l'expérience »[58]. La philosophie doit avoir ses racines dans l'expérience intuitive du monde. Aussi Schopenhauer dénonce-t-il les « sophistes » de son temps (qu'il a fort mal compris et surtout Fichte) qui par des jeux de concepts ou même de mots, ignorent la grande pensée de Vauvenargues : « Les grandes pensées viennent du cœur ». Reprenant cette maxime, l'auteur du *Monde* indique les deux dangers à éviter : la fausse sentimentalité incarnée par Jacobi (*Schwärmerei*) et l'érudition pour l'érudition. Cette dernière n'est pas totalement écartée : elle peut permettre au génie d'assurer son chemin[59] — mais il serait plus convenable de parler de *culture.*

Il n'est pas sans intérêt de voir Schopenhauer reprendre la maxime de Vauvenargues. Elle peut surprendre sous la plume d'un homme qu'on a dit froid, réservé, et même grossier. Mais cela permet de comprendre que pour lui — précisément en fonction du contraste qu'offre sa nature et qui nous conduirait à penser qu'il a réfléchi en partant d'un fondement tout autre — il est un *fait,* irrécusable : l'appel à la philosophie ne passe pas par la dialectique, mais par le cœur. Il nous assure que la philosophie ne peut se comparer à un manuel d'algèbre. Comme on le verra il ne voit en la mathématique qu'un exercice sophistique. L'outil véritable de la *pensée* est l'imagination issue du cœur. Sans l'imagination rien de grand ne peut être fait. Pas même la mathématique, qui deviendra un langage imparfait comme tout

58. *Monde,* Suppl. VII.
59. *Ibid.*

langage si ce n'est pas déjà le cas[60]. Le langage, en un sens, est l'infirmité de la pensée. Il tend vers la grammaire. Les démonstrations d'Euclide ne sont que grammaire morte. Mais grâce à l'imagination en laquelle palpite le cœur de l'esprit, le génie philosophique saura surmonter tous les obstacles et même le langage, instrument aussi imparfait qu'indispensable. « Le génie seul peut surmonter cet obstacle comme il surmonte tout. Shakespeare en est un exemple »[61].

§ 4. Rationalisme et Illuminisme.

Le cœur humain est toujours le même, mais la pensée a une histoire. Quand on a réfléchi sur la source de la philosophie et sur sa méthode, il se trouve en ceci un paradoxe. Schopenhauer le résout peut-être trop simplement en « néantisant » l'histoire, tandis qu'il la compare à un pendule oscillant entre le rationalisme et l'illuminisme, entre l'usage des ressources objectives de la connaissance et celui de sa source subjective. Dans les Leçons de Berlin il reproduit la plaisanterie de Voltaire : « O Métaphysique ! nous sommes aussi avancés que du temps des premiers Druides »[62]. L'histoire est un pendule, une oscillation perpétuelle. Toutefois il ne nie pas un certain progrès et ces deux représentations opposées — oscillation et progrès — ne lui semblent pas incompatibles.

Commençons par le mouvement pendulaire. Et d'abord le moment objectif. Schopenhauer le décrit apparemment exactement comme Kant. L'origine du rationalisme est la progressive libération de l'intellect, initialement soumis à la Volonté. Aussi le rationalisme débute-t-il par le dogmatisme, puis sombre dans le scepticisme, qui est dépassé par la philosophie transcendantale ou bien encore le criticisme. C'est « la marche des choses » décrite par Kant[63]. On voit toutefois que Schopenhauer introduit une nuance de taille : tout le processus doit être compris comme une libération de la tyrannie du vouloir-vivre. On n'assiste donc pas à une simple formation de la *connaissance*, mais à une formation de l'*existence*. En outre Schopenhauer modifie très profondément l'idée d'une philosophie transcendantale : celle-ci se définit en ce qu'elle est la science de la conscience humaine

60. *Monde*, Supl. VI.
61. *Ibid.*
62. Deussen, IX, p. 82, VOLTAIRE, *Mélanges philosophiques* (Genève 1773), vol. I, p. 61.
63. KANT, *Qu'est-ce que s'orienter dans la pensée ?*

(*menschliche Bewusstsein*) des choses[64]. Il déclare cependant : « C'est assez incorrectement que les Français la nomment méthode psychologique par opposition à la méthode *purement logique*... qui signifie pour eux le dogmatisme »[65].

Passe-t-on de la philosophie transcendantale en son développement à l'illuminisme ? Non — en fait l'illuminisme est toujours l'autre moment de l'alternative sans cesse proposé, sous différentes formes, à chaque époque du rationalisme. L'illuminisme est toujours dirigé vers l'intérieur (*nach innen gerichtet*). Et ses formes sont aussi diverses que celles du rationalisme, sans être jamais fermes. Puisqu'il n'y a pas de critérium pour assurer l'identité du discours en lequel s'exprime l'illuminisme, pas plus qu'il n'existe d'exact commerce entre les âmes, la force du sentiment restera toujours sans vraie mesure. On observera, en passant, que l'illuminisme ne coïncide pas entièrement avec la solitude de la pensée philosophique que nous avons mentionnée plus haut. L'obstacle est le même en apparence : on ne parvient pas au discours *suffisant*. Mais autre chose ne pas découvrir de langage fondamentalement adapté à la pensée, autre chose ne pas trouver les expressions requises par le sentiment.

Schopenhauer ajoute une remarque qui mène loin. Ce n'est pas une *impossibilité de droit,* mais seulement *de fait* qui rend le discours rationaliste en partie obscur. En revanche c'est une *impossibilité de droit* et non *de fait* qui condamne à l'obscurité le mouvement vers l'intériorité, car le langage est fait pour la connaissance d'entendement tournée vers le dehors. Comme on le voit Bergson n'est pas très loin. Ce sont ces impossibilités réciproques et inverses qui fondent le mouvement pendulaire. Mais cela n'interdit pas le progrès puisqu'à chaque forme du rationalisme répond une forme de l'illuminisme et qu'on s'élève par degrés. Aussi Schopenhauer tient-il à souligner que l'illuminisme, non moins que le rationalisme, a toujours marqué de sa puissante empreinte la philosophie. On le voit déjà chez Platon, plus décisivement chez les néo-platoniciens et les gnostiques. On citera ensuite Jakob Boehme, Tauler... Fichte, Jacobi, Schelling. La liaison de l'oscillation et du progrès ne date pas d'hier et chaque oscillation annonce en creux un progrès. La philosophie est donc chose vivante, qui se fait et se défait. Sa finalité toutefois demeure identique : parvenir à la communication.

64. H. Cohen, *Kants Theorie der Erfahung* partira de là pour critiquer le psychologisme de Schopenhauer.

65. Brockhaus, Bd. VI, p. 10.

Schopenhauer a assez de finesse pour nuancer : il se trouve souvent dans le rationalisme un illuminisme caché, servant de compas à la navigation de l'esprit, qui pourtant devrait se guider uniquement d'après les étoiles. Ainsi en est-il de la philosophie de Malebranche en laquelle l'auteur du *Monde* admire sans réserves la théorie des causes occasionnelles, prélude à sa propre théorie de la causalité[66]. Mais l'illuminisme n'est pas non plus vraiment stérile ; mieux que le rationalisme il montre que la véritable origine de la philosophie s'enracine dans le sujet et qu'il puise, sans étape préliminaire, à cette source de vérité. L'illuminisme fait paraître l'entendement dirigé vers l'extérieur le simple organe de la volonté et montre ainsi qu'il n'est pas le moment essentiel de notre être. Schopenhauer ne le dit pas, mais on pourrait le suggérer : si le rationalisme va du dogmatisme au criticisme, l'illuminisme va du criticisme au dogmatisme. Son orientation première est bonne, mais ne cherchant point la rigueur, il s'écarte de sa fin et s'évanouit en vapeurs.

On doit reconnaître que les moments du rationalisme et de l'illuminisme sont inversement orientés. Aussi le scepticisme est-il toujours tentant. Le scepticisme, dit Schopenhauer, c'est l'opposition du parlement[67]. Cette opposition possède un sens ; elle nous invite à reconnaître que nous ignorons bien des choses, à doubler par conséquent le prix de ce que nous savons, enfin à nous méfier de prendre les habitudes pour des vérités. Le scepticisme est donc la vertu essentielle de la *réflexion* — mais non de l'intuition — la *prudence*.

§ 5. **Matérialisme et Idéalisme. Vers la philosophie.**

Pourquoi les philosophes se font-ils la guerre ? C'est un état de fait que l'homme vulgaire comprend mal. S'il réfléchissait un peu plus il saisirait qu'une philosophie qui ne voudrait rien savoir d'autre que la couleur irisée des bulles de savon est strictement inconcevable. Toute philosophie part de l'intuition ou d'une certaine intuition du monde et à ce titre elle se veut *savoir*. Ne devrait-on pas dès lors, comme Leibniz qui « ne méprise presque rien »[68], penser à une combinaison ou à une incorporation des doctrines passées ?[69]. Schopenhauer ne le pense pas. En effet il

66. Deussen, X, p. 120.

67. Brockhaus, Bd. VI, p. 12.

68. Leibniz, *Philosophische Schriften*, Bd. III, p. 538.

69. Dans les mélanges offerts à Jeanne Hersch (*Penser dans le temps*, Lausanne, L'Age d'Homme) j'ai tenté de montrer la récupération opérée par Leibniz dans l'étude de la philosophie de Platon, cf. A. Philonenko, *Leibniz et le platonisme*, pp. 53-68.

existe deux doctrines quasiment parfaites, mais unilatérales qui déterminent le champ de la philosophie. La compréhension de leur unilatéralité appelle le développement d'un point de vue supérieur. Ces doctrines sont d'une part le matérialisme absolu et d'autre part l'idéalisme absolu. Le matérialisme, tel que l'imagine Schopenhauer, serait un combiné de la philosophie de Lucrèce, de celle de Bruno et peut-être aussi de Diderot et d'Helvétius. Certes on peut expliquer toutes les choses par une étiologie mécanique [70]. Mais on ne peut pas expliquer de la même façon la conscience qui reçoit l'explication. On dira la réfutation rapide. Mais en dépit de ses subtilités dialectiques immenses, le matérialisme de Feuerbach par exemple demeure sommaire et, comme Michel Henry l'a montré, présuppose sans cesse la conscience [71]. Marx n'a guère été plus loin et sa véritable originalité consiste par-delà Feuerbach et son humanisme à lier matière et histoire. La question de savoir si la matière est indépendante de la conscience demeure toujours un objet classique de la discussion philosophique.

L'idéalisme absolu pose, en apparence, une question plus difficile. On distinguera donc idéalisme théorique et idéalisme métaphysique. Réduire ce qui *est* à la *simple* représentation, sans se préoccuper par exemple de savoir si la représentation ne trouve pas son origine dans quelque chose de différent comme la volonté, voilà l'idéalisme théorique. « Ce n'est pas par un raisonnement, écrit Schopenhauer, c'est par une douche qu'il faut le réfuter » [72]. Pourtant il laisse entendre que ce n'est pas seulement dans les maisons d'aliénés qu'on le rencontre : qu'on le veuille ou non, il y a le système de Fichte [73]. Il est bien évident que Schopenhauer n'a pas compris la pensée de Fichte. On peut même douter qu'il ait poursuivi la lecture de la *Doctrine de la Science* de 1794 jusqu'au § 5 en lequel Fichte affirme fonder un *Ideal-Realismus* qui est aussi et en même temps un *Real-Idealismus* [74]. Mais dans le fond la vraie question n'est pas là.

70. *Monde*, § 20.

71. Cf. par exemple la rédaction matérialiste de l'éthique kantienne. L. Feuerbach, SW, (W. Bolin — F. Jold), Bd. X, p. 91 sq. Dans le numéro de la Revue internationale de Philosophie consacré à Feuerbach, M. Henry a écrit un texte juste, mais d'une sévérité excessive.

72. *Monde*, § 19.

73. *Monde*, § 7.

74. R. Lauth, *L'idée totale de la philosophie d'après Fichte*, Archives de philosophie, 1965. P. P. Druet, *Fichte*, Paris-Namur, 1977. A. Philonenko, *La liberté humaine dans la philosophie de Fichte.*

A travers ces formes simplifiées à l'extrême, Schopenhauer veut présenter un discours vrai, intérieur à chaque homme, et qui puisse le conduire au dépassement de la contradiction des doctrines. *Réalisme* — Que suis-je face aux étoiles, au ciel, à l'immensité des êtres du monde ? La réflexion accuse ici une résonnance pascalienne : l'immensité de l'espace nous fait trembler et la conscience individuelle tend à s'anéantir (*scheint zu verschwinden*) dans le monde aussi immense que mort. Schopenhauer attribue ce sentiment à l'orientation de la pensée antique[75]. Voir au dehors c'est comprendre la raréfaction de mon être ; « *nach aussen* », c'est le vide la pensée et surtout de *ma* pensée. Cette orientation qui s'annonce chez Aristote déjà est la vraie direction du matérialisme. — *Idéalisme.* Détourne-t-on le regard de l'extérieur vers l'intérieur on comprendra que ce qui est le plus cher à la conscience est elle-même, et que l'autre peut être gonflé autant qu'il se pourra, ce ne sera jamais que de l'autre, non pas immédiatement connu, mais seulement médiatement. Ainsi l'existence en toute sa densité reflue sur l'individu. Cette immensité, ces galaxies ne sont que pour moi et n'existent qu'en ma conscience. Ce fut le mérite de Descartes que d'inverser l'orientation de la réflexion de l'extériorité vers l'intériorité. Bien qu'il faille constater que Schopenhauer a finalement construit une philosophie non-cartésienne[76], l'auteur du *Monde* ne nie pas que Descartes, sans s'en douter le moins du monde, a préparé la compréhension d'une vérité supérieure au réalisme comme à l'idéalisme et entrevue par l'Asie contemplative : « *Hae omnes creaturae in totum ego sum et praeter me ens aliud non est, et omnia ego creata feci* »[77]. Mais cette vérité, que permet d'établir l'idéalisme transcendantal, Schopenhauer pense qu'elle ne peut être atteinte que parce que l'horloge de la philosophie a sonné l'heure où le rationalisme et l'illuminisme, en fait, précise-t-il, le mysticisme, coïncident. L'écueil de la véritable philosophie est la perversion de l'individualisme, obstacle sur lequel Descartes a trébuché. La vraie pensée doit dans le discours du Soi montrer à l'individu que l'individualité n'est qu'une limite qui doit être dépassée, et dans le même temps elle doit ébranler la solidité du monde extérieur. Ce double mouvement définit la philosophie comme dépassement du matéralisme et de l'individualisme. Elle fragilise le monde en démontrant qu'il n'est que pour une

75. Brockhaus, Bd. VI, p. 17. Nous laissons à Schopenhauer la responsabilité de cette affirmation.

76. Voir ici, IVe partie.

77. Brockhaus, Bd. VI, p. 18.

conscience individuelle, et brise la solitude orgueilleuse et romantique de l'individualité en la faisant apparaître comme une *manifestation* (*Erscheinung*) parmi d'autres de l'essence de l'Être. Ce mouvement qui consiste à aller au-dehors par l'intérieur et dans l'intérieur par le dehors, véritable nerf de la spirale illustrant la pensée de Schopenhauer — que l'on peut nommer dialectique, si l'on y tient — repose tout entier sur un mot magique : la Volonté.

Ce mot, sésame de l'esprit, qui ouvrira une perspective supérieure, impliquant une herméneutique du matérialisme et de l'idéalisme, est long à pénétrer. Pour en comprendre la signification, il faut s'engager dans la première boucle de la spirale et examiner la *représentation* dans son essence rigoureuse. On doit apprendre à distinguer la pensée concrète de la pensée abstraite. En un mot il est nécessaire de débuter par la théorie de la pensée. Dans les *Parerga et Paralipomena* — comme dans les Leçons de Berlin — Schopenhauer use du terme de *Dianoiologie* pour désigner cette première démarche. Il emprunte bien évidemment ce terme à Lambert[78], mais précise, ce qui peut surprendre, qu'il correspond à ce que l'on appelait jadis *ontologie*. En revanche dans les Leçons de Berlin c'est à la *philosophie première* qu'il fait correspondre la dianoiologie[79]. Nous ne pouvons entrer dans des détails qui alourdiraient notre propos sans l'enrichir. Rappelons seulement, comme chacun le sait, qu'ontologie et philosophie première ne sont pas véritablement identiques : l'ontologie est la science de l'être en tant qu'être ; la philosophie première est la théorie du principe suprême, dont l'objet est le plus souvent l'Être suprême ou Dieu, et c'est pourquoi elle se confond si souvent avec la théologie. Schopenhauer était trop avisé pour méconnaître cette distinction. Le fait demeure néanmoins : la dianoiologie est pour lui la philosophie première que d'autres ont nommée ontologie. Il faut sans doute comprendre les choses ainsi : la philosophie première est la propédeutique à la véritable science de ce qui est. Cette erreur était explicable : on n'avait pas tenu compte de la véritable nature de l'entendement : on prenait pour une qualité des choses (ontologie) ce qui n'est que formes de l'entendement (philosophie première).

78. J. H. Lambert, *Philosophische Schriften*, Bd. I.

79. Dans les Leçons de Berlin, Schopenhauer intitule ainsi la section théorique ou théorie de la représentation et de la pensée : « *Philosophia prima, comprehendens Dianoeologiam et Logicam, sive theoriam universae cognitionis humanae, et fondamentorum ejus perscrutatio*, Deussen, IX, p. 35.

La philosophie première, la théorie du savoir comme propédeutique, conduira à s'interroger sur ce qui se manifeste dans la manifestation. Elle ouvrira la porte à une métaphysique qui se décompose en trois moments : compréhension de la manifestation dans la nature qui nous est *extérieure*, Métaphysique de la Nature, compréhension de *l'intériorité dans l'extériorité*, Métaphysique du Beau, compréhension enfin de notre *intériorité*, Métaphysique des mœurs ou Phénoménologie de la vie éthique. Suivant ce chemin qui compose l'extériorité avec l'intériorité, on s'efforcera de saisir l'être en soi de l'homme en l'accordant à l'Être en totalité. L'ironique question de Platon est toujours pertinente : « *Animae vero naturam absque totius natura sufficienter cognosci posse existimas ?* »[80]. L'individualité est tout, mais ne se comprend que par le tout et réciproquement[81].

Aussi Schopenhauer aimait-il certains vers de Byron :

« Are not the mountains, waves and skies, a part
Of me and of my soul, as I of them ? »[82].

Il aurait pu ajouter aussi ceux-ci :

« I live not in myself, but I become
Portion of that around me ; and to me
High montains are a feeling »[83].

On le voit bien clairement, la question n'est pas « Que suis-je » ? — si on la veut entendre étroitement. La question « Que suis-je ? » ne se sépare pas de la compréhension de l'Être. Il nous faudra suivre des chemins difficiles et sinueux. Pourtant la philosophie sera une *Comédie* au sens où l'entendait Dante — à force de méditer sur notre tragédie, nous trouverons le calme. Mais cette comédie est en son abord pénible : il faudra traverser les plaines arides de la dianoiologie, se pénétrer du sens de la Nature, s'élever au discours de l'Art, pour enfin trouver le repos au terme de la Phénoménologie de la vie éthique.

80. Brockhaus, Bd. VI, p. 20.

81. On voit par là comment il faut écarter toute psychologie rationnelle « *oder Seelenlehre* », qui non contente d'opposer dogmatiquement l'esprit et la matière, tranche les liens qui unissent le Tout et la conscience.

82. « Les montagnes, les ondes et les cieux ne font-ils pas partie de moi et de mon âme, comme moi de la leur ? ».

83. « Je ne vis pas en moi-même, mais je deviens une part de ce qui m'environne et les hautes montagnes me sont un sentiment. »

PREMIÈRE PARTIE

DIANOIOLOGIE

§ 6. Doctrine de l'entendement et de la raison au point de vue théorique.

Dans *Le Monde comme volonté et représentation* la dianoiologie tient paradoxalement moins de place que dans la *Vorlesung ueber die gesammte Philosophie,* soucieuse de développer toute une théorie du syllogisme qui ne laisse pas d'être fastidieuse. Mais les deux textes, *Le Monde* et la *Vorlesung,* s'accordent pour voir en la dianoiologie, comme étude de la représentation (*Vorstellung*), la véritable introduction au système. La chose peut sembler curieuse au lecteur, car en fait il s'agit de la partie la plus banale et la moins neuve de la pensée de Schopenhauer. Peut-être lui a-t-il semblé qu'une introduction devait recueillir le plus grand nombre de suffrages ? L'hypothèse est plausible ; ce n'est qu'une hypothèse. Il veut expliquer néanmoins d'une manière très approfondie la notion de représentation, qui, dit-il (aveu significatif) est une « qualité secondaire » du moi, dont l'authentique essence est la volonté [1]. On peut nuancer certes en indiquant que la notion de *Vorstellung* n'occupe pas seulement le premier livre du *Monde* ; elle intervient aussi largement dans la critique de la philosophie kantienne — elle est présente en de nombreux suppléments et peut être la source, dans les autres ouvrages, d'intéressantes notations.

Ce qui, à notre sens, doit frapper tout d'abord le lecteur — comme on pouvait s'y attendre à l'examen de la *Probevorlesung* — c'est que l'objet de la réflexion philosophique de Schopenhauer n'est pas à proprement parler la science. Qu'on le veuille

1. Deussen, IX, 36.

ou non (simplifions !) la philosophie kantienne n'est pas une théorie de la représentation qui médiatiserait une ontologie. C'est bien, comme les néo-kantiens l'ont vu, *une théorie de l'expérience* comme expérience rigoureuse[2]. L'avocat de Schopenhauer plaidera la non-culpabilité de son client en indiquant que du vivant de Kant lui-même, la soigneuse distinction du jugement de perception et du jugement d'expérience, fondement du criticisme comme théorie de la science, s'était évanouie dans les mains de S. Maimon et de K. L. Reinhold. Ce dernier rédigeant une *Versuch einer neuen Theorie des menschlischen Vorstellungsvermögen* a été, sans le comprendre lui-même[3], à l'aube de la dialectique de la philosophie allemande qui devait trouver son apothéose dans l'hégélianisme[4]. Au demeurant il serait injuste de penser que Reinhold a été totalement infidèle à la lettre du kantisme : ainsi Kant a prétendu expliquer l'espace vécu par la réflexion sur l'espace géométrique, donnant à penser que les moments transcendentaux étaient susceptibles d'expliquer les problèmes de la *Vorstellung* prise en un sens tout à fait commun[5]. Il faut cependant reconnaître, du moins est-ce notre sentiment, que Schopenhauer a mis l'accent sur la perception avec plus de vigueur que Fichte ou Schelling. Certes il ne s'agit ici que de *plus* et de *moins*, mais l'orientation est en somme identique. Ainsi passent les uns dans les autres les moments : on se sert de la perspective ouverte par le cours du monde pour en expliquer l'ordre et *vice versa*. L'exemple le plus clair est donné dans la théorie de la vision en laquelle Schopenhauer pour expliquer que l'image peinte sur la rétine soit redressée fait appel à une réflexion relevant de la causalité, tout en faisant de cette opération de l'entendement (ordre du monde) un raisonnement inconscient (cours du monde)[6].

Plus systématique que l'analyse du *Monde*, la *Vorlesung ueber die gesammte Philosophie* divise la dianoiologie en cinq chapitres, coiffés par le titre : *Théorie de la représentation en totalité et de la connaissance*. Les titres des chapitres sont les suivants : 1) Le monde est une représentation — Sujet et Objet ; 2) De la

2. H. COHEN, *Kant's Theorie der Erfahrung*, E. CASSIRER, *Kant's Leben und Werke*. A. PHILONENKO, *L'Œuvre de Kant*, Tome I.

3. Nul n'ignore la versatilité (au moins apparente) de Reinhold. On trouvera des éléments précieux pour le mieux connaître dans le recueil d'articles, édité par R. Lauth, *Philosophie aus einem Prinzip, Karl Leonard Reinhold*.

4. Nous adoptons ici la vue traditionnelle.

5. Cf. KANT, *Qu'est-ce que s'orienter dans la pensée ?* et le commentaire de Heidegger dans *Sein und Zeit*, p. 108 sq.

6. *Quadruple racine*, § 21, Deussen, IX, p. 167 sq.

représentation intuitive ; 3) De la représentation abstraite ou logique ; 4) Du principe de raison et de ses quatre formes ; 5) De la science en général. L'intérêt de ces chapitres est inégal — ainsi la théorie des syllogismes qui explicite la représentation abstraite est d'une valeur médiocre. En outre, ils se développent inégalement. Certains sont trop longs, et d'autres trop brefs. Il nous faudra tailler et même oblitérer.

§ 7. Du sujet et de l'objet.

Toute philosophie sérieuse, tout philosopher réfléchi, débute avec cette proposition : « *Le monde est ma représentation* »[7]. La tâche est de se *convaincre* et non seulement de se persuader, que le monde n'est qu'une connaissance (*nur eine Erkenntnis*) et qu'à ce titre il dépend du sujet connaissant : l'être des choses est identique à leur être connu ou perçu. La pensée non philosophique consiste à *croire* que les choses seraient *là,* même s'il n'y avait pas de sujet connaissant. Mais quoi qu'on fasse, quoi qu'on *dise,* on ne saura jamais se représenter les choses sans une pensée. Sans doute Berkeley est-il obligé de noter : « Les arbres sont dans le parc »[8]. Mais le philosophe irlandais auquel Schopenhauer — se séparant ici de Kant[9] — reconnaît un rôle de précurseur, soutient que si l'être des choses peut être sans moi, il ne peut pour autant être affranchi de toute intelligence : l'intelligence divine pense ou perçoit les choses quand je n'y pense pas et s'érige en fondement de l'être du réel[10]. Libre commentaire de Schopenhauer sur cette thèse : « Certes l'objet n'est pas dépendant de l'individu, mais il l'est du sujet de connaissance en général ». Il faut bien avouer que ce théorème ne sera pleinement compris que dans la métaphysique qui nous montrera à l'œuvre la volonté. Schopenhauer refuse, en fait, l'idée d'un sujet connaissant en général, notion obscure s'il en est[11], et sans doute pure fiction. En revanche la volonté ne cessant de tendre à s'affirmer, on trouvera toujours des individus et la présupposition, cohérente au niveau de la dianoiologie, c'est qu'il y aura toujours un individu. Sur ce fondement elle affirme que

7. Deussen, IX, p. 113, *Monde,* § 1.
8. BERKELEY, *Cahier de notes,* n° 99.
9. Cf. KANT, *Critique de la Raison pure,* 2e éd. B. p. 274, Réfutation de l'idéalisme.
10. BERKELEY, *Dialogues enntre Hylas et Phylonous, Œuvres,* éd. Leroy, T. II, p. 143.
11. Ainsi la construction de M. Gueroult, dans sa thèse sur Fichte, de l'idée de Moi en général fini ne saurait être reçue.

tel objet, s'il est, occupe nécessairement dans la représentation du moi une partie de l'espace et une séquence du temps, qu'il est, cet objet, l'intersection du temps et de l'espace, qu'ainsi il est vu, connu, et de fait se rattache à d'autres objets suivant la causalité.

Schopenhauer énonce, dès lors, comme une évidence une thèse qui, loin d'éclairer sa pensée, l'a à jamais obscurcie : « *Mein Kopf ist zwar im Raum, aber der Raum, mit alles was er besitzt ist doch nur in meinen Kopf.* »[12]. Ma tête est dans l'espace, mais l'espace avec tout ce qu'il contient est dans ma tête. Selon lui il y a là un paradoxe (c'est-à-dire une idée qui s'oppose à l'opinion, et qui est véritable), sans lequel on ne saurait parvenir à la pensée (*Besonnenheit*) philosophique. Le terme *Kopf* signifie chez l'auteur du *Monde* : cerveau. Donc mon cerveau est *dans* l'espace, mais l'espace avec tout ce qu'il comprend est dans mon cerveau. Il reviendra à Bergson, principalement dans *Matière et Mémoire*, de dénoncer l'absurdité du paradoxe : on comprend comme une partie de l'espace, ce qui doit nous en livrer la représentation totale[13]. Schopenhauer ne semble pas avoir été conscient de la difficulté. Il conclut de la présence de l'espace en moi, de son existence (*sic*), à la réalité phénoménale de tous les objets. On pense encore entendre Berkeley : il n'y a pas d'objets en eux-mêmes[14].

Ainsi la position[15] des choses présuppose l'intelligence : « Le monde est représentation et la représentation présuppose un représentant ». Dans la *Vorlesung ueber die gesammte Philosophie,* le développement un peu long aboutit à la thèse suivante : « Pas d'objet sans sujet »[16]. Cette proposition, Schopenhauer s'empresse de nous affirmer qu'elle est réversible, car on n'imagine pas un sujet sans objet. Dans les *Principes de la Doctrine de la Science* Fichte avait énoncé cette même thèse : « Pas de sujet, pas d'objet » « pas d'objet pas de sujet »[17]. Mais Schopenhauer ne reprend nullement la thèse fichtéenne, c'est à Berkeley qu'il songe. Se situant en cette perspective, il ne craint pas d'être accusé d'un manque d'originalité. Tout n'est pas toujours à rejeter. L'auteur du *Monde* précise qu'il se trouve, au fond, dans le système de Berkeley deux choses. Il y découvre d'abord une

12. Deussen, IX, p. 114.
13. Cf. V. Jankelevitch, *Bergson.*
14. Berkeley, Cahier de notes, n° 850.
15. M. Heidegger, *Die Grundprobleme der Phaenomenologie,* p. 60.
16. Deussen, IX, p. 115.
17. Fichte, Gesamt-ausgabe, I e Reihe, Werke, Bd. 2, p. 337.

très saine réaction contre le cartésianisme, dont la doctrine des vérités éternelles pouvait donner à penser qu'on admettait l'existence d'objets, certes idéaux, mais d'objets quand même sans sujet. Ensuite Schopenhauer lit dans le système du bon Évêque d'Irlande un effort pour accorder sa pensée avec celle de son temps, et à cet effort il ne veut pas accorder le moindre intérêt philosophique. L'étonnant est que Berkeley ayant vu juste quant au principe (pas d'objets sans sujet) ait été si mal compris et qu'il ne soit pas parvenu à ébranler *l'objectivisme* et que chez un Kant, par exemple, pourtant auteur de l'Esthétique transcendantale, l'idée d'une chose en soi, formant un au-delà des phénomènes qu'aucun sujet ne peut, suivant la lettre de l'œuvre critique, penser et connaître — qu'une telle idée, qui contient en soi le plus pur dogmatisme, subsiste [18].

Jusqu'où s'étend la représentation ? Elle a deux limites — les étoiles et le corps, l'objet immédiat. Tout cela est connu ou représenté (comme on voudra) puisque Schopenhauer ne voit qu'une différence de degré et non de nature entre la représentation et le connaître. Mais ce qui n'est pas connu c'est le sujet lui-même. Cette affirmation court dans toute la doctrine [19]. La diversité du temps et de l'espace (ne sont propres à la définition philosophique des objets que les formes pures — temps, espace, causalité) touche l'objet, non le sujet. On ne peut attribuer au sujet ni la diversité, ni l'unité. On pourrait dire que la diversité est la qualité de l'objet, mais non celle du sujet, tant et si bien qu'il faudra expliquer comment il se fait que nous nous représentions plusieurs sujets, sans pouvoir penser la pluralité dans le sujet connaissant [20]. Quoi qu'il en soit, en ce début de la dianoiologie, première étape de la spirale, il faut affirmer que le sujet connaissant n'est ni dans le temps, ni dans l'espace : ce sont ces formes qui sont en lui. Il échappe donc à ce que Kant a justement considéré comme les barrières de la phénoménalité — et cependant son opération, pour autant qu'elle est représentation du monde, nous apparaît en cette perspective toute phénoménale. On userait d'une terminologie étrangère à celle de Schopenhauer, et on en trahirait même la pensée exacte en disant que le sujet est pour le monde — pourtant il n'y aurait pas en ceci un contre-sens fondamental. Le vrai contre-sens philosophique a été commis par Kant tandis que

18. Est-il besoin de souligner qu'il y a là une lecture cynique de la pensée kantienne. Cf. notre *Œuvre de Kant*, T. I.

19. Nous verrons les difficultés qu'elle soulève, cf. *Monde*, § 2.

20. C'est la même difficulté.

soupçonnant cette orientation du sujet connaissant, il affirme comme on l'a dit une chose en soi, conception d'un sujet sans objet[21].

A vrai dire les choses sont tout à la fois plus simples et plus compliquées. Elles sont simples, car toutes les disputes sur la réalité du monde ou sur son irréalité ont été, selon Schopenhauer, le fait de métaphysiques aussi ignorantes que bornées — aussi, à un certain point de vue, la question ne possède aucune *dignité.* Mais l'on peut dire aussi que la question est plus compliquée parce que depuis Berkeley et Kant le problème a été formulé d'une manière plus scientifique. Dans cet état de fait il est clair que pour Schopenhauer la définition liminaire ne souffre aucune discussion : « *Dasjenige was Alles erkennt und von keinem erkannt wird, ist das Subjekt* »[22]. Il est clair aussi pour l'interprète qu'ici la pensée de la *substance* se dresse à nouveau contre la pensée de la *fonction.* Fichte, après Maïmon, dénonçait la pensée réifiante et substantialiste, expliquant qu'il ne fallait pas, — faute en laquelle on retombe sans cesse dans la pensée substantialiste en suivant ce raisonnement —, croire à propos du sujet connaissant, *mutatis mutandis,* que le monde repose sur un éléphant, qui lui-même sur une tortue s'appuie, etc. Pour Schopenhauer il y a dans l'idée de sujet l'idée d'un porteur (*Träger*) du monde sous le monde. « *Träger der Welt* » ; le sujet forme chez lui le point d'appui à jamais lui-même inconnaissable — même le corps propre, à ce niveau du moins, est déjà du domaine du connu comme *soutenu.* Pensée substantialiste on en conviendra, qui s'oppose à la découverte de la philosophie de l'idéalité kantienne.

Certes Schopenhauer trouve des accents pathétiques pour justifier son point de vue. Il y a des formes de la connaissance qui tiennent et contiennent l'objet — aucune n'enserre le sujet. En lui multiplicité, diversité, espace et temps s'abîment. On peut en dire autant du monde : quand bien même les pierres elles-mêmes attestent l'histoire du monde et sa poignante réalité — cette histoire n'a de sens qu'en vertu de lois, la causalité par exemple, qui sans histoire elles-mêmes s'effondrent dans le néant dès lors qu'on les veut appliquer au sujet connaissant. Et Schopenhauer n'admettant pas un sujet en général, il faut

21. De là l'étonnant problème de la philosophie de Schopenhauer ; on voit bien d'après ce § qu'il repousse l'impératif socratique : « Connais-toi toi-même ! » C'est au niveau de la métaphysique du Beau et dans la phénoménologie de la vie éthique qu'il reprendra le problème.

22. Deussen, IX, 116.

dire que le monde s'écroulera dans le néant quand après des millions d'années la dernière intelligence à l'aube ou au minuit profond s'éteindra. La catastrophe sera d'autant plus profonde que, liée aux formes de la connaissance, cette dernière intelligence n'aura pas vu un monde structurellement différent[23].

Il en résulte une pensée tragique : « Si c'est l'intelligence et la science qui font de l'homme le maître de la terre (*zum Herrn der Erde*), il en résulte qu'il n'y a pas d'erreurs inoffensives, et encore moins d'erreurs respectables et sacrées »[24]. Saisir pourquoi Schopenhauer écrit « *Erde* » (Terre) et non pas « *Natur* », est chose difficile. Sans doute veut-il se distinguer de la pensée technicienne de Descartes. La connaissance n'est pas seulement limitée à la mathématique ou à la physique — il y a la terre, avec sa richesse inépuisable de vie et de mort, de douceurs et d'horreurs. Mais pour le moment on s'en tiendra à cette conclusion bien moins difficile à entendre : là où l'objet s'évanouit, le sujet s'évanouit et réciproquement. Ou encore : là où l'objet s'achève, le sujet fleurit et inversement. Quoi qu'on dise, quoi qu'on fasse : pas de sujet sans objet, pas d'objet sans sujet.

§ 8. De la représentation intuitive et de ses formes : l'espace et le temps.

S'il n'existe donc point d'erreurs inoffensives, ni respectables et encore moins sacrées, la philosophie ne saurait valoir par son innocence. Schopenhauer revendique la « radicalité » de la pensée et le philosophe étant un roi, il en a les responsabilités. Il n'en est pas moins vrai que cette exigence n'exclut en aucune façon la possibilité de suivre une voie en laquelle la vérité peut apparaître avec plus de facilité au disciple. Dans la *Vorlesung ueber die gesammte Philosophie*, Schopenhauer n'est pas parti de la division des représentations en quatre classes (exposée dans la *Dissertation sur la quadruple racine du principe de raison suffisante*). Il a choisi une voie à la fois plus oblique et plus large : « Toutes nos représentations peuvent être divisées de manière générale en intuitives, en purement intellectuelles, ou en intuitives et abstraites, en images et en concepts »[25]. On jugera sans doute que la voie ainsi ouverte manque de rigueur dogmatique. Mais soucieux d'enseigner, le philosophe a voulu suivre, en somme, la voie dichotomique. On parlera donc

23. Deussen, IX, 117 sq.
24. *Monde*, § 8.
25. Deussen, IX, 118.

de représentations intuitives — par exemple celle d'un objet, de ce stylographe, qui se donne ici et maintenant : « Tout objet intuitif est là dans le temps et dans l'espace « *Alles anschauliche Objekt steht da im Raum und Zeit* ». L'être-là, mieux la présence, est un axe de pensée en lequel Schopenhauer n'a rien à envier à Hegel. Sans doute les deux philosophes ne visent-ils point la même opération dialectique. Ainsi le début de la *Phénoménologie de l'Esprit* traite du temps païen, de ce temps en lequel les instants, avec une furie profonde, se chassent les uns les autres. L'apothéose du discours hégélien est de trouver un instant qui à tous les instants donne sens et cohésion — et c'est ce moment unique où le Christ rend le dernier soupir, ouvrant les portes de l'éternelle respiration du Concept. Schopenhauer nous veut conduire vers l'abolition de tout temps en la négation du vouloir-vivre. Mais à bien y penser sa réflexion sur la présence de l'objet n'est pas étrangère à celle de Hegel. Souvenons-nous de Berkeley : « Les arbres sont dans le parc ». Schopenhauer a eu le mérite d'enchaîner immédiatement avec l'énoncé d'une vérité très déplaisante pour la « phénoménologie » telle qu'on nous la prodigue. Étonnantes peuvent être entre les objets les différences : tous néanmoins obéissent à la loi de l'être dans le temps et dans l'espace[26].

On le sait — peut-être trop — Heidegger reproche à Kant de n'avoir point, en sa *Réfutation de l'Idéalisme*, distingué le *Dasein* du *Vorhandensein*, de n'avoir point, ce faisant, respecté l'ontologie de la raison finie qui veut que le *Dasein* désigne un acte ou une opération vivante, tandis que le *Vorhandensein* est plutôt orienté vers la chose (*res*), et qu'enfin le temps vécu et le temps pensé se confondent[27]. Schopenhauer ne peut être pris vraiment en flagrant délit. Il ne se sert ni du *Dasein*, ni du *Vorhandensein*. Il parle de l'*Objektseyn*, qui bien que soumis à la loi du temps ne laisse pas d'évoquer une dimension qui n'est pas ignorante de l'existence, pour ne pas dire de l'existentialisme.

26. Mentionnons à propos de ces réflexions les quatre modes suivant lesquels le principe de raison suffisante (d'après la dissertation de 1813) s'applique aux représentations. Premièrement, s'il est question des représentations intuitives, complètes et empiriques, il s'applique en tant que loi de causalité ; deuxièmement s'il est question des concepts et des représentations abstraites, il s'applique comme principe de raison de la connaissannce et il se diversifie suivant que le jugement constitue une vérité empirique, logique, transcendantale, métalogique ; troisièmement s'il s'agit de ce qui constitue la forme des représentations, le temps et l'espace, le principe s'applique comme raison d'être ; et enfin, s'il s'agit du sujet du vouloir, il s'applique comme loi de la motivation. — Telles sont les quatre racines du principe de raison suffisante.

27. HEIDEGGER, *Sein und Zeit*, p. 203.

Précisons bien ce que signifie l'expression *connaissance a priori.* Il serait fastidieux comme inutile de distinguer les nuances qui séparent Kant et Schopenhauer. Disons seulement que jamais Schopenhauer ne s'est figuré un savoir *a priori* entièrement étranger au monde ; comme Kant, en revanche, il a pensé que l'actualisation de ce savoir dans le champ de l'expérience le révélait à lui-même, comme ne dépendant *stricto sensu* de l'expérience en aucune manière. Sans toute il a pu donner à penser que nous connaissions *a priori* avant toute expérience — il a aussi insisté sur le travail, l'observation. Les définitions proposées dans la *Vorlesung* sont, en fait, purement nominales et l'on ne saurait rien en extraire pour dénoncer l'incompétence des épigones de Kant. Il demeure que l'*a priori,* comme le veut Kant, est le signe de la *nécessité.* L'expérience, selon Schopenhauer, n'est que ce qu'elle est, fugitive et désespérément muette dès lors qu'on prétend lui faire dire plus et autre chose que la simple immédiateté. Si nous disons que l'expérience est nécessaire, nous disons plus que l'expérience ne dira jamais. Expérience — champ sans fin, qui s'écroule dans le passé, qui se perd en un avenir qui ne connaîtra point de fin, voici, et c'est la vertu de l'*a priori,* que l'homme te prête un discours qui à l'éternité de la pensée t'élève. Ce discours l'homme le prête à l'expérience, il ne l'en dégage pas. Pensée juste et profonde — Schopenhauer brise net avec ceux qui, par exemple, imaginent que la fonction de l'*a priori* s'épuise dans un discours logique tenu à l'*avance.* Aussi l'analyse de Schopenhauer s'affine tandis qu'il se penche sur l'a priorité comparative de la connaissance et des savoirs. Au demeurant la vérité n'est pas loin ; le véritable *a priori* est la triple connexion du temps, de l'espace et de la causalité. De plus, qu'on le veuille ou non, *savoir* — quelle que soit la valeur qu'on désire conférer à ce terme —, c'est *savoir quelque chose* ; savoir quelque chose c'est pouvoir l'appréhender dans l'expérience et ce faisant on se voit obligé de recourir aux lois *a priori,* à la *possibilité* de l'expérience.

On protestera, en vain d'ailleurs car Schopenhauer répond avec calme. On peut écarter tout ce qui s'est proposé dans le temps ; on ne saurait nier le temps. Nous pouvons écarter d'un corps toutes ses qualités et même son histoire — nous ne pouvons penser un corps sans espace. Ainsi ni le temps, ni l'espace ne dépendent de l'expérience. Qu'enfin une pierre tombe du ciel, on nous montrera probablement qu'elle vient de la lune ou d'ailleurs ; ce que l'on ne nous montrera jamais en ceci c'est qu'il n'y ait point de causalité. Aussi, dans la mesure où toute notre connaissance doit être intuitive, il faudra affirmer qu'elle repose sur l'entrelacement *a priori* de l'espace, du temps, de la causalité enfin. Le texte des Leçons de Berlin est particulièrement intéressant sur ce point. Comme le montre le titre, son intention était de réfléchir sur le temps et l'espace et il n'a pu se résoudre à ne point parler de la causalité. Là réside une grande différence entre Kant et Schopenhauer : pour ce dernier le principe de causalité (qu'il met en œuvre, ne l'oublions pas, dans l'étude de l'intelligence animale) n'est pas véritablement une catégorie hétérogène aux formes sensibles que sont le temps et l'espace. On voit la conséquence : *la déduction transcendantale* au sens kantien ne s'impose pas. Que si l'on objecte que Schopenhauer dans le fond n'a saisi l'*a priori* que de manière extérieure, voire même négative en se servant du critère de la nécessité, il demeure que sur ce seul fondement la pensée philosophique pouvait s'étayer et se manifester avec la simplicité requise avant toutes choses.

Pour éviter les confusions Schopenhauer préfèrerait qu'on appelle les connaissances qui viennent d'être examinées, des connaissances universelles, par opposition à l'expérience toujours fugitive et en cela secrète. Ce sont là ses premières conclusions. Il les fait suivre par un bref exposé sur le jugement analytique et le jugement synthétique, qui se rattachent bien évidemment à ces premiers développements. Son texte pourtant ne mérite guère l'attention — il en a vu la faiblesse et demandé qu'on l'en excuse. En fait le travail est purement descriptif et n'ajoute rien à la pensée kantienne. Pourtant on peut relever quelques idées utiles. On retiendra surtout la définition de la *dialectique,* qui sépare Schopenhauer de tout l'idéalisme allemand. Il ne veut conférer à la dialectique une place autre que celle que lui assignait Aristote[28]. La dialectique est l'art du dialogue et seulement cet art : « La dialectique peut aussi être définie comme l'art de discuter »[29]. Ainsi le synthétique ne sera jamais pour Schopenhauer, comme il l'est pour Hegel, du dialectique. Cela posé : tout jugement qui se fonde, s'élabore sur l'expérience, sera qualifié de jugement synthétique *a posteriori.* Les jugements analytiques sont tous *a priori* logiquement. On peut dire de Shopenhauer ce que Husserl a dit de Kant, tandis qu'il considérait que l'analytique n'était jamais un problème dans le système de la raison pure : « Pour Kant il suffit de s'en rapporter à la

28. ARISTOTE, *Meta,* III, 2, *Analytiques postérieurs,* I, 11.
29. *Monde,* Supl. IX.

logique formelle dans son apriorité positive, ou, comme nous aimerions le dire dans sa naïveté transcendantale. Elle représente à ses yeux un absolu... »[30]. Enfin il y a des jugements synthétiques *a priori* qu'aucune expérience ne soutient, mais qui soutiennent l'expérience.

On dira qu'il ne s'agit en somme que de la théorie kantienne et l'on aura en partie raison, Schopenhauer n'ayant pas éprouvé le besoin urgent d'une remise en question totale. En outre ce n'est pas ici le point stratégique de sa doctrine.

Sans doute une réserve est formulée et dans le *Monde* une sévère critique de la pensée kantienne est avancée : « Kant expose cette idée importante que la nature n'est rendue possible que grâce à l'entendement qui prescrit à la nature ses lois *a priori* suivant lesquelles toutes les lois empiriques se dirigent. Or la nature est chose intuitive entre toutes, nullement abstraite ; par suite l'entendement devrait être une faculté d'intuition »[31]. Cette critique mesure l'acceptation de Schopenhauer en ce qui touche la théorie de la connaissance : elle est totale sous la réserve que l'entendement soit une faculté intuitive. Un texte définit clairement le champ de la doctrine : « Nous avons vu comment lorsqu'un jugement est synthétique, il faut laisser là les simples concepts et passer à une intuition en laquelle est fondé le jugement, et comment l'expérience est présente dans tous les jugements synthétiques *a posteriori* — mais puisque manifestement il y a aussi des jugements synthétiques *a priori*, il faut aussi qu'il y ait une intuition qui leur corresponde, en laquelle ils sont fondés, qui soit le moment médiateur entre le sujet et le prédicat, c'est-à-dire la copule ; de plus il faut que sans difficultés, comme le fait une intuition empirique elle rende possible d'élargir un concept par de nouveaux prédicats »[32]. Ce texte issu des Leçons de Berlin se poursuit en constatant la constance de la nature et de ses lois[33] et s'achève par cette affirmation : « Il faut que l'expérience dont elles sont surgies ait pour condition l'intuition ».

On lit une remarque qui à première vue n'est pas à sa place — il s'agit de quelques lignes qui correspondent manifestement aux deux premières phrases de la synthèse de l'appréhension dans la *Déduction transcendantale* de Kant[34]. Au fond

30. Husserl, *Formale und transcendantale Logik*, Husserliana, Bd. XVII, p. 272.
31. Brockhaus, Bd. II, pp. 522-523.
32. Deussen, IX, p. 126.
33. Comparer, *Monde*, § 26.
34. Kant, AK. Bd. IV, p. 77, l. 10 sq. A, 143.

quoi qu'on *pense,* on le pense toujours dans le temps ; cela est vrai des idées comme des objets. C'est le moment du sens interne (expression qui ici ne semble pas convenir entièrement à Schopenhauer) et la reconnaissance de ce moment permet de poser clairement les traditionnelles questions : l'espace et le temps sont-ils des déterminations d'objets en soi, déterminations qui dépendraient des choses, sans dépendre de la perception ?

§ 9. **L'espace.**

Il convient de distinguer avec rigueur dans la pensée de Schopenhauer la théorie de l'espace et la pensée géométrique. Certes cela peut paraître étrange : d'une part Schopenhauer veut suivre ici fidèlement la pensée kantienne, mais d'autre part Kant est un euclidien décidé. Dans le *Monde,* citant Schulze[35], il reproche à Kant de n'être pas allé au bout de sa pensée. Que dit Kant en effet ? : la géométrie tire toute son évidence de l'intuition. Dès lors pourquoi ne pas se révolter contre le lourd appareil *logique* de la démonstration euclidienne ? Tout Euclide selon Schopenhauer, est dans la constante application du principe de non-contradiction[36]. « Nous sommes certainement *forcés* de reconnaître, en vertu du principe de contradiction, que ce que Euclide démontre est bien tel, et qu'il le démontre ». Schopenhauer va plus loin : « On tire des lignes, on ne sait pour quelle raison ; on s'aperçoit, plus tard, que c'étaient des nœuds coulants qui se serrent à l'improviste, pour surprendre le consentement du curieux qui cherchait à s'instruire ». Ici, on le voit bien, notre philosophe est étonnamment proche de Hegel : « Le mouvement de la preuve mathématique, écrit Hegel, n'appartient pas à ce qui est l'objet, mais relève d'une opération extérieure à la chose »[37]. On ne prétendra pas qu'ici se renouvelle avec une grande vigueur la querelle du formalisme et de l'intuitionnisme, de Leibniz et de Descartes. On remarquera cependant deux choses. D'une part Schopenhauer voyant en Euclide un pur logicien ne juge pas nécessaire à sa compréhension l'intuition de l'espace. Pierre involontaire ajoutée à la forteresse leibnizienne. On peut, dit-il, « étudier Euclide en entier sans avoir une compréhension effective des relations de l'espace ». D'autre part, il est clair que la visée fondamentale

35. Brockhaus, Bd. II, p. 519.
36. *Monde,* §§ 15, 26.
37. Hegel, *Phaenomenologie des Geistes* (Hoffmeister), p. 35.

de Schopenhauer n'est pas à rechercher dans un effort de fondation de la géométrie, mais dans une tentative de compréhension de l'espace de la perception.

La réflexion sur l'espace dans la *Vorlesung ueber die gesammte Philosophie* doit être retenue plutôt que les autres textes pour deux raisons, l'une qui est son caractère didactique exemplaire, l'autre le souci d'une fidélité à la description kantienne. On sait l'importance qu'attachait Kant, à juste titre, à la formulation *négative* de la première proposition[38]. Schopenhauer a respecté cet ordre. « La représentation de l'espace, écrit-il en débutant, n'est pas (comme ce serait le cas s'il s'agissait d'une simple relation des choses) en nous premièrement grâce à la représentation des objets dans l'espace »[39]. Il ne s'agit ni d'un concept abstrait, ni d'un concept empirique. Que si l'on voulait, avec Leibniz, se persuader que l'espace n'est que relation entre des choses préexistantes, on pourrait bien sans doute croire qu'il est possible de faire abstraction de l'espace. L'expérience montre que cela ne se peut et Kant a bien raison de dire que l'on peut faire abstraction des choses dans l'espace, mais non de l'espace lui-même. L'argument est repris de Kant avec tant de concision et de fidélité qu'un commentaire ne s'impose nullement[40]. La seconde thèse présentée par Schopenhauer se lie directement avec le premier argument, mais sera, tout à fait dans l'esprit kantien, passage à une assertion *positive*. Kant écrivait : « Il est impossible de se représenter qu'il n'y ait pas d'espace, quoi que l'on puisse bien penser qu'il n'y ait pas d'objets dans l'espace »[41]. Il n'est pas incorrect de penser comme Schopenhauer qu'il se trouve ici une conséquence logique imparable. S'il en est ainsi il faut conclure avec Kant (début de la seconde thèse) : « L'espace est une représentation nécessaire *a priori* qui est au fondement (*die... zum Grunde liegt*) de toutes les intuitions externes ». La traduction de Schopenhauer est parfaitement orthodoxe : « Il s'ensuit que l'espace n'est pas une partie, mais une condition de l'expérience externe et par conséquent connue *a priori* par le sujet ». Quant au troisième argument fondamental c'est celui-là même avancé par Kant : l'espace n'est pas un concept abstrait ou une connaissance discursive. Aussi Schopenhauer distingue-t-il très cor-

38. H. Cohen, *Kant's Theorie der Erfahrung*. 3e Auflage, p. 132.
39. Deussen, IX, 127.
40. Nous renvoyons à notre *Œuvre de Kant*, T. I, § 6.
41. Kant, AK, Bd. IV, p. 33, A 24.

rectement logique et intuition : c'est *sous* un concept que viennent se placer les déterminations ; c'est *dans* l'espace que se situent les parties. Il en résulte l'unicité de l'espace : « *der Raum ist nur einer* »[42].

Schopenhauer a visiblement puisé aux différentes expositions de Kant. Ainsi il fait intervenir les thèmes les plus connus pour assurer le caractère intuitif de l'espace. Il s'appuie sur la Dissertation de 1770 pour affirmer qu'en ce domaine savoir, c'est voir : et de fait on « voit » qu'un triangle a trois côtés et non pas quatre. Il fait appel au texte de Kant (*Prolégomènes*) pour étayer par le paradoxe des objets symétriques / asymétriques, l'intuitivité de l'espace[43].

Mais le fond de sa pensée, derrière la lettre, est complètement opposé à Kant. On pourrait s'y tromper aisément. Que veut-il ? D'abord et avant tout abandonner comme on l'a dit la logique ; et s'il admet qu'on peut comprendre Euclide sans l'intuition de l'espace, s'il donne ici raison à Leibniz, c'est presque par dérision. Quand Leibniz parle de pensée aveugle (*cogitatio caeca*)[44] il fait aux yeux de Schopenhauer fausse route. Le vrai secret, qui ne peut surprendre chez un Schopenhauer si attaché aux arts, c'est celui qu'énonce Léonard de Vinci en son *Traité de la peinture* : savoir, c'est savoir voir[45].

On voit bien qu'ici règne un grand conflit ; celui de la pensée symbolique opposée à l'intuitionnisme. Mais entrer dans les détails serait sinon superflu, à tout le moins peu propre à nous enrichir. La vérité est que Schopenhauer a une compréhension « artistique » — nous ne pouvons pas à ce niveau trouver un terme plus approprié — de l'espace. En cette orientation on peut comprendre qu'il s'accorde avec Kant, faisant de l'espace tout autre chose qu'un concept. Mais en cet accord il se trouve quelque désaccord : Kant n'aurait pas affirmé que savoir, c'est savoir voir.

S'étonnera-t-on dès lors de constater une compréhension de la géométrie dont le moins qu'on puisse dire est qu'elle nous ramène à Berkeley, avec une pointe de romantisme en plus ? Bien considérée, selon Schopenhauer, la géométrie n'est pas un système de concepts ou de théorèmes. Son point de départ ne se

42. Deussen, IX, p. 129.
43. *Ibid*, et AK. Bd. IV, p. 285, Bd. II, p. 382.
44. Leibniz, *Philosophische Schriften*, Gerhardt, Bd. IV, p. 423.
45. Cf. aussi *Les manuscrits de Léonard de Vinci* de la bibliothèque Royale de Windsor, De l'anatomie, Feuillets A (ed. T. Sabachnikoff, Paris, M.DCCC.XCVII « Saper vedere ».

trouve pas dans des définitions (*aus von Erklärungen der Begriffe —Definitionen*). Son vrai point de départ ce sont les axiomes qui *expriment* les plus simples propriétés des relations spatiales. Elle s'appuie aussi sur des postulats qui sont la présupposition de leur exposition (*Darstellung*), et c'est seulement moyennant cette exposition intuitive qu'il est possible d'éclairer la vérité des théorèmes sur les structures (*Beschaffenheit*) des figures spatiales. Dans tout son exposé Schopenhauer joue sur un mot, celui de démonstration[46]. La vraie démonstration consiste à *montrer*, à faire voir. Il faut absolument écarter la preuve souricière (*Mausefallenbeweis*) d'Euclide[47]. Il n'est pas nécessaire d'interroger plus longtemps Schopenhauer affirmant que la géométrie trouve son fondement dans une intuition pure qui ne dépend pas de l'expérience. Il n'est pas non plus nécessaire de souligner longuement comment, bien plus que Kant, il se trouve engagé dans la dialectique de l'espace vécu et de l'espace pensé. Mais il faut déclarer avec franchise qu'il s'est coupé les ponts avec la *Critique de la Raison pure* dans la mesure où celle-ci opère une longue transformation qui aboutit au niveau de la grandeur intensive à absorber l'esthétique dans l'analytique transcendantale et à s'épanouir dans une logique de l'origine.

Il restera curieux que Schopenhauer ait cru pouvoir conclure ses réflexions sur la géométrie en indiquant que l'espace était l'intuition qui rend possible « toute expérience ou perception »[48]. On ne peut pas mieux mélanger l'ordre du monde et le cours du monde. On demandera dès lors ce qu'il en est dans la représentation, non pas comme science, mais vision du monde, du sujet et de l'objet ? C'est au sujet que la question se peut poser. L'espace est son sens externe, forme phénoménale universelle de tout objet. Faut-il dire que le sens du sujet (comme *sensus*) est l'essence (*essentia*) de l'objet ? Schopenhauer affirme que tout ce qui est (*ist*) dans l'espace ne peut pas exister absolument, mais seulement relativement à une intuition qui a pour forme l'espace. Il admet aussi que l'on relativise cette assertion ; il se pourrait que l'objet existe en une autre dimension, être problématique = X, dont nous ne savons rien : « Nous pouvons certes dire : toutes les choses sont dans l'espace ; mais nous devons ajouter : toutes les choses dans l'espace sont de simples

46. Deussen, IX, p. 131, l. 32.
47. Brockhaus, Bd. I, 139, *Monde*, § 15, Supl. 13).
48. Deussen, IX, 133.

phénomènes »[49]. On ne trouvera pas la moindre allusion à la source de l'affection sensible, à sa matière qui chez Kant demeure pour ceux qui n'ont pas saisi l'évolution du concept, l'unique argument pour étayer l'affirmation de la chose en soi[50]. Schopenhauer en ces pages ne peut énoncer sa doctrine de la chose en soi fondée dans la psychologie morale du désir et de la volonté. Aussi à ce niveau de la spirale il peut paraître affirmer sans bien prouver ; on voit le risque : revenir de l'idéalité à la subjectivité et de la subjectivité tomber en un solipsisme théorique. Le seul fondement de sa déduction (fondement qui donnera à sourire après les violentes attaques contre la géométrie) revient à ceci : supposons que les choses dans l'espace soient des choses en soi, alors on ne pourrait plus expliquer l'a priorité de la géométrie[51].

§ 10. **Le temps.**

L'exposition de la notion de temps — comme celle de l'espace — est très largement inspirée par la *Critique de la Raison pure,* encore que l'ordre kantien soit, à notre sens, suivi avec moins de rigueur. En remarque préliminaire Schopenhauer fait observer que le temps n'est pas seulement la dimension en laquelle se produit toute intuition, mais aussi toute pensée, y compris les notions abstraites — en outre c'est dans le temps que s'épanouit la volonté. Dès lors tout ce qui a été dit de l'espace vaut pour le temps d'une manière à la fois simplifiée et amplifiée puisque le temps n'a qu'une dimension.

Cette remarque conduit Schopenhauer à esquisser un parallélisme entre le temps et l'espace, mais il croit plus juste d'indiquer formellement la différence : en l'espace il n'est point de changement et tout se trouve en un absolu repos ; en revanche le temps procure la succession et partant le changement. Mais cette opposition se réduit — en fonction du parallélisme esquissé qui permet d'assurer que dans l'un et l'autre cas nous avons affaire à une grandeur infinie donnée. Prenant quelques libertés avec le développement littéral de l'Esthétique transcendantale kantienne, il ramène à trois les observations fondamentales. En premier lieu il n'y a pas, comme le voudrait Locke, un flux perpétuel sans un existant entraîné par lui — quant à

49. Deussen, IX, 135.

50. Cf. E. Adikes, *Kants Lehre von der doppelten Affektion unseres Ich...*, Tübingen, 1929.

51. Kant, AK. Bd. IV, p. 35.

Leibniz il s'est singulièrement trompé en voyant dans le temps un ordre des successions, qui puisqu'il est tout intellectuel se ramène à un ordre des positions [52]. L'argument formulé contre Leibniz n'étonnera guère, car nous l'avons déjà rencontré dans la réflexion sur l'espace : on peut faire abstraction des positions sans que le temps cesse de pouvoir être représenté dans l'intuition. En réalité c'est l'expérience de la succession qui se réfère au temps et non l'inverse : « Notre représentation de la succession des choses présuppose déjà la représentation du temps comme schème qui la fonde » [53]. — En second lieu il convient de déterminer la structure, le mode, de la représentation du temps ; elle n'est point abstraite, mais intuitive. Aussi pensons-nous les choses « en elle » et non pas « sous elle ». Par où l'on voit que le temps n'étant pas un concept discursif, il en faut affirmer l'unicité. — En troisième et dernier lieu on peut affirmer contre l'empirisme que l'intuition du temps est supposée par la sensation et non l'inverse. C'est donc une pure intuition, et sans y voir la moindre difficulté Schopenhauer admet que le temps est figuré par la droite dans l'espace. Bergson dira qu'il y a défiguration. Nous verrons que Schopenhauer est ici moins blâmable que Kant.

Si la géométrie était l'expression privilégiée de l'espace, le temps est le lieu du nombre. Calculer est penser dans le temps, car le nombre n'est intelligible que par sa répétition dans le temps. Calculer signifie ici pour Schopenhauer : compter, — c'est qu'il ne veut pas voir dans l'algèbre et dans l'analyse infinitésimale autre chose que méthodes raffinées (*künstliche Methoden*). Si ces méthodes ont une valeur, si elles peuvent prétendre à l'apodicticité, c'est dans la mesure où elles ne sont pas détachées de ce moment élémentaire et intuitif que nous livre la forme du temps. Tout calcul — si complexe soit-il — suppose qu'à un moment la donnée « est » et qu'à un autre moment elle « n'est plus ». Entre ces deux limites, l'être et le non-être, s'étirent les opérations. Ces limites nous sont données dans le temps, comme intuition, et aucun concept abstrait ne saurait nous les procurer [54]. A ce point Schopenhauer, faisant allusion à Kant et à son Esthétique transcendantale, s'accorde un satisfecit : « *Ich*

52. LEIBNIZ, *Philosophische Schriften*, Bd. VII, p. 415.

53. Deussen, IX, 137.

54. Nous laissons de côté les maigres développements de Schopenhauer sur la phoronomie qui en sa construction relie unitairement les intuitions pures du temps et de l'espace.

bin ihm in der Darstellung im Ganzen gefolgt » — « Je l'ai suivi entièrement dans l'exposition »[55].

Inconséquence ou paradoxe, on trouvera chez Schopenhauer autre chose que chez Kant sur le fondement de cette théorie. D'une part une pénétration beaucoup plus vive du temps vécu — peut-être explicable par la disposition (*Stimmung*) esthétique de Schopenhauer et dans ce contexte le temps acquiert chez lui une certaine épaisseur qui confine à la durée bergsonienne. Mais d'autre part une déréalisation du temps sans cesse affirmée. On ne sait qui de Schopenhauer ou de Kant est en ceci le plus rigoureux. Sans vouloir reprendre notre interprétation de la philosophie kantienne (en laquelle la difficulté est, partiellement au moins, résolue), il est clair que les lecteurs de Kant ont souvent été gênés par le fait qu'un philosophe proclamant l'idéalité du temps, présente une histoire qu'on peut bien qualifier de « solide » ou pour reprendre une expression de M. Christoff, bien que l'histoire chez Kant relève du temps, on a l'impression de se trouver devant quelque chose qui n'est plus du phénoménal[56]. Schopenhauer, bien que pénétré par la pensée du temps vécu, fut plus rigoureux que Kant à première vue. Dans l'admirable complément consacré à l'histoire, *Ueber die Geschichte*[57], il tient pour assuré qu'un temps forme de la représentation ne saurait fonder une histoire dépassant le phénoménal. Dans une page inspirée, il proclame la phénoménalité de l'histoire en lui assignant comme devise : *eadem, sed aliter*. L'histoire nous semble « réelle », mais ce qui change ce sont les uniformes, les couronnes, sans que jamais cesse l'effort puissant, dans son inconscience même et en raison de cette inconscience, de la volonté de vivre à l'ambition toujours semblable : être, être à tout prix. Mais le regard philosophique, conforté par la théorie de l'idéalité du temps, découvre avec chagrin que la bêtise comme la légèreté ou la cruauté se répètent inlassablement : la guerre n'a jamais rien appris à personne et sous un ciel indifférent le sang depuis des siècles coule toujours aussi rouge. De tout cela Tolstoï se souviendra et les pensées que rumine le prince André à la veille de Borodino ont été directement puisées chez Schopenhauer[58]. Il y a là une pensée qui se représentera plusieurs fois dans notre exposé. Ici elle

55. Deussen, IX, p. 141.

56. D. Christoff, *Représentation et décision dans la temporalité selon Kant*, in Mélanges offert à J. Hersch, *Penser dans le temps*.

57. *Monde*, Supl. XXXVIII.

58. A. Philonenko, *Essais sur la philosophie de la guerre*, p. 196.

doit trouver sa juste place : la théorie de l'idéalité du temps a conduit Schopenhauer à refuser toute philosophie de l'histoire que ce soit au sens de Hegel ou de Marx. Il a refusé tout salut qui viendrait de l'histoire.

Si, comme on le voit chez Pascal, l'espace infini peut nous procurer le sentiment de notre insignifiance et nous conduire à la plus profonde mélancolie, chez Schopenhauer le temps et l'histoire nous livrent au désespoir. Sans doute ce désespoir en se comprenant se dépasse. Si l'on a bien compris que l'historique et le phénoménal coïncident, on pourra penser l'histoire. Par ses monuments, ses travaux l'Histoire confère à un peuple son passé, ce dont l'animal ne saurait s'enquérir puisqu'il n'a pas plus d'avenir que de passé[59]. L'histoire, même comme histoire des apparences et peut-être surtout à ce titre, forge le passé de l'homme, moins en lui soumettant ses progrès qu'en lui proposant de réfléchir sur soi. L'histoire, dit Schopenhauer, est la conscience réfléchie — sa confidente dira Michelet — de l'humanité et son affaire personnelle. Elle nous enseigne la vanité toujours recommencée, qui comme l'écume de la vague veut apparaître dans l'apparence (*Schein im Schein*). Apparaître et dans cette apparence être, c'est ce que les hommes mortels ont sans cesse voulu. On ne construisait pas des pyramides avec la pensée qu'elles s'écrouleraient le lendemain. Quand nous voyons ces pierres énormes assemblées, ces monstrueux monolithes, nous songeons à ces muscles retournés en poussière qui se tendaient, à ces cœurs maintenant à jamais anonymes qui s'essoufflaient en ce travail, qui en somme était écriture. Devant cette écriture qui évoque une présence fantômatique nous sommes aussi admiratifs que stupides (*besinnungslos*)[60]. L'écriture lors même que nous n'en discernons plus le sens, sachant seulement qu'il s'agissait d'une écriture, expression d'une vie, *apparaît* à nous comme parole d'outre-tombe, victorieuse de la mort, refuge muet de la conscience de soi. Quelle crainte poignante que de songer que cette parole inintelligible pourrait disparaître ! Il ne faut pas s'étonner si les Égyptiens craignant que leurs hiéroglyphes ne fussent plus compris y ajoutèrent des peintures. Apparaître dans l'apparence, en changeant d'uniformes, de vêtements, telle est notre destinée. Cet apparaître peut néanmoins être sauvé par

59. Brochaus, Bd. III, p. 509.

60. Ces thèmes ont inspiré Nietzsche, surtout dans la IIe *Inactuelle ;* combien regrettable est le fait que Michelet et Schopenhauer ne se soient pas profondément connus.

sa seule diversité. Nous pourrions dire sans trahir Schopenhauer que l'âme, au sens où la philosophie classique l'entendait en son immortalité, est dans ce geste infiniment varié d'écrire et qu'ainsi s'il n'y a pas de temps de l'histoire, il y a, grâce à cet apparaître, une histoire du temps humain. Aussi le temps a-t-il chez Schopenhauer deux faces : d'une part c'est le lieu de l'apparence en laquelle tout se répète, et d'autre part c'est la possibilité de la conscience de l'humanité dont le lieu privilégié est l'écriture.

§ 11. **Le principe d'individuation.**

La principale conséquence de la théorie du temps et de l'espace est l'instauration du *principium individuationis.* Kant dans la *Critique de la Raison pure* observe que la seule présence en deux endroits différents du temps et de l'espace suffit à rendre raison de la différence entre les êtres. Aussi n'était-il point nécessaire, comme le voulait Leibniz, d'aller de la diversité dans le concept (*Verschiedenheit*) à la différence (*Vielheit*). Schopenhauer a bien vu que Leibniz malgré tout demeurait un disciple de Descartes. Il apporte certes des nuances, mais comme l'auteur des *Méditations de philosophie première,* il ne sait rompre avec le préjugé que les idées claires et distinctes sont le fondement d'une pensée conséquente. Aussi lui est-il indispensable de fonder la différence dans le temps et dans l'espace sur la diversité des notions. On connaît bien assez la doctrine leibnizienne en ce point[61]. Schopenhauer refuse de s'y soumettre et la différence n'aura pas besoin d'être fondée sur une diversité toute intellectuelle. La différence est le produit pur des thèses avancées sur la nature du temps et de l'espace. Être ici ou là, ce n'est pas la même chose et cela suffit. La réflexion sur la différence nous introduit à une dialectique bien commune : il s'agit de ce sentiment poignant, la pitié, qui par-delà les formes du temps et de l'espace, nous permet de dépasser le cadre transcendantal et d'instaurer « en nous sans nous » une communion avec *l'autre.* Schopenhauer voudra y voir le *principe* de sa morale. Le terme *principe* est trop fort comme on le verra[62]. En ce moment Schopenhauer se contente d'écrire : « Dans le fait ce sont l'espace et le temps, formes de la connaissance intuitive, au moyen duquel ce qui, selon l'essence intérieure est identique et pensa-

61. A. Philonenko, *La loi de continuité et le principe des indiscernables,* Revue de Métaphysique et de Morale, 1968.

62. Voir la Quatrième partie de cette analyse.

ble par un concept, se révèle comme multiplicité et apparaît en individus sans nombre ; et c'est de ce point de vue que je caractérise l'espace et le temps suivant l'ancienne expression scolastique comme *principium individuationis* ».

Schopenhauer donne une image du principe d'individuation qui montre tout à la fois comment il sait exploiter les ressources kantiennes et les méconnaître. Soit un prisme aux multiples facettes. Plaçons-le entre l'objet et l'œil — nous verrons l'objet diffracté en une multitude d'apparences. Les termes de la comparaison sont aisés à dégager ; on dira que l'objet est la chose en soi, que le prisme est le modèle des formes de l'intuition, espace et temps ; quand à l'œil c'est, compte tenu de l'assimilation du savoir et de la perception, ou bien l'œil proprement dit, ou bien l'esprit humain. Ainsi s'explique la différence. L'utilisation du kantisme est évidente. On ne la saurait dire fidèle. Ce n'est pas tellement parce que je puis ôter le prisme, tout en me trouvant incapable d'écarter le temps et l'espace. C'est surtout parce que ainsi compris temps et espace cessent, comme le voulait Kant, d'être des *méthodes*, et deviennent des organes, qui pour le plus borné des dialecticiens, ne tarderont pas à se manifester comme des obstacles[63].

§ 12. De la causalité.

Avec les deux premières formes de la représentation nous obtenons la diversité phénoménale. Cependant *avec* ces deux formes nous ne pouvons parvenir à une compréhension du réel. Mais puisque *avec* les deux formes (espace et temps) le principe d'individuation est donné, il faut admettre qu'il y a un réel, phénoménal certes, mais qui peut être dit *matière*. La réalité comme matière est la perceptibilité (*Wahrnembarkeit*) du temps et de l'espace. Deux raisonnements apagogiques confirment ici la déduction schopenhauerienne. Supposons en premier lieu que la réalité ne possède pour forme que le temps et non l'espace. Nous ne pourrions pas même admettre une coexistence, mais seulement une simple succession et par une logique conséquence nous ne pourrions pas même admettre une permanence dans le temps. C'est qu'admettre une permanence suppose, implique la connaissance d'une coexistence dans le temps. Or par définition cela est interdit. En effet la coexistence (qui permet selon Kant de *mesurer* la substance) n'est concevable que par

63. J'ai bien souligné dans mon *Œuvre de Kant* (T. I) la distinction entre méthode et organe.

une opposition, un être-en-même-temps qui n'est concevable qu'au point de vue du lieu (*situs*) dans l'espace. — Mais si, second moment apagogique, nous admettons que la perception se limite à l'espace, on voit bien clairement qu'il n'y aura aucun changement, aucune succession et partant aucune causalité[64]. — Ces deux raisonnements apagogiques nous conduisent à affirmer que c'est seulement dans l'union des deux formes, espace et temps, que nous obtiendrons la représentation de la substance et de la coexistence, ce qui signifie la causalité. Ce qui provoque cette union, c'est la *matière*. Schopenhauer soutient, contrairement à ce que dit Kant, voulant que le temps soit ce qui *demeure*, que le temps est ce qui passe, *ein stetes Vergehn*[65]. Aussi la matière qui en lui apparaît, persiste (*beharren*), lui donnant une « solidité ». Quant à l'espace, certes concevable sans mouvement, en le remplissant la matière, cette fois comprise comme changement continu, le rend perceptible.

Mais qu'en est-il de la matière ?[66]. On ne saurait oublier le dialogue, le plus incisif sorti de la plume de Schopenhauer, qu'il a rédigé non sans passion (mais, dit-on avec pour modèle Raymond Lulle), et assurément enthousiaste au bon sens du terme. Ce dialogue débute par l'affirmation faustienne du sujet : : « Je suis, et en dehors de moi rien n'est. Car le monde est ma représentation »[67]. Dans son silence obstiné qui est à y bien regarder discours, la matière, à jamais muette répond : « Illusion téméraire ! C'est moi, moi qui suis ; en dehors de moi rien n'existe. Car le monde est ma forme passagère... ». Le sujet répond : « Quelle sotte outrecuidance » — « *Welch thörichter Dunkel* »[68]. Il serait léger de ramener ce dialogue au débat entre l'idéalisme et le matérialisme. Ce qu'il faut entendre c'est qu'aucune solution (comme le montre le dialogue indiqué) n'est à envisager au niveau de la philosophie théorique, moment inférieur de la spirale. *Se trouve exigée — et c'est ici que nous comprenons la dialectique de la spirale — une compréhension plus profonde, qui nous conduise à la proximité du fond de l'Être qui est Volonté, Wille.* Alors on verra que cette solution,

64. Brockhaus, Bd. II, p. 559. Schopenhauer a essayé maintes fois de reprendre la doctrine kantienne de la substance. Ici joue l'équation : substance/causalité.

65. Deussen, IX, p. 147.

66. Le problème est intéressant, mais ne va pas au fond de la pensée de Schopenhauer.

67. Cf. Deussen, IX, 113, *Monde*, § 1.

68. Brockhaus, Bd. III, p. 20 et suivantes.

que nous ne pouvons maintenant comprendre, est bien semblable à un précipité chimique, qui indique au tréfonds de la spiritualité et de la matérialité un *pouvoir*, qui est justice, justice aveugle, mais pour cette raison *sainte* — Nietzsche dira « critique »[69].

Il n'est cependant pas encore temps de pénétrer dans le temple mélancolique de Schopenhauer. Nous sommes seulement assurés de deux choses : nous sommes au niveau « théorétique » et le maître d'œuvre est la matière. On demandera d'où vient la matière — la question peut attendre et même, à la lumière des développements ultérieurs, ne pas s'imposer. L'évident, le sûr, c'est qu'elle opère la fusion du temps et de l'espace : « *Also ist die Materie jenes drittes, welches Zeit und Raum zugleicht füllt* ». (Ainsi la matière est ce troisième moment, qui remplit en même temps le temps et l'espace)[70]. Le texte est à prendre au pied de la lettre. Schopenhauer ne dit pas expressément que la matière est *l'opérateur* de la fusion (*Vereinigung*), qu'on peut traduire par union, interpénétration, — comme on voudra. Elle est ce qui, sans qu'elle opère, rend possible l'opération. S'il en était autrement on ne saurait accorder la moindre valeur à l'interprétation des facteurs dans leur pureté analytique — ce serait même impossible que de tenter une telle interprétation. *Vereinigung* la matière n'est que résultat, et dans le produit les facteurs restent libres. En revanche on ne saurait dire que le produit est impliqué dans les facteurs. En termes plus simples : l'espace comme le temps est compréhensible avant toute opération — le produit en lequel les facteurs se coalisent les suppose.

Mais il ne serait pas cohérent de considérer le produit comme dépourvu de toute portée et il convient de nuancer l'interprétation proposée. Considérons ce produit : il porte en lui les propriétés de l'espace et du temps. Si le regard se dirige sur le *repos* (l'espace) le produit s'exprime comme permanence — « *als das Beharren der Materie* ». En revanche la fluidité, le temps, s'exprime dans le changement des formes et des qualités de cette matière et c'est ce que l'on nomme l'accident. Ajoutons que la matière possède une qualité propre à l'espace comme au temps : la divisibilité à l'infini. De ce point de vue, empirique, elle apparaît comme l'opérateur dans la *Vereinigung* du temps et de l'espace. Car l'on peut bien dire qu'une matière

69. NIETSCHE, *Deuxième Inactuelle*.
70. Deussen, IX, p. 148.

sans forme dans l'espace (*Gestalt*) est aussi inconcevable qu'une matière sans succession, sans changement, sans qualité s'évanouissant dans le temps, ce qui suppose une action (*Wirkung*). L'Agir[71] (*Wirken*) est production d'un changement, qui temporel, s'explicite néanmoins dans l'espace. De ce point de vue empirique où la matière est l'opérateur, il est clair qu'on aimerait posséder une règle expliquant et justifiant son surgissement en ce point précis du temps comme en ce lieu déterminé de l'espace. Mais la question ainsi formulée et en elle-même fort respectable repose sur une confusion : au point de vue « théorétique » pur la matière est le produit, au niveau empirique elle se présente à nous comme opérateur. Bon nombre des interprètes de Schopenhauer ont confondu les deux perspectives, la première en laquelle la causalité est le produit, au niveau de l'*a priori*, la seconde en laquelle elle se donne comme l'opération de *Vereinigung*. Ces deux perspectives sont entièrement justes ; mais il ne faut point les confondre. Que la causalité se donne avec une entière nécessité dans la réflexion catégoriale, tout en étant produit, nul ne le contestera. Qu'au point de vue empirique, par là même déterminé, elle apparaisse comme le principe dynamique de la *Vereinigung*, cela n'est pas plus contestable. Il importe seulement de savoir distinguer des perspectives destinées à s'unir. Cet entrelacement nous dispense de *rêver* sur la portée des notions de temps et d'espace, isolément considérées. Il nous délivre aussi des extravagances qui nous conduiraient au point de vue le plus empirique, le bon sens, à négliger la valeur de la causalité. La sagesse, une fois ces données mises en place, consiste à dire que la causalité déterminant toujours l'ensemble qui apparaît en « ce » lieu et en « ce » temps est la chose la plus simple du monde. Elle fonctionne comme le *Drittes* qui limite réciproquement le temps et l'espace, référant les successions non seulement au temps, mais à l'espace. Par là, comme opératrice empirique, la causalité est intimement liée à la matière. Otez la causalité, vous ôterez la matière, ôtez la matière, vous ôterez la causalité.

Au demeurant connaîtrions-nous la matière sans la matière, je veux dire notre corps, l'objet immédiat, qui n'est point chose morte, mais capable d'action, ou si l'on préfère de causalité ? Notre corps nous enseigne à ne point nous forger une idée paresseuse de la matière : « Son être est son acte »[72]. Dans

71. Je ne crois pas utile ici de discuter la traduction française de *Wirkung*, qui chez Kant signifie l'effet, et chez d'autres penseurs l'action.

72. Deussen, IX, p. 150.

le fond de la réalité il n'est point d'être (*Seyn*) ; on y rencontre seulement l'opération (*Wirken*). En dehors des actions qui s'exercent sur lui, mon corps ne me livre d'autre idée de la matière que l'agir. Aussi l'essence de la matière se définit en deux mots pour Schopenhauer : *Ursach - Wirkung* (cause et effet).

Au regard phénoménologique la matière se définit encore par trois moments : 1) *permanence* dans le temps, mais une permanence qui serait incompréhensible sans la mesure de l'espace immobile — Schopenhauer l'affirme avec force : Kant s'est trompé en s'efforçant de saisir la substance à partir du temps ; 2) *action* — et la chose se peut expliquer de deux manières : ou bien l'on dira que l'agir est le changement suivant une règle — ou bien l'on dira que l'agir s'explicite ainsi : on affirmera que la qualité indique le changement en la matière et le temps sera la demeure de l'accident comme l'espace est l'asile de la substance ; 3) *Divisibilité à l'infini* : facteurs différents, le temps et l'espace sont pourtant identiques en ceci.

Schopenhauer a-t-il eu conscience de s'opposer à Kant ? Assurément ! Encore une fois il renvoie son lecteur à la Dissertation de 1813 (§§ 23-24) où il prétend réfuter Kant en le dépassant. L'intention manifeste est d'affirmer qu'on a vidé une longue querelle qui après avoir agité les anciens a troublé les modernes (Descartes et Leibniz, Locke et Hume). L'intention latente — qui n'apparaît qu'à une relecture de la *Vorlesung ueber die gesammte Philosophie* — est de fonder son système, comme si toute la pensée de Schopenhauer était en jeu. Lorsque Kant affirme qu'avec l'espace et le temps, la causalité est la source de toutes nos connaissances[73], Schopenhauer proclame son accord. Mais plus brutale est dès lors l'opposition des deux penseurs. Sans doute, comme l'auteur de la *Critique de la Raison pure,* il reconnaît en la causalité une loi de l'entendement, mais d'un *entendement intuitif,* au sens précis qu'il confère, on l'a vu, à ce terme. Apparaît alors avec une clarté sans égale ce qui autorise Schopenhauer à se dispenser d'une déduction transcendantale. Il ne serait nullement faux d'affirmer qu'à ses yeux la causalité rentre dans l'Esthétique transcendantale, rendant de ce fait inutile toute déduction au sens kantien. C'est ici et non ailleurs qu'il faut, à notre sens, trouver le germe de la sévère critique de la doctrine catégoriale de Kant. Curieux kantisme on l'avouera ! fidèle en sa littéralité à l'Esthétique transcendan-

73. Il va de soi que c'est une formulation excessivement simplifiée des thèses kantiennes. Mais elle peut être admise dans ce développement.

tale, mais bradant et réfutant l'ensemble de l'Analytique des concepts et des principes. Dès lors la difficulté est évidente : dans le fait Schopenhauer, par-delà Kant, en revient au point où Hume avait laissé le débat, sans pour autant renoncer à le dépasser à sa manière.

Ce qui fera défaut à Schopenhauer, sans cesse, c'est l'essentielle distinction du cours du temps et de l'ordre du temps, qui permettait à Kant précisément de réfuter Hume. Il est remarquable que dans la Dissertation de 1813, dans le fameux § 23, aucune allusion ne soit faite au calcul infinitésimal. Dès lors on ne s'étonnera pas de lire l'assertion suivante : « Si l'affirmation de Kant ici contestée était exacte, nous ne reconnaîtrions la *réalité* de la succession qu'à sa *nécessité* : ce qui supposerait un entendement embrassant à la fois (zugleich) toutes les séries de causes et d'effets, par conséquent omniscient. Kant a imposé à l'entendement l'impossible, simplement pour recourir dans une moindre mesure à la sensibilité. »[74]. Le divorce est flagrant : Schopenhauer (réalité) parle de la *perception* tandis que Kant (nécessité) parle de la *science*[75]. Schopenhauer n'est disciple de Kant et ne l'a en ceci compris qu'en un point : on ne doit pas dire, dans la rigueur philosophique, qu'un objet est la cause d'un autre. Il est vrai que le langage habituel nous conduit à le faire. Mais en fait il s'agit de relations d'états (*Zustände*), de complexes, d'ensembles mouvants. Pour Schopenhauer la causalité est le rapport temporel et spatial de deux états, dont l'un se transformant sous l'opération de l'autre sera dit l'effet. Il choisit un exemple simple, très intuitif, le plus compréhensible en ce rapport : l'ombre que tout corps soumis à la lumière projette derrière soi[76]. Cet exemple (discutable) n'a rien à voir avec celui que Kant choisit : l'enfoncement de la boule de plomb sur le coussin. C'est qu'imperceptible, l'exemple kantien est calculable. Celui de Schopenhauer — du moins dans son orientation — ne sera calculable qu'à la condition d'être perceptible. Et c'est ainsi qu'on se trouve reconduit de l'ordre du monde à la perception, et savoir, c'est percevoir.

On voit dès à présent que la théorie de la causalité, présente en toute l'œuvre, sera par force simple. D'autant plus simple que Schopenhauer reconnaissant à l'animal le plus borné

74. Brockhaus, Bd. I, p. 91.

75. Cf. *Ibid.*, p. 81.

76. H. Cohen a sévérement critiqué la théorie de Schopenhauer et juge ses exemples inappropriés.

un entendement intuitif, donc une compréhension de la causalité, se refusera à sortir des lieux communs. Bien qu'il soit inexact de dire, en la rigueur philosophique, qu'un objet est la cause d'un autre, il jugera qu'il est correct d'affirmer que le père est toujours plus vieux que le fils [77]. Dans le fond il n'y a jamais simultanéité et Schopenhauer interprète, à notre jugement, bien mal l'exemple kantien précité. Car le coussin sur lequel est posée la boule, signifie pour Kant qu'il existe des simultanéités perceptives qui se résolvent, grâce au calcul infinitésimal, en successions objectives. — Certes la justice commanderait une plus fine analyse de la relation action- contre-action (*Wirkung- Gegenwirkung*). L'auteur du *Monde* n'a pas oublié le thème de la grandeur négative et sait que, deux boules de même poids se heurtant à la même vitesse, il y a abandon de la force primitive, mais conservation de l'énergie. Il existe des exemples plus concrets. Ainsi si le soleil attire la terre, celle-ci, bien que beaucoup moins importante, ne laisse pas d'attirer le soleil (« en raison inverse des masses »). On pourrait donc s'attendre à voir Schopenhauer réviser sa critique — il n'en fera rien et cela parce qu'il juge que sa théorie de la causalité le met à l'abri de spéculations transcendantes sur la chose en soi [78]. On verra que sa métaphysique le lui interdit aussi.

Dans la *Vorlesung ueber die gesammte Philosophie* Schopenhauer attaque avec violence le principe de la *Wechselwirkung* (l'action réciproque) [79]. Ce principe pose que l'effet peut être cause de sa cause. Selon l'auteur du *Monde*, il se trouve là un cercle vicieux — au moins au niveau de la physique. L'explication est longue et peut-être même filandreuse. Nous en donnerons le résumé, proposé par Schopenhauer : « Voici ce que contient le concept d'action réciproque : A est cause de B, mais aussi B est cause de A ; manifestement cela signifie qu'en un sens A est antérieur à B, mais aussi dans un autre sens que B est antérieur à A. Est-il contradiction plus manifeste ? » [80]. Le lecteur sera hésitant. Peut-on assimiler la *Gegenwirkung* de Schopenhauer et la *Wechselwirkung* de Kant ? On devrait sans doute s'y résoudre puisque Schopenhauer avance des exemples tirés de la mécanique astronomique, et que la *Wechselwirkung* kan-

77. Deussen, IX, p. 156.
78. F. H. Jacobi, *Werke* (Herausgegeben von Friedrich Roth...), Bd. II, p. 304, Fichte, Gesamtausgabe, Ie Reihe, Bd. IV, p. 235.
79. Cf. aussi, Brockhaus, Bd. II, p. 544.
80. Deussen, IX, p. 159.

tienne visait essentiellement la mécanique de Newton. Le débat roule en fait sur un mot : que veut dire *l'antériorité* de A sur B ? Manifestement Schopenhauer n'a pas compris le sens méthodique de la troisième analogie de l'expérience dans la *Critique de la raison pure.* D'un côté il semble avoir été plus sensible à la théorie de l'action réciproque développée dans la *Critique de la faculté de juger* (§§ 64-65). De l'autre côté son unitarisme, strié par les ordres du réel, peut l'avoir conduit à dénoncer la *Wechselwirkung* dans les phénomènes physiques et chimiques. Cela est plausible. Mais comment ne pas voir qu'opposant chimie et biologie, il instaurait, à ce niveau, un dualisme dans l'Être qu'il voulait voir un en dépit de sa diversité ? Comment, dès lors, pourra-t-il parler de la « volonté du cristal » ? Il se trouve en ceci quelque contradiction — mais ce genre de contradiction n'atteint pas véritablement une pensée semblable à celle de Schopenhauer.

DEUXIÈME PARTIE

MÉTAPHYSIQUE DE LA NATURE

§ 13. Introduction.

Il est impossible et sans doute inutile de retracer l'histoire du concept de métaphysique selon Schopenhauer. Rien que de très classique d'ailleurs ; il insiste sur le fait bien connu que l'on a nommé métaphysiques les quatorze livres qui suivent la physique d'Aristote. Il remarque en outre que ce repérage textuel ne suffit pas. Aristote, nous dit-il, ne se concentre jamais sur un point et ne fonde, ni n'épuise aucune recherche. C'est la pensée scolastique qui a fait des livres métaphysiques la métaphysique en leur apportant forme et cohérence [1]. Il envisage la position de Kant relativement à la métaphysique en un sens tout différent que celui qu'Heidegger, par exemple, voudra fonder. Kant, selon Schopenhauer, ne reprend pas le problème de la métaphysique, de l'être en tant qu'être : substituant le sujet à la substance [2], il rénove le sens de la métaphysique, qui dorénavant consistera dans la connaissance des conditions transcendantales du savoir. Mais Schopenhauer, bien que peu soucieux de revenir à Aristote, va s'écarter de Kant : « Toutefois je prends le mot *métaphysique* en un sens qui correspond mieux au sens originel. J'ai, en effet, découvert que notre connaissance du monde n'est pas absolument renfermée dans le simple phénomène, mais que nous avons des données pour la connaissance de l'essence intérieure du monde... donc puisque la nature est

1. Deussen, X, p. 16 sq.

2. Naturellement cette opposition de la substance et du sujet n'a pas le sens que lui confère Cassirer.

simple phénomène, ce qui est au-delà de la nature, ce qui en est l'essence, l'en-soi de la nature donne lieu à une doctrine. »[3].

Dans la Dianoiologie nous posions la question : qu'est-ce que le phénomène ? Nous passons ici au deuxième moment de la spirale et la question est : qu'est-ce que la chose en soi ?

A cette question, les mathématiques qui ne correspondent qu'au simple formel des phénomènes[4] ne sauraient répondre. La physique, par tout ce qu'elle va nous laisser deviner, offre plus d'intérêt et nous devons élaborer la métaphysique qui l'éclaire. Sans doute le chemin paraît-il malaisé, si vastes sont les domaines que recouvre la physique. Mais on peut diviser en morphologie et étiologie. La *morphologie* réunit la Zoologie, la Botanique, la Minéralogie et une partie de la Géologie. Considérons d'abord la Zoologie et la Botanique ; on sait qu'elles obéissent à une *systématique* précise : ordres, classes, familles, espèces. Cette systématique est modulée par la fonction de l'analogie qui peut relier un degré à un autre. La morphologie minérale nous conduit à l'étiologie sitôt que nous pensons à sa source ; la géologie qui étudie en partie la genèse des formes minéralogiques s'approche encore plus de l'étiologie, en laquelle elle pourrait trouver tout aussi bien son lieu. L'*étiologie* regroupe la mécanique, la physique proprement dite, la chimie, la physiologie. Son objet, par opposition à la morphologie, n'est pas la forme permanente dans le changement, mais le changement lui-même envisagé sous la loi de la cause et de l'effet. Assurément le formel mathématique intervient, mais dans la mesure où il réduit la force physique à la lettre X, la force physiologique à tel entrelacement de symboles, il nous masque la signification de l'objet. Quand nous avons tout réduit en mesures l'élément dynamique nous échappe. L'objet ne se réduit pas, pour Schopenhauer, à une équation. La physique qui parle de *matière,* de *pesanteur,* d'*impénétrabilité,* de *communication du mouvement* en un mot de forces naturelles (*Naturkräfte*) procure, par son appareil mathématique, une certitude, tandis qu'elle indique dans le simple fait de la force quelque chose qu'elle ne peut expliquer. Dans les leçons de Berlin Schopenhauer coupe son développement par deux lignes énigmatiques : « image du marbre — image de la société »[5]. Le marbre et la société se ressemblent : en eux se lit une *cohérence,* mieux une *cohésion,* qui ne se comprennent

3. Deussen, X, p. 19.
4. Deussen, X, p. 21.
5. Deussen, X, p. 25.

que par un effort, une volonté. Le monde n'est pas seulement représentation, il est volonté et c'est ce qu'indique l'inexplicable en physique, dans la mesure où, par inexplicable, on entend ce qui ne se laisse pas *entièrement* réduire à des équations[6].

Que signifie cet inexplicable ? Que signifie le phénomène ? Ce qui intéresse Schopenhauer en sa Métaphysique de la nature c'est bien moins l'être en tant qu'être que la *signification d'être.* A cette question le réalisme apporte une réponse spécieuse, affirmant que l'objet représente (*vertreten*) un être qui est à son fondement en tant qu'il est objet dans la représentation. On ne saurait énumérer les représentations enfantines de ce thème : ainsi les *species sensibiles,* admises avec d'infinies nuances, qui ne changeaient rien quant au fond, par la scolastique. Si grands qu'aient pu être les progrès du réalisme, il s'est toujours mû, sans le savoir, sur le terrain des simples phénomènes et les enchaînant les uns aux autres il repoussait toujours l'interrogation sur la signification d'être.

Ce n'est pas en faisant usage du principe de raison qu'il sera possible de dépasser la sphère du savoir transcendantalement déterminé. La signification de l'être du phénomène est *sentie, éprouvée, vécue* (*gefühlt, fühlen,* etc.). Ici nul mauvais sentimentalisme. Il faut seulement comprendre que le monde n'est pas seulement représentation, car il est force, vie, volonté. Dès maintenant se trouve indiqué le chemin qu'il nous faut prendre et une chose doit être bien claire en notre esprit — la volonté qui se dit en tous ces moments ne doit en aucun cas être comprise, comme le voulait la philosophie de l'*Aufklärung,* telle une nue puissance s'exerçant dans le seul jugement. Elle est opaque, massive, elle pénètre l'individu en sa totalité. Si le mot n'était pas trop défiguré par une longue histoire, il conviendrait de parler d'*existence* ; *existere,* mot curieux, en son origine latine clair, mais dont le sens en français est difficile à cerner : être stable, être contre le néant, dans cet être contre le néant se comprendre comme volonté[7].

§ 14. Description provisoire de l'identité du corps et du vouloir.

Redisons-le : le problème de la signification des représentations ne trouve pas sa solution à l'intérieur du monde connu.

6. Il est clair que Schopenhauer s'écarte entièrement de la philosophie de Kant, telle que nous l'avons exposée.

7. On reconnaîtra la difficulté ici présente en songeant que l'existence dans la tradition classique n'a pas été comprise comme un acte de volonté.

Qui part de la représentation a les plus grandes chances de ne point dépasser la représentation. C'est donc de l'intérieur et non de l'extérieur que nous parviendrons à la pré-compréhension de la représentation. Cela suppose un chemin que Schopenhauer nomme souterrain[8]. Si nous étions des *anges*, explique métaphoriquement le philosophe, nous ne pourrions comprendre le monde. Les anges ne sont que des *sujets* ; l'homme est un *individu*, pétri de chair et de sang, *terrestre*, et aussi représentation parmi les représentations. Schopenhauer reprend longuement sa théorie du corps comme objet immédiat, qui annonce Bergson, mais il s'achemine vers l'idée que le corps n'est pas seulement donation de sens, mais de réalité. Pour l'entendre il faut se pénétrer de l'idée que notre corps nous est approprié — pensé, il est aussi vécu[9]. Vécu, c'est-à-dire voulu et vouloir. Là est le grand secret, le « sésame » de la métaphysique. Le texte des leçons de Berlin est strictement identique à l'exposition du *Monde* : « Le sujet de la connaissance, par son identité avec le corps, devient un individu ; dès lors ce corps lui est donné de deux façons distinctes : d'une part comme représentation dans la connaissance phénoménale... d'autre part, en même temps, comme ce qui est immédiatement connu de chacun et que désigne le mot *Volonté.* »

Que Schopenhauer se ferme ici le chemin de la spiritualité occidentale, c'est évident. Sans vouloir revenir sur sa remarque relative aux anges, elle mérite cependant encore une observation. Si le monde n'est pas pour nous un pur spectacle, dénué de signification, c'est, on l'a laissé entendre, parce que nous sommes des êtres de terre. Vaste est la terre ; l'animal n'est pas moins terrestre que moi. De cette terre il faudra se laver, par l'opération en laquelle renonçant à elle-même, la volonté se nie et prépare l'apothéose du néant. Aussi Schopenhauer n'est-il point un mystique au sens occidentalement reçu. Il n'est pas non plus un matérialiste, même humaniste, comme a pu l'être Feuerbach ; et enfin, prêt à donner toute l'intelligence et ses trésors pour que la volonté se nie, il n'est pas non plus spiritualiste. Voie unique ; ici se reconnaît le génie philosophique. Je suis homme : premier titre de la métaphysique de la nature.

Les définitions de Schopenhauer ne manquent pas de clarté : « L'action du corps n'est pas autre chose que l'acte de la volonté

8. La métaphore du chemin souterrain a été couronnée par Nietzsche et Dostoievski.

9. *Monde,* § 18.

pénétrée dans l'intuition en tant qu'objectivée, c'est-à-dire devenu objet. »[10]. Un penseur de cette époque ne peut esquiver l'objection leibnizienne — pour l'auteur de la *Théodicée* les mouvements du corps développent, dans le monde des causes efficientes, la réplique du mouvement de l'âme dans l'ordre de la grâce. Brutal, Schopenhauer répond qu'il y a là construction métaphysique (au sens péjoratif), construction qui ne serait pas même concevable si elle ne partait aveuglément de l'unité primordiale, car vécue, du corps en son identité avec la volonté. Il ne faut point s'en tenir là. Schopenhauer écarte toute possibilité de connaissance *a priori* de cette union de la volonté et du corps, car il s'agit d'existence, et l'existence vécue est inconcevable *a priori*. Aussi connaître le corps dans la représentation ne permettra jamais de le comprendre comme volonté, et inversement, je ne puis connaître la causalité interne du mouvement en partant de la seule compréhension physicienne. Cette double impossibilité s'explique par cela seul que dans le mouvement de la volonté s'érige une relation entre la chose en soi et le phénomène que le principe de raison ne peut expliciter. Il faut donc se garder de céder à la tentation leibnizienne et affirmer, sans relâche, que le corps représenté n'est rien d'autre que la volonté devenue visible[11]. De cette thèse le philosophe par une légitime induction déduit que la totalité de l'Être est représentation et volonté. Si je dois conclure que mon corps, l'objet immédiat « n'est pas autre chose que ma volonté devenue visible »[12], ne faut-il pas aussi conclure, le cas le plus litigieux résolu, que représentation et volonté sont les deux moments de l'Être ? Quelle autre sorte d'existence (*Dasein, Realität,* etc.) serait-il possible d'attribuer aux autres « choses » de ce monde sans tomber dans la fantaisie arbitraire ?[13].

L'intuition majeure du système apparaît ici. A la différence des autres philosophies post-kantiennes, elle n'est pas liée étroitement à l'architectonique du discours philosophique de Schopenhauer. A la limite on pourrait dire que l'idée et le système tombent l'un en dehors de l'autre. On s'explique ici maintes choses. Comment Tolstoï, par exemple, a pu retenir l'intuition sans s'embarrasser du système. Et aussi le tardif, mais immense succès

10. Deussen, X, p. 30.
11. Deussen, X, p. 33, *Monde,* § 20.
12. Brockhaus, Bd. II, p. 125.
13. La méthode suivie évoque celle de Bergson qui voulant définir les relations de la matière et de l'esprit, choisit dans le problème de la mémoire, un thème crucial.

de la pensée de Schopenhauer, et son rapide déclin. On pouvait assimiler l'intuition sans tenir tous les moments du système. D'où le succès. En revanche dessertie de son cadre conceptuel l'intuition devait se décolorer et sombrer dans un sentiment pessimiste confus. D'où le déclin. En revanche il était plus délicat de séparer idée et système chez Hegel ou Fichte — à travers leurs mésaventures ils ont duré.

Mais cette intuition suppose encore quelques considérations. Nous savons que le corps est l'objet immédiat au point de vue théorique. Mais quel est son sens à présent ? Il est « l'objectivité » du vouloir[14]. Traduisons : toute action sur mon corps est action sur la volonté, action qui se nomme *douleur* quand elle lui est contraire et *plaisir* quand elle lui est conforme — ceci avec tous les degrés qu'on se plaira à imaginer. Ce qui doit être absolument *interdit*, c'est, obnubilé par la métaphysique classique, de constituer plaisir et douleur en *représentations*. Il faut parler d'impressions, d'affections, qui sont autant d'évidences, bien qu'obscures pour l'entendement. On voit que nous sommes bien dans la seconde boucle de la spirale. Il faut dire qu'il existe un *ordre* (*Ordnung*) de l'affectivité, au langage muet, bien que parfaitement compréhensible, totalement in-traduisible dans le discours de la raison, qui peut seulement en reconnaître la « facticité », chercher à en percevoir les implications. C'est la première apparition de la musique.

Si le plaisir et la douleur, raisons que la raison ne connaît point *stricto sensu*, reçoivent si grande dignité, c'est parce qu'on trouve de l'inexplicable (au sens mathématique) qui n'est pas pour autant de l'incompréhensible. La vie quotidienne nous conforte en ceci : la peur fait trembler et pâlir, si la colère empourpre le visage, la honte, sans qu'on sache bien comment, rend le visage exsangue. Selon que les fonctions vitales, donc volontaires, sont excitées dans le corps, la volonté se manifeste comme expansivité ou comme réserve. On dira qu'il y a de bonnes raisons physiologiques à cela. On ne le niera point — mais si la physiologie explique le mécanisme, elle est totalement incapable de s'élever au sens. Pourquoi la honte fait-elle blêmir les uns et rougir les autres ? Le philosophe retiendra la spontanéité de ce langage, si confus soit-il[15]. La valeur de l'affection est qu'en elle nous sommes en mouvement, certains diraient : engagés. Cela se nomme *vivre*. Mais Schopenhauer va plus loin :

14. Deussen, X, 34.
15. *Monde*, Supl. XIX, Brockhaus, Bd. III, p. 242 sq.

cette connaissance, aussi obscure qu'on voudra, comme intime savoir de mon corps est étroitement associée — pour ne pas dire identique — à la connaissance profonde de l'Être. Et sans doute trouvera-t-on en ceci ma limitation : c'est seulement à travers et dedans mon corps, donc dans le temps, que je connais et éprouve ma volonté. Assurément au point de vue du principe de raison la volonté se confond avec son objet (son objectivité). Mais cet objet, en l'occurrence mon corps, ne s'épuise pas dans les études anatomiques, physiologiques, etc., qui prétendent le délimiter. En lui palpite cette source d'être qui est la volonté et dont il est la manifestation. Cette volonté ne se laisse pas déduire[16] — elle est un savoir immédiat. Dans l'écrit sur *La liberté de la volonté* Schopenhauer déclare que Victor Cousin mérite « *eine* mention honorable » pour avoir écrit en son *Cours d'histoire de la philosophie* : « La liberté est un fait et non une croyance »[17]. Schopenhauer aurait été encore plus satisfait en lisant dans les *Premiers Essais* de Cousin : « Le pouvoir délibérant, choisissant, se déterminant, voulant enfin, est inexplicable : il réside dans les profondeurs de l'âme »[18]. V. Cousin écrit le mot juste tandis qu'il s'exprime dans la dimension de la profondeur.

Ainsi la volonté est évidente — mais cette évidence n'est ni empirique, ni logique, ni métaphysique, ni même métalogique. Elle n'est ni une relation logique d'un jugement à une représentation, ni identique à la représentation que j'ai du corps mien et du monde. C'est, à vrai dire, un acte, une puissance qui s'explicite intérieurement dans une évidence qu'on peut seulement nommer : *vérité philosophique*[19]. On pourra bien dire que la volonté est la connaissance *a priori* du corps, tandis que le corps est la connaissance *a posteriori* de la volonté. Il est possible de condenser encore cette formulation en disant que mon corps est l'objectivité (*Objektität*) de ma volonté[20].

§ 15. Problème de l'essence en soi des objets donnés dans la représentation.

Nous pourrions cependant être conduits à d'étranges conséquences. Ce corps mien, en son individualité aisément déterminable par sa situation dans l'espace, c'est *moi*, ma volonté — le

16. Deussen, X, p. 37.
17. Brockhaus, Bd. IV, p. 45.
18. V. Cousin, *Premiers essais de philosophie*, Paris 1862, p. 216.
19. Deussen, X, p. 37.
20. *Monde*, § 20.

reste, tout le reste n'est pour moi que représentation. Dois-je être seul réel en un monde fantomatique ? La conséquence serait nécessaire pour celui qui ignorerait la Dianoiologie transcendantale fixant le sens de l'espace, du temps et de la causalité. Certes que je puisse saisir l'action d'une chose sur mon corps, que je le puisse entendre, nul n'en doutera. Mais que je sois capable, sans réflexions, de suivre et d'épouser le mouvement interne et volontaire (*Wirken*) de ce qui se donne à moi *dans la représentation* comme simple objet, on pourra le contester. La problématique part, selon nous, de bien plus haut. Comme Fichte, en un sens, c'est à partir de la liberté d'autrui, dans son opacité spécifique, que Schopenhauer s'est interrogé. On peut se demander qui de la pierre ou de la liberté nous assure mieux en notre compréhension de la volonté. Mais il semble que la liberté, ce *fait,* ait pesé plus lourd dans l'esprit de l'auteur du *Monde.* Ce fait nous conforte dans la *réalité* de l'essence des phénomènes.

Schopenhauer reconnaît s'être trouvé menacé par ce qu'il nomme l'*égoïsme théorique* de Descartes. Il a admis qu'aucune réfutation n'était possible sur le plan de la pure théorie et affirmé que la chose en fait regardait moins le penseur que l'aliéniste [21]. Le thème est repris dans les leçons de Berlin. Mais on sent cet appel à la liberté, à la liberté d'autrui comme à la mienne, seul susceptible de balayer « le scepticisme imbécile ». Toute la difficulté s'éclaire si l'on conçoit bien notre « situation » philosophique. Mon corps m'annonce qu'il est le phénomène de ma liberté — en même temps il soutient avec la dernière énergie que tout *passe* par lui. C'est donc ma limitation ontologique et elle est la mère du besoin de la philosophie [22]. Cette limite reconnue, tant en ce qu'elle a de positif que de négatif, pourquoi ne pas supposer dans les êtres donnés en la représentation, une volonté, sans pour autant les prétendre connaître de l'intérieur ? C'est une induction sensée [23] qui nous livre la clef de l'essence des phénomènes dans la Nature. Et il ne sera pas déraisonnable de nuancer le propos : bien que nous ne connaissions pas — et surtout pas mathématiquement — la volonté en dehors de nous, chacun sait que nous comprenons la souffrance, l'effort lent ou brutal. Quand nous *voyons* « végéter la plante et cristalliser le minéral » [24], notre représentation n'est ni purement

21. *Monde,* § 19.
22. Deussen, X, p. 40 : « *Bedürfniss der Philosophie* ».
23. *Monde,* § 20.
24. *Monde,* § 21.

mathématique, ni seulement conceptuelle. — Dans l'histoire de la philosophie moderne, celui qui, toutes corrections faites, annonce le mieux Schopenhauer, c'est encore Leibniz. Il construit un univers où derrière les apparences, joue la dialectique de la force immanente à la monade.

En la Métaphysique de la nature Schopenhauer ne contredit, à notre avis, aucun philosophe dans le domaine de la liberté, fine pointe de la volonté. En vérité il n'a pas voulu trancher, écarter la délibération, ne retenir que la pure spontanéité. Certes, comme on le verra, la délibération, au sens classique, n'est pas à ses yeux défendable métaphysiquement. Car il ne veut pas d'une volonté nue. En revanche il ne veut pas non plus — quoi qu'on en ait dit — méconnaître le fait de la délibération. Sans doute il est beaucoup plus proche de Bergson que de Descartes, mais il ne s'est pas engagé dans une démolition systématique de la délibération comme l'auteur des *Données immédiates de la conscience*[25]. Ce qu'il faut comprendre selon Schopenhauer c'est que nos hésitations sont nécessairement inscrites en nous ; elles nous sont aussi inhérentes que la couleur de nos yeux. Il acceptera donc la délibération avec une correction profonde : « En un mot : l'homme fait toujours seulement ce qu'il veut et le veut toutefois nécessairement. En effet cela tient à ce qu'il *est* déjà ce qu'il veut, car de ce qu'il *est*, suit nécessairement tout ce qu'il peut jamais faire. »[26]. Dans le fond c'est bien Malebranche qui a raison : « La liberté est un mystère. »[27].

§ 16. Caractère intelligible et caractère empirique.

On ne saurait intenter un procès à R. Eisler qui dans son *Kant-Lexicon* relie étroitement le thème du caractère intelligible comme empirique à celui de la liberté[28]. Cependant pour un penseur tel Schopenhauer, la causalité est moins méthode que nécessité dans l'enchaînement des phénomènes dans l'espace et le temps[29]. Dès lors seule se manifeste réellement dans le phé-

25. BERGSON, Œuvres, édition du Centenaire, p. 115 sq.
26. Brockhaus, Bd. IV, p. 98.
27. Schopenhauer repousse la théorie de Locke qui ne conçoit le *liberum arbitrium indifferentiae* que sur le fond d'un sujet quelconque face à un objet quelconque. Pour Schopenhauer c'est telle personne, non une autre qui délibère, cf. Brockhaus, Bd. IV, p. 59, référence à Dante, *Paradisio IV*, cf. Camerini, p. 311. Maatalia en son édition (III, 68-69) renvoie à saint Thomas, S. Th. II, 13. 6.
28. EISLER, *Kant-Lexicon*, p. 162.
29. Cf. *L'Œuvre de Kant*. T. I.

noménal la volonté — c'est sa *Sichtbarkeit*, son *Sichtbar-werden*. Il faut donc qu'à la série des phénomènes donnés en une succession dans le temps, réponde une série de volitions[30]. Mais puisque la volonté, donc la liberté, n'est pas dans le temps — ici la différence avec les précédentes considérations phénoménologiques apparaît — il en faut conclure qu'elle est toujours la même. La volonté est, selon les termes de Kant, la loi des phénomènes d'une série empiriquement donnée, donc ce que l'on nomme le *caractère*, par définition constant[31]. Il y a donc ce qu'il faut appeler « *ein unveränderliches Grundwollen* » (une volonté fondamentale immuable), qui peut *s'exprimer* dans la spontanéité comme dans la délibération, car Schopenhauer, il le faut redire, n'a jamais nié les hésitations visibles et ressenties, dans toutes les formes de la liberté imaginables, sans pourtant jamais changer. Qui le nierait ? Chacun de nous a son caractère et sans cela nous ne saurions expliquer la différence de nos choix. Si de tous le même motif entraîne la même orientation, on ne pourra parler de liberté. Or la liberté est un fait.

Les mots nous manquent. Parler d'une nécessité de la liberté serait absurde. Quant à la causalité, elle est réservée aux phénomènes. Ce qui est en question ne relève d'ailleurs ni de la nécessité, ni de la causalité, car il s'agit du secret du cœur.

> Hab ' ich des Menschen Kern erst untersucht ;
> So weiss ich auch sein Wollen und sein Handeln ! [32]

Dans une certaine mesure nous connaissons le cœur des hommes. Les enfants sont *lisibles*. Cette lisibilité peut se voiler, s'assombrir, mais quand nous parlons de la liberté, c'est à elle que nous songeons. Toute la connaissance des hommes — centre de la Métaphysique de la Nature à partir duquel une compréhension de ce qui n'est pas l'homme sera possible — repose sur cette induction native. Il est surprenant de voir Schopenhauer revenir ici au rapport aristotélicien substance-accident. Les actes d'une personne sont comme les propriétés d'une *chose* (*wie die Qualitäten jedes Dinges*)[33]. Comment s'étonner qu'après Fichte faisant du projet constituant de l'existence le mouvement vers la totalisation essentielle, Schopenhauer renverse la perspective

30. Deussen, X, p. 44 : Willensakten.

31. Deussen, X, p. 44, Brockhaus, Bd. IV, p. 50.

32. Dès lors que j'ai pu sonder le cœur de l'homme — je connais aussi sa volonté et son acte. (La source de la citation nous échappe).

33. Deussen, X, p. 45.

ouverte par la *Doctrine de la Science* et affirme que toute existence (*Existentia*) suppose une essence (*Essentia*) ? [34].

On pourrait atténuer sans doute le caractère dogmatique en ce lieu de la pensée de Schopenhauer, en montrant que parlant d'essences, il songe moins au modèle aristotélicien que platonicien, que l'on peut interpréter en termes de règles et de méthodes [35]. Mais la vérité consiste à montrer comment l'on se trouve ici devant un point à la fois fort et faible dans la doctrine. D'une part il est juste et profond d'indiquer en fonction de ce thème tout ce qu'il y a de mystérieux et de secret en l'homme pour lui-même. Sommes-nous clairs à nous-mêmes ? Méditant en psychologue et en métaphysicien, sachant que notre caractère intelligible ne nous est pas donné, Schopenhauer ne le pense pas — nous échappons à nous-mêmes dans la fuite violente et monotone des nuits sereines et des aubes indécises. Nous découvrons en nous un « je-ne-sais-quoi », qui est peut-être le tout, sombre limite, qui nous rend, quand nous y réfléchissons, insupportable même une série de beaux jours :

> Alles in der Welt lässt sich ertragen
> Nur nicht eine Reihe von schönen Tagen [36]

Schopenhauer n'annonce pas la psychanalyse [37], mais explique très bien la secrète meurtrissure que chacun porte en soi. Le thème l'obsédera et il lui donnera une valeur cosmique, soutenant que Dante a peint un Enfer tout-à-fait convenable à partir du monde, de la nature, telle que nous la voyons en nous-mêmes et en dehors de nous [38]. — Ces analyses subtiles ne peu-

34. Brockhaus, Bd. IV, p. 57. — On trouve en ce moment même la source du problème de la responsabilité. Suis je responsable de mon essence ? Schopenhauer ne reprendra pas vraiment la thèse « absurde » de Kant (Kant, *Doctrine du droit*, p. 217 — critiqué par Fichte, Gesamtausgabe, I e Reihe, Bd. IV, p. 50, de même Hegel, *Rechtsphilosophie* (Glockner), Bd. VII, p. 155 (§ 100) voulant que la peine de mort concerne seulement l'homme phénoménal, non l'homme nouménal. Il introduira la doctrine kantienne avec une correction qui en tempère la rigueur. L'*indulgence* est justifiée dans la mesure où nous ne connaissons pas l'essence intelligible. Sur le fond, nous entraînant déjà vers l'Éthique, la Métaphysique et la Nature, nous montre que la volonté est « *grundlos* » : c'est parce que, sans raison je suis ceci, que je fais cela.

35. P. Natorp, *Platos Ideenlehre* (2e éd., 1921).

36. Goethe, SW (Hamburger Ausgabe), Bd. I, p. 317 — 84. On peut tout supporter en ce monde, mais non une série de beaux jours.

37. Il est certain que Freud a pu s'inspirer de Schopenhauer et même qu'il en a lu attentivement des passages. Dans le contexte des années 1860-1890, la chose était somme toute banale. Mais dans la déduction de leurs relations intellectuelles, il faut être de la plus grande prudence.

38. *Monde*, § 59.

vent, il est vrai, masquer la faiblesse de la position de Schopenhauer. Claire est, en effet, la contradiction métaphysique : que vaut ce concept d'individualité, pris en soi, hors l'espace et le temps ? La réponse ne peut qu'être tranchante. L'affirmation de notre caractère intelligible, comme essence métaphysique repose sur une amphibologie des concepts de la réflexion. Au-delà du temps et de l'espace seule est pensable l'unité. La contradiction peut être aiguisée, car c'est dans l'hypothèse d'une unité métaphysique sans fissure de tous les êtres que Schopenhauer expliquera la pitié. Aussi bien ce trou noir que je n'arrive pas à combler en moi — de niveau métaphysique — et par lequel je *me* définis phénoménologiquement (le « je-ne-sais-quoi ») pourrait bien plutôt indiquer qu'il est la réalité. Une réalité qui toute métaphysique obligerait à repousser la notion de *mon* essence comme celle d'autrui, pour ne plus laisser subsister que le « on » dans son impersonnalité métempirique. Métaphysiquement parlant il ne se trouve en la doctrine de Schopenhauer aucune puissance susceptible de légitimer le « Moi » ou le « Toi ». C'est en cette voie que l'auteur du *Monde* aboutira à la voie bouddhiste et même à sa technique d'argumentation résumée dans la doctrine du milieu. On lui a adressé de sévères critiques — une certaine indulgence aurait permis d'éclairer sa pensée qui ne pouvait être en ceci jugée selon les règles intellectuelles du cartésianisme [39].

§ 17. **Que le corps même est en soi volonté.**

Les actes qui constituent le caractère empirique, lui-même lié au caractère intelligible, coopèrent en l'unité du corps, qu'on doit considérer comme le phénomène de la volonté, et même son phénomène originaire, puisqu'il en est le « substrat » [40]. Dans ce statut d'objectivité [41] le corps n'est pas, comme le pourrait faire croire une hâtive lecture de sa condition de « substrat », donné de manière contingente, comme *quelque chose* à quoi, d'arbitraire façon, s'appliquerait le vouloir. Le corps est la véritable *révélation* (*Offenbarung*) de la volonté. Il est la *phrase* du vouloir, dont les actes singuliers, saisis abstraitement, ne sont que des *paraphrases* [42]. Entre cette volonté et cette action, il se

39. M. M. Hulin dans sa belle thèse (*Le principe de l'ego dans la pensée indienne classique, la notion d'AHAṂKARA*) s'est montré trop sévère pour Schopenhauer.

40. Deussen, X, p. 48.

41. Deussen, X, p. 49. *Monde*, §§ 20-21.

42. Deussen, X, p. 49.

trouve le même rapport qu'entre mon corps en totalité et ma volonté une métaphysiquement. Tous ces rapports entre telle volonté et telle action finissent par obscurcir la vérité : le philosophe est en présence de l'immédiate entre-expression du caractère intelligible et du corps. La physiologie, qui procède selon l'étiologie, peut sans doute permettre d'approcher la « fonction » de cette entre-expression. Elle parviendra dans une certaine mesure à s'arranger pour saisir ce courant dynamique et unitaire. Mais l'expression : « dans une certaine mesure » ne suffit pas pour qui pense en la rigueur philosophique. Science utilisant les mathématiques, s'interdisant de ce fait une interrogation sur l'être-en-soi comme la Dianoiologie nous l'a montré, la physiologie n'ira pas au tréfonds du problème, — c'est que si le vouloir se laisse *comprendre,* il se dérobe au calcul. On comprend la haine ; on ne la mesure pas.

Ainsi on voit déjà à l'œuvre la pensée mystérieuse et profonde de la *sympathie* qui au sein même de la Métaphysique de la Nature se fait entendre. C'est elle qui nous permet de voir plus profondément, au-delà du phénomène. Liée à celui-ci la physiologie ne saura, en fait, que nouer des relations spatiales, temporelles, causales enfin. Par un contre-sens, dont il est vain de prétendre écrire l'histoire, on veut que par opposition à l'anatomie, la physiologie ne soit pas une science *extérieure,* mais *intérieure.* Or toute l'intériorité de la physiologie se résout, ne serait-ce que par la conséquence des mesures auxquelles elle procède, en extériorité. Plus simplement encore l'intériorité se ramène à un déploiement des fonctions organiques dans l'espace. On a certes découvert des habitudes chez les plantes[43]. Mais est-il besoin de longs raisonnements pour comprendre que ces habitudes présupposent une intérieure puissance qui les rend possibles et qu'on ne sait expliquer. Ainsi la physiologie ne décrit que de l'espace qui se plie et se déplie. Dans la physiologie se dévoile la limite de l'étiologie qui consiste en ce qu'elle présuppose le mouvement, sans jamais pouvoir l'expliquer. Si d'une part il est exact que chaque mouvement soit *causa prima,* si d'autre part il est vrai que ce mouvement donné, on puisse décrire toute la suite des opérations, cela n'est compréhensible qu'à la condition que tout ne soit autre chose que la *Sichtbarwerdung,* l'objectivité du vouloir. Quand il se penche sur l'organisme Schopenhauer en propose d'abord une lecture générale qui montre que les organes, les dents, les parties génitales, les

43. Brockhaus, Bd. IV, p. 60.

mains, etc. répondent au désir du Vouloir, puis voulant réserver la part de mystère qui se manifeste en ceci, il présente une lecture spéciale : il existe des êtres, l'homme essentiellement, dont le secret profond est manifesté dans le visage. Dans la *Vorlesung ueber die gesammte Philosophie* il écrit : « *Daher vollkomne gefühlte Physiognomik* ; *aber nicht im Begriff* ». « Ainsi Physiognomie pleinement sentie, mais non conceptualisable. »

Nous avions dit que Schopenhauer était convaincu que l'homme était l'être du secret en nous fondant sur des considérations éthiques. La Métaphysique de la Nature, tandis qu'elle traite du corps, confère une dimension nouvelle à cette pensée : le secret de chaque homme, secret qu'il ne déchiffre peut-être pas lui-même est un mystère candidement inscrit sur son visage. On sent et même peut-être très bien — on ne peut définir. Nous pourrions nous exprimer autrement et souligner le paradoxe de visages métaphysiquement candides et, si l'on veut, sans mystère, mais pourtant indéchiffrables par le concept. Seule la sympathie peut œuvrer à ce niveau — elle est le lieu des évidences obscures [44], mais permet d'éviter pour qui en reconnaît la fonction de redoutables écueils. Ainsi Schopenhauer ne paraît point avoir cédé aux sirènes que furent la physionomie, mathématiquement appareillée, ou encore la craniologie — prétendues sciences dont Hegel à juste titre s'est moqué [45].

Notre perspective s'élargit. Après ces longues réflexions sur l'homme, nous pouvons comprendre que ce qui est vrai de lui, l'est en partie aussi de l'animal : « Telle est la volonté de chaque animal, tel est son corps ». On peut présenter quelques remarques. Et tout d'abord puisque l'on vient d'invoquer Hegel, s'il ne faut pas dire « l'esprit est un os », on peut, en revanche, dire : « cet os est ce que veut le vouloir ». Schopenhauer écrit : « La forme et la structure de chaque animal n'est en vérité que l'image de la spécificité de son vouloir, l'expression visible des tendances de sa volonté, qui constituent son caractère ». Dans les serres de l'aigle, ou les dents du crocodile se lit sympathiquement l'orientation du désir. On nous pardonnera de ne pas passer en revue tout le zoo de Schopenhauer. Nous présenterons immédiatement la seconde remarque : la volonté

44. Max Scheler, *Gesammelte Werke*, Bd. VII, p. 61 sq., n'a pas montré avec une suffisante clarté comment, dès la Métaphysique de la Nature, la sympathie jouait le rôle d'un fil conducteur *(Leitfaden)*.

45. Hegel, *Phaenomenologie des Geistes*, p. 252 : « ...das Sein des Geistes ein Knochen ist. »

préexiste à l'organe : le jeune sanglier agit comme s'il possédait déjà ses défenses, tandis qu'il pousse en tous sens son groin[46]. Aussi n'est-ce pas parce qu'il possède des défenses que pourrait ad-venir en lui la volonté de s'en servir ; c'est parce que la volonté de tuer l'habite qu'il possède des défenses. L'expression importante est : « parce que », — le « parce que » à l'origine des êtres en leurs destinées est insondable, désignant la volonté d'être qui « grundlos », sans raison, tend vers son objectivité. Schopenhauer voit en l'homme l'être le plus redoutable : sa nudité est telle que sur le fond de cette indétermination irréductible métaphysiquement des déterminations de tout ordre peuvent émerger. L'homme est le seigneur des armes. Schopenhauer cite ici Galien : « La main est l'outil des outils comme la raison est la technique des techniques »[47]. Il estime qu'Aristote a raison de reprocher à Anaxagoras d'avoir soutenu que l'homme a une raison parce qu'il a des mains et il juge que si l'homme possède des mains, c'est parce qu'il possède une raison. Schopenhauer affirme donc avec sérénité que la raison est à la fois l'épée et la cuirasse intime de l'homme. La volonté utilise la raison comme un moyen, un mécanisme précise Schopenhauer prenant soin d'écrire le terme grec, dont il sait trop bien qu'il signifie : ruse, machination. L'homme, seigneur des armes, est donc l'être unique qui ruse avec l'existant — les autres êtres le fuient ou l'agressent dans la simple immédiateté[48].

§ 18. **Synopsis.**

Retenons fermement ce principe, sans cesse réaffirmé : volonté et corps ne font qu'un. Dans le phénomène du corps vivant, l'en-soi de la volonté parvient à son objectivité[49]. Quelle lumière ce principe ne jette-t-il pas sur le monde : l'aiguille aimantée qui indique le pôle nord est mue par la volonté, les précipitations chimiques, l'électricité, la cohésion du cristal et toutes les manifestations des forces naturelles sont autant d'effets immédiats de la volonté que nous découvrons en nous. La volonté se manifeste dans la force la plus sourde comme en

46. Deussen, X, p. 53.

47. Deussen, X, p. 54.

48. Cette définition de l'homme ne le sépare point de la nature. Il est toutefois vrai psychologiquement que l'homme apparaît non seulement comme un être qui a prise sur le monde, mais aussi prise sur soi et que ce second moment détermine le premier, si bien qu'il faut dire que l'homme est *profond.*

49. Deussen, X, p. 55, *Monde,* § 19.

la réflexion la plus aiguisée. Tout est réglé par le régime de l'homogénéité et il n'est de différence que de degré, non de nature. Aussi l'homme n'est pas un étant extra-mondain : il est force et liberté dans la nature. Cette force pourra bien s'élever au degré qu'on voudra, toujours elle retrouvera sa racine en la volonté qui est « *grundlos* ». Que la volonté soit éprouvée par l'homme non seulement comme une puissance intérieure et plus précisément intime [50], c'est une évidence indiscutable. Briser cette évidence dans la négation du vouloir-vivre, c'est le but clairement indiqué par Schopenhauer. Mais en ce moment de la Métaphysique de la Nature, considérant tous ces degrés, toutes ces manifestations, il donne à la philosophie le mot d'ordre platonicien : reconnaître le semblable dans le différent et inversement [51].

En cette perspective il ne faut pas dire que la volonté raisonnable n'est qu'une *species* d'un genre non dicible. Elle est — privilège inoui — la *species* qui permet de comprendre les autres. Ce faisant Schopenhauer donne un sens très vaste à la notion de volonté. Mais il croit devoir rectifier une erreur. On a souvent voulu, nous dit-il, subsumer le mot *volonté* sous celui de *force* [52]. On s'expose ainsi à un contre-sens. En effet le concept de force est abstrait du domaine où règnent la cause et l'effet, c'est-à-dire la simple expérience. Dans cette orientation *force* signifie l'être-cause (*das Ursachseyn*) de la cause, limite où l'étiologie devient muette. En revanche le concept de volonté est plus large, plus compréhensif, car il n'est pas puisé dans la sphère de la représentation. Il émerge dans l'immédiate conscience de l'individu, selon son essence, mais sans aucune forme, pas celle de l'objet et du sujet, dans la mesure où le connu et le connaissant tombent ici l'un en dehors de l'autre. Schopenhauer ne précise pas assez que subsumant la force sous la volonté, il va d'un terme finalement inconnu à un terme connu bien que de manière infinie et surtout il n'indique pas s'il s'oppose à Leibniz qui justement voit en la force « quelque chose qui a du rapport aux âmes. »

La vérité est que la chose en soi, dans la mesure où elle est volonté, est connue : je l'éprouve en moi. S'il m'était possible d'éprouver avec la même clarté intime tous les phénomènes, la connaissance atteindrait un degré fondamental d'immédiateté,

50. Je choisis le mot *intime* pour éviter les apories de l'interne et de l'externe.

51. Deussen, X, p. 57, *Monde*, § 22.

52. Deussen, X, p. 59.

et même de clarté (*Deutlichkeit*). On dira que Schopenhauer se sépare de Kant[53]. En effet Kant dit qu'il n'existe pas de réponse à la question de savoir ce qu'est la chose en soi — Schopenhauer répond qu'au contraire on se peut facilement convaincre que la chose en soi est volonté. Il n'a pourtant — contrairement au jugement de certains interprètes[54] — pas rompu les ponts aussi nettement qu'on le veut bien dire. La chose en soi est la volonté. Subsiste encore une question : « *was denn zuletzt der Wille an sich sei* ? » (Qu'en est-il de manière ultime de la volonté ?). Et cette question Schopenhauer prétend que nous ne pouvons lui apporter la moindre solution. Toute réponse serait *ab ovo* contradictoire. Si la chose en soi était connue, en ce sens qu'il serait possible de lui assigner une cause, alors, la volonté cessant d'être « *grundlos* » tomberait dans la représentation et de ce fait ne serait plus chose en soi. Il n'existe pas de définition réelle ou génétique de la volonté, mais seulement un savoir *sui generis* ou plutôt une compréhension intime qui jette un rayon de lumière sur l'Univers. Cette connaissance, qui ne ressemble en rien aux prétendues intuitions intellectuelles de Schelling, ne nous permet pas de *déduire* tous les modes d'être possibles de la volonté. Même une simple définition nominale se révèle délicate dans la pensée transcendantale de Schopenhauer, car l'objectivation de la volonté en un sens est passage à l'existence et en un autre sens passage au néant, puisqu'il faut assimiler les phénomènes au voile de la Maya tissé d'illusions. Dans cette dernière perspective la chose en soi et le néant seraient termes interchangeables. On retrouverait, sur un plan métaphysique, l'aporie dénoncée par Schopenhauer plus haut : il faudrait pour répondre à la question de savoir ce qu'*est* la volonté en soi, dire aussi (mais quelle contradiction !) ce qu'*est* le néant en soi.

Il nous est possible à présent d'envisager rapidement les trois propriétés de la chose en soi comme volonté. Elle constitue une *Unité* — elle n'a point de fondement — on ne peut la dériver dans le système du savoir. — Considérons d'abord l'unité. Cette notion se relie étroitement aux thèses avancées dans la Dianoiologie. La pluralité s'explicite et se fonde dans les formes *a priori* de la représentation : espace, temps, causalité, en un mot le *principium individuationis*. Ce principe qui fournit à la

53. On pourrait montrer sans peine que Kant, surtout dans la philosophie pratique opère la fusion de la chose en soi et de la liberté.

54. M. Gueroult, *Études de philosophie allemande* (1977), p. 235.

phénoménalité sa règle n'est plus opératoire au niveau de la métaphysique. Par voie de conséquences négatives, on dira que la volonté comme en soi est unité. Cela ne va pas sans suites : ainsi, comme on l'a déjà vu, les activités des forces terrestres, végétales, animales, etc., sont fondées en une source unique et, ce faisant, une cohérence qui n'est pas négligeable s'étend à toute la nature phénoménale. Dans la rigueur métaphysique le concept d'unité désignera un *ens imaginarium*, qui dans le fond, puisqu'il se réciproque avec le néant, est un *nihil negativum*. Dans le champ phénoménal l'unité n'est jamais pensée que par relation à une altérité : c'est en partant de la diversité (*Vielheit*) que nous *isolons* une personne, une chose, tel bijou par opposition à d'autres. Schopenhauer retrouve exactement sur le plan phénoménal la définition kantienne de l'unité comme fonction du nombre. Son souci est qu'on ne confonde point l'unité phénoménale avec l'unité métaphysique, qui, désignable par les mots, échappe à notre pensée. — L'absence de fondement (*Grundlosigkeit*) ne doit pas être comprise d'une autre manière. Quand nous disons que la volonté est libre, nous n'affirmons rien de positif ; nous constatons seulement que nous ne savons pas comment relier liberté et principe de raison. Non qu'il se trouve ici pour Schopenhauer un quelconque conflit entre la liberté et la nécessité. Si la liberté se vit, elle ne se pense pas en son acte. Sans doute les actes, le corps lui-même sont l'expression nécessaire d'une volonté libre. Mais le principe de raison devant cette nouvelle formule de la nécessité demeure muet. Comment expliquer les actes nécessaires en partant de leur source, la liberté, qui échappe au principe de raison ? Au demeurant il faut écarter un contre-sens trop répandu : on imagine qu'être libre consisterait à pouvoir faire autre chose — mais si je faisais autre chose, je serais un autre. Nous n'avons pas besoin de développer ici une question qui a déjà retenu notre attention dans le § 16. — La troisième caractéristique de la volonté comme chose en soi est l'*Erkenntnislosigkeit*, soit la vanité comme l'impossibilité de la pensée discursive. Il n'y a rien à déduire et en ce sens précis rien à connaître : la volonté n'est ni connaissante, ni connaissance. Ces deux termes sont-ils donnés ? alors la volonté est déjà dans son objectivation constituant le phénomène entendu en toute complexité.

§ 19. **Du vouloir comme indépendant de la connaissance.**

Cette nue puissance de la volonté est non seulement impensable *stricto sensu* mais elle se manifeste hors de la pensée. Les phénomènes de l'instinct ont, de ce fait, puisqu'il y a action sans représentation, retenu Schopenhauer. On n'expliquera pas en termes dogmatiques que le jeune oiseau, bientôt prêt à pondre pour la première fois, construise un nid avec un savoir millénaire, tandis qu'il ignore totalement ce qu'est un œuf. Bien des exemples de ce genre ont frappé Schopenhauer. Dans cette ingéniosité extraordinaire des œuvres de l'instinct, tout en se gardant de tomber dans le finalisme naïf il a voulu déceler l'opération de la volonté de vivre [55]. Il se refuse à juste titre à la comparer avec l'art : ce serait introduire la représentation là où précisément elle n'œuvre pas. Mais nous trouvons déjà en nous-mêmes un exemple de l'opération de la volonté de vivre : nos fonctions, qui relèvent du système nerveux végétatif, accomplissent leur devoir en nous, sans nous [56]. Schopenhauer qui ne veut pas encore discuter en quel sens il faut comprendre la *prodigalité* de la Nature, insiste sur les prodigieuses hécatombes liées à la génération : dans la nature la volonté ne compte pas combien il lui faut produire d'êtres pour parvenir à ses fins. Aussi « pour la plupart, la vie n'est qu'un combat perpétuel pour l'existence même, avec la certitude d'être enfin vaincus » [57].

Cela n'interdit pas de concevoir une hiérarchie des êtres, mais entre les insectes, les oiseaux, les animaux, les hommes qui tirent directement ou indirectement leur nourriture du monde végétal, le *criterium* n'est peut-être pas celui auquel on penserait immédiatement. La vérité est que dans ce mouvement de la volonté, plus un être est supérieur, plus il est sujet à se tromper. Dans le règne végétal on découvre en la torpeur une volonté aussi élémentaire que juste. Personne n'a encore vu une plante mourir d'indigestion — elle peut être noyée, arrachée, etc., elle ne cessera jamais de trier avec une exactitude parfaite les éléments que lui apporte la terre. Cette exactitude, la plante la doit peut-être au fait qu'elle a son estomac dans ses racines. Incapable d'erreur, la plante se vit comme immortelle. Nous ne pouvons imaginer clairement ce niveau touffu de l'échelle des êtres où, dans une naïveté originelle, le vouloir s'épanche et se concentre, où l'idée de commencement ou de fin n'a pas la moindre valeur. Passons à l'extrémité de l'échelle. L'homme est l'être qui quotidiennement vit en l'erreur. Peut-être n'aurions-nous pas conscience de notre mort si nous étions incapables

55. *Monde,* § 28.
56. Deussen, X, p. 69.
57. *Monde,* § 57.

d'erreurs ? Ce n'est pas la puissance de dévoiler la vérité qui distingue l'homme : c'est, tout au contraire, l'erreur. Certes la bête fait des bêtises, l'abeille des sottises, mais l'homme, ce seigneur des armes, peut revendiquer comme couronne l'erreur. Ainsi plus on s'élève en la hiérarchie des êtres, plus on se détache de la vérité et plus on s'approche de l'erreur. Il convient d'ajouter — pensée chère à Schopenhauer — qu'avec la genèse de l'erreur et de la conscience de la mort, croit la pudeur et finalement le secret. La plante est sans mystère, comme sans pudeur. Sans mystère : elle nous présente toute sa vie ses papiers — toute plante dit où elle est née, qui elle est, et jamais ne cache sa famille. Un conifère est un conifère. Sans pudeur : la belle fleur dans le doux rayon de soleil étale ses parties génitales. On conviendra qu'il en va autrement de l'homme : il cache ses papiers pour ainsi dire, dérobe ses intimes pensées (il a son « jardin secret » comme on dit sottement) et dissimule son sexe et bien d'autres choses, Erreur, conscience de la mort, secret — cette triade définit l'homme. Ajoutons que l'homme a non seulement ses erreurs secrètes, mais aussi le secret de ses erreurs. Ces données bien comprises, quand on sait que la « vie est un pendule qui oscille entre la souffrance et l'ennui » on mesurera la condition dérisoire de l'homme[58].

Un examen de la physiologie métaphysique de Schopenhauer serait dans notre orientation peu susceptible d'apporter de nouveaux éléments ; elle est conduite par l'auteur du *Monde* dans une voie très déterminée — d'une part toutes les architectures délicates de la physiologie doivent nous révéler en la vie comme manifestation du vouloir une qualité occulte (*qualitas occulta*) ou encore ultime ; d'autre part ce mouvement doit être conduit de bas en haut, c'est-à-dire suivant l'excitation, la motivation, la connaissance.

§ 20. **L'inorganique.**

Les corps vivants en général constituent un procès qui va de la fluidité à la solidité[59]. Tout devient poussière. En un sens la matérialité dont naît la décomposition de la solidité vivante (se tenir debout) peut être au niveau supérieur dite une fluidité : comme l'eau, la poussière, matière qui a perdu toute forme, épouse toutes les formes.

58. *Monde*, § 56.
59. Deussen, X, p. 83.

Nous voici en présence de l'inorganique qui repose en soi. Deux problèmes vont se formuler. Le premier s'inscrit dans la perspective linéaire — la plante, l'animal, l'homme. N'y a-t-il pas une solution de continuité quand on doit parler de la matière ? Schopenhauer repoussant après Kant l'hylozoïsme [60], semble s'être fermé bien des portes. Le second problème, plus touffu, plus délicat aussi s'indique dans la pensée la plus simple : comment se refuser à appeler ce bloc de marbre *une chose* et n'est-ce point là le refuge de notre pensée de l'Être ?

Le premier problème est résolu par Schopenhauer grâce à des exemples dont le plus clair est la force de l'aiguille aimantée qui obstinément se retourne vers le nord : « Nous prétendons donc que l'inorganique n'a pas à la vérité de vie, mais qu'il possède néanmoins une tendance (*Streben*) et une force intérieure » [61]. Dans les Leçons de Berlin Schopenhauer reconstitue péniblement la continuité [62]. Il détermine la matière comme le moment nocturne de l'esprit et restitue l'analogie universelle. Ainsi derrière le mouvement et la connaissance de l'homme il y a la volonté, et c'est elle encore qu'on retrouve derrière le mouvement obscur de la matière. Aussi bien un monisme s'érige-t-il qui verra la représentation (donc la volonté) partout. Dans la matière la volonté s'épanche comme représentation qui s'échappe radicalement à soi-même dans son balbutiement [63]. Si l'on est de bonne humeur et si l'on croit que l'esprit est l'azur de l'être, on dira que descendant jusqu'à la matière, la philosophie a su plonger dans l'enfer de la volonté. Plus simplement Schopenhauer satisfait de ses explications affirme que la clef de la compréhension du monde est la volonté, l'unique vérité *philosophique* [64].

Avant de passer à l'autre problème une réflexion s'impose. Schopenhauer ne prétend pas imposer sa solution philosophique d'une manière purement dogmatique. Il faut au contraire que par un cordial mouvement de pensée se développant dans la liberté nous donnions sens aux mots. La philosophie ne se démontre pas et chacun est seul avec lui-même dans la réflexion. Certes on peut communiquer des pensées, pour autant qu'elles sont réductibles à des concepts. Mais ce *goût* si particulier de

60. Deussen, *ibid.* KANT, *Critique de la faculté de juger*, § 65.
61. Deussen, X, p. 84.
62. *Ibid.*, p. 85.
63. *Ibid.*, p. 86.
64. Deussen, X, p. 87.

l'être et de son sens est le *sel* propre à chaque esprit. Le concept est parfaitement comparable à un tuteur, semblable à ceux dont on se sert pour les plantes : fort, mais mort il soutient la vie faible, qui possède un sens plus relevé. En proposant cette réflexion Schopenhauer s'est-il rendu compte qu'il déplaçait un des axes de la pensée kantienne ? Qui parle de *goût,* parle de jugement réfléchissant. Kant eût-il affirmé que le jugement réfléchissant est le nerf de l'ontologie ? eût-il comme Schopenhauer relégué le jugement déterminant parmi les vieux clichés ? Nous avons vu comment Schopenhauer écartait toute déduction transcendantale. Aussi bien est-ce de son esthétique transcendantale que jaillit, après quelques épreuves, le jugement réfléchissant comme principe de l'ontologie : goût de l'Être, sel de l'esprit sont les conditions d'une compréhension authentiquement transcendantale de ce qui est.

Nous sommes ainsi introduit au deuxième problème : qu'est-ce qu'une chose ? Cette question est, en fonction de la longue histoire de la philosophie, sur-déterminée. Nous songeons presqu'invinciblement à l'image de la substance qui oppose une résistance à la pensée : la pierre dans son immortalité totale, dans son absence de sens, désespérément muette se présente à l'esprit comme mesure et témoignage de tous les instants qu'il pouvait vivre. Schopenhauer montre l'importance de la pensée aristotélicienne dans la formulation du το τι ἐν εἶναι que les scolastiques ont nommé la *quiddité.* La pensée arabe enrichissant à son tour la pensée scolastique et aristotélicienne, les concepts se figent. La forme qu'Aristote devait ajouter à la pure matière sera la forme ou bien substantielle ou bien accidentelle. La forme substantielle est la forme en tant qu'elle est par elle-même ; la forme accidentelle, en revanche, dépend des causes externes. Quant aux déterminations, qui, sans qu'on le puisse expliquer, accompagnent la forme substantielle ainsi : la couleur, la pesanteur, la possibilité de former un alliage — ce sont les qualités occultes. Le changement dans la *forma accidentalis* est simple transformation ; le changement dans la *forma substantialis* est la corruption de l'entité précédente et génération d'une autre forme substantielle[65]. — Schopenhauer est souvent revenu à Aristote mais d'une manière plus allusive que dans les Leçons de Berlin. Le Stagirite s'est mépris : c'est en la volonté qu'il fallait voir le το τι ἐν εἶναι, la vraie *forma substantialis.* Aussi Schopenhauer soutient que la relation

65. Deussen, X, 94. *Monde,* § 24, Brockhaus, Bd. II, p. 148.

qui se découvre en l'homme entre son être d'une part, sa volonté de l'autre, peut se retrouver partout. On trouvera soit une force, soit une durée intérieure, soit un analogon de la durée, propriété inexplicable qui fait cet objet en lui-même, comme la volonté fait l'homme[66].

On peut justement féliciter Schopenhauer d'avoir vu que la pierre suppose, en son apparente simplicité, toute une *Weltanschauung*. On croit connaître les choses en raison de la fréquence avec laquelle elles se donnent dans la représentation. Ainsi le fait que les pierres tombent a été connu depuis toujours[67]. Mais le jugement réfléchissant oblige le philosophe à dire que les choses ne sont pas si évidentes : à bien y réfléchir la chute de la pierre est pour moi plus obscure que le mouvement libre et conscient de ma main. Quand je tends la main, je suis habité par un acte de volonté parfaitement clair et je me représente correctement le but poursuivi. Il n'en va pas de même de la pierre : esprit de la pesanteur elle est aveugle. Ainsi est-il impossible de penser sa chute. Que si l'on imagine, comme Spinoza, que la pierre, quoique lancée par une main d'homme, pourrait avoir conscience de son être, il ne faudrait pas dire qu'elle s'imaginerait obéir à sa volonté ; elle en aurait le droit le plus parfait. Ceci donne à penser que la réponse à la question de savoir ce qu'est une chose, doit non seulement être indiquée par l'affirmation de la présence de la volonté, mais encore qu'il y a des degrés. De l'homme à la pierre le réel perd son individualité progressivement. Dès lors on verra plus nettement que dans la question : Qu'est-ce qu'une chose ? — le mot « une » a une très grande importance[68]. La matière est *chose*, sans être une *chose*[69]. La formule leibnizienne suivant laquelle l'unité et l'être se réciproquent ne saurait plus être aveuglément reçue.

Mais, si brève cette analyse soit-elle, il faut en déduire les conséquences. On a jugé parfaitement évident que la pierre

66. *Monde*, § 24. Il est bien clair que, ce faisant, Schopenhauer demeure comme la plupart des post-kantiens (Hegel, Schelling) encore victime du préjugé substantialiste. Jamais il n'atteindra une philosophie générale de la fonction. Dire que la volonté est la vraie substance, c'est changer de terme plus que d'idée.

67. Il va de soi qu'on se reporte ici à l'expérience commune, non à la loi de la chute des corps.

68. La relation avec Bergson est claire. Schopenhauer pourrait parfaitement dire que la matière, en laquelle l'individualité sombre, est quelque chose qui se défait.

69. Nous retrouverons ce problème de l'unité assimilée à l'individualité.

fût pesante, le pain nourrissant. Ces évidences le Moyen Age ne les met nullement en doute, et négligeant le travail souterrain et obstiné de l'esprit, il érige les colonnes de son temple, en accumulant aux qualités occultes les qualités occultes : l'arbre est arbre par son *arboreitas*, le métal, métal par sa *ferreitas*, et le pain a droit à la *paneitas*. Le Moyen Age selon Schopenhauer n'est pas incohérent, mais il se meut tout entier dans l'évidence verbale. Il ne veut pas apercevoir de problèmes, mais seulement des fondements ; ainsi, pour reprendre l'exemple de la pierre et de sa pesanteur, au lieu de vouloir poser un problème, on imagine connaître le phénomène par cela seul qu'il est fréquent.

Vint Descartes. Schopenhauer ne déroge pas à l'heureuse coutume des post-kantiens en saluant dans le philosophe français l'aube de la pensée moderne[70]. « Un grand jour : *etwa* 1630 »[71]. Il n'est pas nécessaire de relever tous les jugements de Schopenhauer concernant Descartes. Essentielle est dans l'œuvre cartésienne l'impulsion donnée aux mathématiques et l'on sait que les disciples identifièrent le souci de calculer au souci de connaître. Ensuite Descartes a célébré l'*introït* du Requiem des qualités occultes. Elles paraissent, avant même que Descartes désire les chasser de la terre et du ciel, soudainement très vieilles, très âgées. Le progrès par rapport à la scolastique est immense, mais sur deux points le cartésianisme va s'enferrer. D'une part ses subtiles distinctions entre l'âme et le corps, liées à l'affirmation que Dieu seul est substance à proprement parler[72], lui interdiront de bien poser la question : Qu'est-ce qu'une chose ? D'autre part l'élan donné à la pensée mathématique n'est pas mesuré et celle-ci toujours liée au *comment* s'efforcera vainement de parvenir au *pourquoi*. Si l'espace ex-plique tout ce qui est en lui, il n'im-plique rien : là est la barrière. Certes Descartes appuie sur la création l'existence qu'il se propose d'expliquer mathématiquement. Mais si la phénoménologie est ainsi radicalement transformée, il ne faut pas se cacher que la nouménologie devient plus obscure que jamais, car toutes les qualités occultes bannies du monde se réfugient dans l'idée de création, qui de toutes est la plus occulte[73]. Tout cela ne finira qu'avec la mort de Dieu.

70. Fichte et Hegel ont été ici d'une netteté parfaite.

71. Deussen, X, p. 95. Schopenhauer semble faire allusion aux lettres à Mersenne.

72. DESCARTES, *Principes de la philosophie*, I, § 51.

73. Dans son ouvrage sur *La connaissance de la vie*, G. Canguilhem a fait, à propos de la vie une remarque comparable. Cf. p. 139.

Il est net qu'en cette tumultueuse histoire le pan-mathématisme cartésien a rencontré des obstacles. Schopenhauer a réservé une place honorable à Bacon dont les principes, celui de l'induction surtout, proposaient une autre approche plus concrète et plus vivante de l'expérience. Il ne semble pas que Schopenhauer, toutes réflexions faites, ait trouvé en l'œuvre du philosophe anglais un contre-poids suffisant. Il sait trop bien, tant sa connaissance de l'histoire de la philosophie est sérieuse, que Descartes n'a jamais songé à nier la richesse de l'expérience. Ce qui l'a inquiété c'est plutôt l'*esprit* de l'expérience qui devait jaillir de l'œuvre cartésienne. Vrai ou faux procès intenté à Descartes, il l'accuse de suivre le chemin de l'identité géométrique : ramener l'organique à l'inorganique (par exemple la force vitale à l'électricité et à la chimie) ; de là se plonger dans le pur mécanisme, pour enfin tenter de le réduire à la géométrie[74] : « Alors tout serait expliqué et fondé, réduit à une méthode de calcul, qui serait enfin le moment de la toute sainteté dans le temple de la sagesse. »[75]. Le danger du cartésianisme — qui explique sans doute pourquoi il ne peut poser authentiquement la question de savoir ce qu'est une chose — c'est de dissoudre tout le contenu de l'expérience dans la forme pure de la pensée mathématique. L'acte d'être n'y échapperait même pas. Le « *was* » (*quid*) deviendrait une modalité du « *wie* » (*quod*) et le monde ne serait plus représentation et volonté, mais pure représentation.

Il ne semble pas que Schopenhauer ait vraiment redouté pareille « idéalisation » de la nature. Mais il a entrevu deux difficultés très différentes. A la lecture du texte des Leçons de Berlin, que les diverses éditions du *Monde* ne démentent point, on peut avoir l'impression aussi nette que fâcheuse que Schopenhauer confond comme Leibniz idéalité et subjectivité. Il semble redouter la réduction du réel à l'esprit, comme si la science élevant au niveau de l'Idée la quiddité du réel ne la renforçait pas. Il l'avait pourtant consigné en écrivant que « l'infaillibilité des lois de la nature porte en soi quelque chose qui peut presque nous faire trembler »[76]. Ses propos sont fragiles et sa crainte ici illégitime ne s'explique que par deux considérations. Ou bien, comme on pourrait le suggérer sans difficulté majeure, en cette page il retourne de Kant (idéalisme) à Leibniz (subjec-

74. Lecture de la science qui sera développée par E. Meyerson, cf. *Identité et réalité.*

75. Deussen, X, p. 98-99.

76. Brockhaus, Bd. II, p. 158.

tivité). Ou bien chose plus probable, sensible — comme il l'a toujours été — au *für uns Menschen* de Kant, il n'attend pas de la mathématique, dont on a vu le statut, de solution métaphysique. — La seconde difficulté est en son contenu alimentée par l'éternelle diatribe de Schopenhauer contre l'étiologie mal entendue. Elle prétend sans cesse atteindre le *pourquoi,* tandis qu'elle montre seulement *comment,* divers facteurs réunis, le phénomène se produit. Ainsi il est très vrai que l'activité électrique des organes, comme le cerveau, nous permet d'affirmer qu'il y a de la pensée (rêves, agitations, etc.). Que si l'on demande si je prétends expliquer par là *pourquoi* il y a de la pensée, la plus élémentaire logique me fera un devoir de répondre négativement. Seule la métaphysique est une science en laquelle le comment s'éclaire dans le pourquoi.

§ 21. **Magie de la volonté.**

Dans les Leçons de Berlin le paragraphe consacré à l'identité métaphysique de la volonté est un simple extrait du § 25 du *Monde.* L'argumentation n'est pas nouvelle par rapport à celle impliquée par l'énoncé du *principium individuationis.* Nous ne connaissons que la diversité dans l'espace et dans le temps — mais nous ne saisissons pas la chose en soi. Ce paragraphe mériterait à peine une discussion si les interprètes n'y avaient vu l'aporie majeure du système. Les termes du problème sont simples. D'une part Schopenhauer affirme que la chose en soi est inconnaissable, d'autre part il soutient qu'elle est volonté. M. Gueroult a voulu enfermer Schopenhauer dans un dilemme cruel. Ou bien nous ne connaissons pas la chose en soi et le système s'effondre dans un phénoménisme affreux — ou bien nous connaissons la chose en soi et alors nous devons posséder une intuition intellectuelle condamnée par Kant. Le problème nous semble avoir été deux fois mal posé par M. Gueroult. En premier lieu Schopenhauer accorde que nous ne connaissons pas la chose en soi, si connaître est connaître par les causes : la volonté est *grundlos.* En second lieu quand on parle d'intuition intellectuelle on parle d'intuition *créatrice*[77]. Tel est le sens donné par Kant à l'intuition intellectuelle depuis sa lettre à Marcus Herz de 1772 jusqu'à la rédaction des §§. 75-76 et remarque de la *Critique de la faculté de juger.* Or Schopenhauer ne prétend pas, par une intuition intellectuelle, poser

77. KANT, AK, Bd. X, p. 130 sq.

(*setzen*) la volonté. Aussi retournerait-il contre M. Gueroult (et les interprètes qui l'ont précédé) l'accusation, lui reprochant de se servir comme de critère absolu des définitions proposées par Schelling et Hegel de l'intuition intellectuelle, tantôt mystérieux pouvoir de création, tantôt vue inexplicable dans le fond des choses [78]. Qu'il y ait conscience de la volonté en nous, Schopenhauer n'en demande pas plus et l'on voit mal comment le réfuter.

Il faut reconnaître qu'on a ici cherché une mauvaise querelle à l'auteur du *Monde*. Il se borne à affirmer qu'il y a une *com-préhension* de la volonté moins profonde dans la pierre que dans la plante, plus lumineuse dans l'animal, plus claire encore en l'homme. La *visibilité* de la volonté est infiniment modulée [79]. Il reste bien sûr à se demander pour qui est cette visibilité. Elle est pour des êtres, qui eux-mêmes phénomènes et relevant de la visibilité, voient cette visibilité. En ceci réside la magie de la volonté.

§ 22. **Les degrés de l'objectivation de la volonté.**

Après ces longs développements Schopenhauer entreprend de décrire les degrés de l'objectivation de la volonté. Il va conférer à son système une structure plus résistante et faire appel au platonisme. Son idée fondamentale est que les espèces survivent aux individus, *constituant des formes éternelles et intemporelles*, qui se réfractent dans le temps et l'espace à travers les individus. Il s'écartera de Kant ce faisant : en effet l'Idée kantienne est une fin de la raison, abstraite — comme l'Idée de la meilleure Constitution possible. Or Schopenhauer, se laissant peut-être aller à son tempérament d'esthète, voudra des Idées concrètes, intuitives. Il existe, par exemple, une Idée du chat. A la différence des Idées kantiennes, les Idées schopenhaueriennes peuvent, par la médiation de l'individu représentant, se manifester dans l'expérience. Certes Schopenhauer admet que le Vrai, le Beau, le Bien sont des Idées ; mais il veut s'intéresser aux formes qui pour lui sont des normes immuables. Là se situe une vraie difficulté pour la doctrine. Darwin dans son livre célèbre sur l'*Origine des Espèces*, brise le 24 novembre 1859 le dogme de la constance des espèces — le 21 avril 1861

78. Il faut réserver le cas de Fichte (que Schopenhauer bien à tort confond avec Hegel). Cf. A. PHILONENKO, *La liberté humaine dans la philosophie de Fichte*. Ch. V.

79. Deussen, X, p. 104.

Schopenhauer quittera ce monde. C'est une chose dramatique que de voir un système s'effondrer sous le poing de l'histoire si peu de temps avant la disparition de son créateur. Cela finit par s'oublier, mais qu'eussent pensé saint Thomas et Dante, si leur œuvre achevée, ils se fussent trouvés devant la Révolution copernicienne... ?

Liée plus à la *perception* qu'à l'*observation,* dès lors la réflexion de Schopenhauer offrira l'aspect d'une symbolique. Celle-ci demeure encore précieuse : on trouvera bien des pensées suggestives. Sans doute on pourra s'interroger à perte de vue pour savoir comment il s'est fait que l'auteur du *Monde,* si attentif à la philosophie biologique, n'ait point pressenti le bouleversement darwinien. Dans l'ordre de la science on peut dire que Descartes a achevé le Moyen Age dans les sciences de la nature (même s'il restait beaucoup à faire). De même on peut penser que Darwin achève le Moyen Age de la connaissance de la vie[80]. *Mutatis mutandis* Schopenhauer vient avant Descartes.

§ 23. **Les degrés de l'objectivation de la volonté. Prélude.**

Dans les Leçons de Berlin — chapitre 12 de la *Métaphysique de la Nature* — le développement consacré à l'échelle de l'objectivation de la volonté est long et difficile. On trouve maintes digressions dans un exposé qui se veut pourtant serré. Sa structure est définie ainsi par Schopenhauer : la démarche s'accomplit « *in auf steingender Linie* » — traduisons : de manière ascendante. Mais cette ascension n'est pas dialectique au sens hégélien, quand bien même certains moments pourraient donner à le penser. Schopenhauer revient brièvement sur l'inorganique ; on sent bien qu'il n'a rien de nouveau à dire et le moment de franchir une nouvelle boucle dans la spirale n'est pas venu. Son souci est de méthode. Si l'on admet, en effet, que les degrés de l'objectivation se lisent en ce qui semble le plus étranger à la volonté, que la matière est déjà objectivation de la volonté, on ne saura se refuser à voir en la plante, en l'animal, en l'homme, des degrés supérieurs et pour tout dire évidents.

On peut dès lors résumer le développement. Dans le monde de l'inorganique il faut distinguer les forces qui se manifestent sans exception en toute matière, telles la pesanteur et l'impéné-

80. On peut, certes, objecter que la philosophie de Darwin ne s'est pas immédiatement imposée avec la clarté qu'elle portait en elle. Et ainsi Schopenhauer serait moins coupable qu'on ne le pense.

trabilité et les forces qui se manifestent par des oppositions comme la solidité, l'électricité, etc. Cette distinction est méthodique, car dans la rigueur métaphysique ces forces ne sont point soumises au principe de raison ; en soi elles sont *grundlos*. Ce sont leurs phénomènes qui sont soumis au principe de raison. Aussi bien est-il juste de dire qu'elles ne sont point cause, mais seulement conditions de possibilité des causes [81]. Schopenhauer n'hésite pas à affirmer qu'il est inexact de dire que la pesanteur est la raison de la chute de la pierre : « Supprimez la terre, et la pierre ne tombera pas, bien qu'elle soit encore pesante ». *Grundlos*, la pesanteur est *qualitas occulta*.

§ 24. Les degrés de l'objectivation. Premier réquisit : de la causalité.

Dans les Leçons de Berlin, tout de même que dans le *Monde* [82], on relève une pensée directrice essentielle pour l'analyse des degrés de l'objectivation de la volonté. De la pierre à l'homme, la causalité ne se définit pas de nouveau à chaque étape. Schopenhauer a voulu adhérer au système des causes occasionnelles de Malebranche, en sorte que les êtres ne soient rien d'autre que l'occasion de la volonté et simples véhicules de l'opération du Vouloir-vivre. Dans les Leçons de Berlin il s'est exprimé avec une pleine clarté. « Malebranche enseignait qu'on ne pouvait comprendre comment les corps, aussi bien inorganiques qu'organiques, pouvaient avoir la capacité d'agir et partant de transférer des déterminations de l'un à l'autre. La liaison entre la cause et l'effet serait quelque chose de parfaitement inexplicable et par exemple, pour être juste, on ne comprend pas comment par son action de tirer le cheval entraîne le chariot. Donner aux choses des qualités qui leur confèrent la causalité, c'est parler pour ne rien dire. Par conséquent il n'y a que Dieu qui soit sujet de l'effet et de la cause. Donc Malebranche appelle avec raison les causes physiques des causes *secondes* et, comme elles n'agissent qu'à l'occasion du concours de Dieu, des causes occasionnelles. » [83]. Il faut seulement écrire *Volonté,* là où Malebranche écrit *Dieu.* Schopenhauer présente immédiatement un exemple qu'il estime surprenant : les germes de blé déposés il y a des milliers d'années dans une urne funéraire se remettent, si on les sème, à vivre, à pousser.

81. Deussen, X, p. 108 sq. *Monde,* § 26.
82. Deussen, X, p. 108. *Monde,* § 26.
83. Deussen, X, p. 120-121.

On voit là des causes occasionnelles d'une force, la volonté de vivre, qui *grundlos,* est toujours prête à agir, mieux, à être.

On apercevra facilement que reprendre cette théorie — les mots ne changent rien de fondamental — c'était se préparer à régresser en deçà du cartésianisme. On ne saurait nier qu'on se prêtait ainsi aux pires embarras dans la théorie de la liberté. Par ailleurs expliquer le mouvement de la nature par une force unique, c'était s'exposer à tomber de la pensée dans le mot. Pourquoi admettre de l'être qui ne se manifeste que dans le phénomène ? On sortait de l'île de la vérité déterminée par Kant. Certes, l'argument positif est évident. Qui ne voit qu'en ceci tout repose sur la doctrine kantienne de la chose en soi ? Mais on ne peut s'interdire de penser que la vraie conclusion est l'identification de la *liberté,* ou de la volonté, avec la nature. La liberté tandis qu'elle se manifeste comme volonté dans l'émergence d'un existant dans le monde phénoménal, ne se dissocie pas de la nature [84]. L'être s'affirme. La volonté est nature et la nature volonté. *Mutatis mutandis,* comme l'a admirablement expliqué F. Alquié, on retrouve le destin de Malebranche, qui à force de tout attribuer à Dieu, s'est trouvé plus naturaliste que cartésien [85]. La volonté s'affirme à travers les causes occasionnelles. Quand Tolstoï affirmera la règle de la *fatalité* [86], il ne fera que suivre Schopenhauer.

La fatalité, selon nous, est sensible au cœur, lorsque c'est une même rêverie qui associe des termes contraires. Quand Schopenhauer parle de la nature et de la liberté, une même image flotte devant ses yeux. La nature comme la liberté se reflètent dans l'eau. Nous appelons nature, l'eau pour ainsi dire dormante, mer paisible dit Schopenhauer. C'est le reflet de l'être soumis à des lois immuables [87]. En revanche l'eau jaillissante nous donne à méditer sur notre liberté. La comparaison est belle ; mais la volonté est nature, comme la nature volonté puisqu'il ne s'agit jamais que de l'eau. Quand l'eau jaillit on peut parler d'une libération de la matière — quand elle plonge dans le sommeil, c'est la liberté qui devient nature. On se con-

84. De là le fort naturalisme de certaines pages de Schopenhauer.

85. F. Alquié, *Le cartésianisme de Malebranche.* Nous renvoyons à notre étude critique publiée dans la *Revue de Métaphysique et de Morale,* où nous examinons de manière détaillée ce livre essentiel.

86. L. Tolstoi, *Guerre et paix* (tr. E. Guertik) : « Le fatalisme en histoire est inévitable ». T. III, ch. I.

87. Deussen, X, p. 113, *Monde,* § 26.

solera de cette difficulté en songeant qu'elle nous présente la continuité de la matière et des autres formes, dans une parenté intime de tous les phénomènes, comme manifestations de la chose en soi.

§ 25. **Les degrés de l'objectivation. Second réquisit : Individuation et individualité.**

Il n'est pas utile d'explorer dans tout son détail, à ce niveau, le contexte délicat en lequel se tissent les relations de l'individuation et de l'individualité. Soyons simples. Ce qui oppose dans le mouvement ascendant de l'objectivation de la volonté l'organique et l'inorganique est l'individuation ; une pierre est moins susceptible qu'un être vivant d'être saisie, dans le monde perçu, comme moment d'individuation. Plus on s'élèvera, plus l'individualité approfondira l'individuation. Personne ne s'avisera de confondre une abeille et une fourmi (individuation). Mais tout aussi bien personne ne prétendra distinguer une abeille d'une autre ou une fourmi d'une autre fourmi. L'individualité n'est marquée que dans l'espèce, véritable forme platonicienne en laquelle on reconnaît les individus. Le progrès est lent, mais le thème général sans équivoque : c'est seulement avec l'homme que l'individualité trouve son assise : « Dans l'espèce humaine, au contraire, chaque individu veut être étudié et approfondi pour lui-même ». La thèse est avancée dans les mêmes termes dans les Leçons de Berlin et dans le *Monde*. Elle entrelace deux orientations, l'une kantienne qui exige le respect, l'autre leibnizienne, car on ne peut, au niveau de l'homme, ignorer qu'ici la pensée monadologique a exercé une influence certaine. Mais il faut bien reconnaître qu'un passage des Leçons de Berlin apporte une correction. Il s'agit d'une petite phrase, dont il a été impossible de retrouver dans le *Monde* la très exacte réplique : « *Zurückstehende Völker, Neger, Kalmüde, haben weniger, sind einander âhnlicher* » (Les peuples attardés, les Nègres, les Kalmuckes possèdent moins / d'individualité / et se ressemblent plus l'un à l'autre[88]). Racisme implicite... peut-être. Nous n'en discuterons pas ici, car le problème du racisme de Schopenhauer se présentera d'une manière plus brûlante dans l'analyse de l'art. Nous dirons seulement que cette formule s'éclaire mieux lorsqu'on médite sur le rapport qu'établit Schopenhauer entre le

88. Dans ce texte Schopenhauer ne veut pas dire évidemment que Nègres et Kalmuckes se ressemblent dans l'absolu, mais que d'une part on lit moins bien leur différence et d'autre part que les individus de ces peuples se ressemblent.

commun — qui est à certains égards l'indéfiniment remplaçable — et l'individuel. Nous rejetons ce qui dans les innombrables productions de la Nature se signale par sa médiocrité — mais nous estimons l'individuel. Il est évident que ce second réquisit qui livre le fil conducteur (*Leitfaden*) de l'analyse des degrés de l'individuation possède une résonnance esthétique. Il faut, à propos de l'homme, introduire toutefois une réserve : individu doué de raison il peut se voiler et (dans une certaine mesure) être ce qu'il n'est pas. La raison est l'apparition de la dissimulation : « *erst mit der Vernunft eingetretenen Möglichkeit der Verstellung* »[89].

§ 26. **Le combat.**

Une ligne ascendante. C'est le chemin de la volonté. Elle le parcourt dans le combat (nullement pensé comme un décalque de la dialectique), et plus elle s'avance vers l'individualité, plus elle prend conscience de l'obscurité croissante de celui-ci. Dans les Leçons de Berlin Schopenhauer débute par une analyse de la polarité. Celle-ci nous montre dès l'inorganique le conflit des forces. La polarité manifeste la pure opposition ; elle est visible dans le magnétisme, l'électricité, le galvanisme — mais elle s'étend à toute la nature jusqu'à l'homme : la couronne de l'arbre s'oppose à ses racines, comme la tête et le sexe en l'animal et enfin songeons à l'opposition de l'homme et de la femme. De là l'idée d'une tension inhérente à tous les phénomènes. Il est heureux que parlant de polarité Schopenhauer ait su se garder des spéculations pour le moins obscures de Schelling[90]. Mais la volonté, comme chose en soi, étant unique, on est en droit de proposer une objection : comment expliquer cette polarité, cette opposition d'un + et d'un — ? Certes Schopenhauer n'ignore pas la découverte kantienne de la grandeur négative. Mais cela n'autorise pas à voir comment et à partir de quoi le négatif peut trouver dans la rigueur métaphysique son origine. Si l'on se réfère au § 27 du *Monde* Schopenhauer semble comprendre le négatif comme *imperfection* (revenant de Kant à Leibniz). Soit un organisme : il comprend un phénomène supérieur (volonté) et des phénomènes inférieurs que le philosophe désigne par les expressions de *forces naturelles* et d'*Idées inférieures*. C'est la lutte conduite par

89. Deussen, X, 111 : « ... avec la possibilité de la dissimulation qui n'apparaît qu'avec la raison. »
90. *Monde*, § 27. Deussen, X, p. 132.

le phénomène supérieur contre le phénomène inférieur qui explicite l'essence de la polarité. C'est la phénoménologie bien plus que la nouménologie qui conduit Schopenhauer à cette constatation : « Ainsi, partout dans la nature, nous voyons lutte, combat et alternative de violence. »[91]. De l'insecte à l'homme la volonté de vivre passe par la volonté de tuer. *Homo homini lupus.* C'est ici que s'inscrit avec une netteté qui ne laisse rien à désirer le *sentiment tragique* de l'existence, qui anime la doctrine. En même temps on voit se profiler l'orientation esthétique et morale de la pensée schopenhauerienne. En ce combat l'esthétique plonge ses racines dans la mesure où l'être parvenu à l'adéquation avec lui-même à travers la victoire sur les forces inférieures et souterraines, s'épanouit dans le *calme* de l'Idée réalisée. *La beauté est la victoire pensive*[92]. La philosophie morale et peut-être même religieuse, s'annonce aussi : dépassement de la violence, elle est dans le renoncement à la lutte la suprême victoire, la plus difficile, qui consiste à se vaincre soi-même.

Il n'est pas surprenant de lire dans les Leçons de Berlin une page où le philosophe, traitant du « galvanisme » qui « triomphe des affinités électives »[93], dévie brusquement, sentant combien les implications sont nombreuses, et s'engage en une méditation sur l'univers. Il affirme premièrement que tout phénomène étant en soi volonté, l'état des corps ne peut être le repos, « mais le mouvement, la tendance à progresser sans arrêt et sans but dans l'espace infini ». Il montre en second lieu, bien facilement, que cette proposition ne contredit pas la loi d'inertie. Car la loi d'inertie est en fait une loi de continuité qui veut seulement qu'un corps poursuive le mouvement qu'il porte en lui-même si rien ne s'y oppose. Quant à expliquer quelle est la raison du mouvement, la métaphysique mise entre parenthèses, Schopenhauer pense qu'il faut se rapporter à la théorie de Kant et de Laplace[94] qui permet de supposer « un reste de la rotation primitive ». Enfin, avec une grande audace il affirme que l'univers est en mouvement : « On peut conclure... à une marche générale de toutes les étoiles fixes y compris le soleil central — ce qui, dans l'espace infini perd toute signification... et exprime... ce néant, cette absence de fin dans les aspirations

91. *Monde,* § 27.

92. Ces réflexions préfigurent la méditation de Nietzsche sur Apollon et Dionysos.

93. Deussen, X, p. 137.

94. Schopenhauer est un des premiers chez les grands philosophes à avoir relevé l'analogie des hypothèses de Kant et de Laplace.

de la volonté. »[95]. Ainsi les cadres fondamentaux de notre représentation, le temps et l'espace, nous permettent d'entendre l'absence de fin (*Ziellosigkeit*). Le sentiment tragique de l'existence sort malheureusement conforté de cette courte méditation. De plus en plus complexe au fur et à mesure qu'on s'élève dans les degrés de l'objectivation de la volonté, le combat se poursuit, en fait, dans le vide. Les mouvements sombres, violents, subtils jusqu'à devenir énigmatiques des passions humaines ne changeront pas un iota à cette douloureuse vérité : *l'univers est en lutte pour rien.* A quoi bon le triomphe ? pourquoi tous ces efforts ? La réponse esthétique — un ad-venir de l'Idée dans la victoire sur les forces inférieures — est dans le fond illusoire. Quand bien même on la réduirait à une finalité sans fin, l'esprit philosophique sait qu'ontologiquement c'est la mort, qui n'est rien, qui triomphera dans une apothéose indicible, parce qu'elle n'est rien et qu'on n'en pourrait logiquement rien dire. Ainsi les étoiles suivent dans le vide éternel de la représentation une marche qui est un destin. Schopenhauer a jugé nécessaire de parler de l'univers pour expliquer à sa manière, dans le contexte de la polarité, la célèbre pensée de Pascal en laquelle ce dernier se disait effrayé par le silence des espaces infinis.

Pour l'homme qui ne philosophe pas, le témoin électrique de cette vérité ontologique est la *peur*. Le philosophe devra la transformer en résignation. Mais en ce moment nous devons nous pencher sur la peur, ou encore la crainte. Le sentiment de notre tragédie nous apparaîtra plus intime, plus musical même. Le mobile de la lutte peut nous échapper, non l'impression qu'elle suscite en nous et c'est sans doute là ce qu'il y a de plus obscur dans le combat. Schopenhauer passant de la polarité à une méditation sur l'univers en vient à proposer « un exemple frappant ». Voici ce que le monde peut nous offrir comme spectacle. Lorsqu'on coupe en deux la fourmi-bouledogue d'Australie « une lutte s'engage entre la tête et la queue ; celle-là commence à mordre celle-ci, qui se défend bravement avec l'aiguillon contre les morsures de l'autre ; le combat peut durer une demi-heure, jusqu'à la mort complète »[96]. Quel spectacle ! A le regarder il nous vient d'abord à l'esprit que la vie est *l'enfer*. On s'explique déjà notre peur, — peur d'autant plus profonde que nous venons à imaginer que nous sommes dans un *pur* enfer, de tous les côtés bordé par le néant, un enfer qui ne

95. *Monde*, § 27.
96. *Monde*, § 27.

s'appuierait pas contre le Paradis (ou le Purgatoire) et qui ne serait pas différent de la vie. Mais notre peur augmente encore. Qu'est-ce que vivre ? La vie de l'homme est un conflit entre ses forces inférieures et sa raison, un effroyable martyre où la tête dévore un corps qui veut l'entraîner vers un étourdissement malsain et cela jusqu'à ce que mort s'ensuive. Voilà ce qu'est la peur, qui habite notre cœur. Nous vivons dans le pur enfer : traduisons — c'est la pureté du mal jointe à son unicité. Cette pensée est la plus accablante qui soit et, chose dérisoire, il suffit de couper une fourmi en deux pour y parvenir.

On dira, non sans raisons, que nous attachons trop d'importance à cet « exemple frappant ». L'objection est d'autant plus recevable qu'il n'est pas repris dans les Leçons de Berlin[97]. Mais nous ne pensons pas trahir la pensée de Schopenhauer et nous estimons même qu'il faut aller plus loin. Dans l'exemple proposé on peut découvrir deux moments. D'abord la mort lorsque l'insecte est coupé en deux et ensuite la vraie mort lorsque la lutte cesse (sans vainqueur). Qu'est notre vie ? Cette lutte même, cette mort. Dans *l'Inferno* de Dante les damnés cruellement punis pour s'être ôté la vie, aspirent à la « seconde mort » qui les plongeant dans le néant total les délivrerait enfin de toute souffrance. *Mutatis mutandis* la philosophie de Schopenhauer dans son ultime aspiration vers le néant est une quête singulière et profonde qui vise la mort de la mort dans l'éclosion du pur *nihil negativum*. Notre vie est une mort qui se manifeste à travers une lutte effroyable. *Crainte et tremblement* dans un combat féroce qui suscite mille souffrances. Ce qu'il nous faut c'est la seconde mort. Ce n'est donc pas une extrapolation hardie que d'affirmer que le tissu de notre vie n'est que mort et négation et que la force délirante de la volonté de vivre est une prétendue affirmation qui en fait ne sait que détruire. La volonté de vivre, depuis l'inorganique jusqu'à l'homme, est le texte de ce pur enfer qu'est le monde — texte sans prétexte.

§ 27. **Représentation et volonté.**

La lecture des développements consacrés dans la Métaphysique de la Nature au thème de l'objectivation progressive de la volonté peut sembler décevante. Décrivant pas à pas les ordres

97. On observera toutefois que l'exemple du jeune polype qui sort du vieux comme un rameau et bientôt lui dispute la proie qu'il a dans la bouche est dans le *Monde* et dans les Leçons de Berlin, Deussen, X, p. 136.

du réel, Schopenhauer semble se contenter de reprendre les thèmes de la *Probevorlesung* qui inaugure le cours berlinois. Nous apprenons, une fois de plus, que la plante agit sous l'effet de l'excitation (*Reiz*) et que l'animal agit par motif. En fait l'interprète dans sa patience constate que le philosophe creuse plus profondément le sens de ces distinctions qui sont la charpente de sa vision du monde.

Il établit en premier lieu qu'il nous est impossible *d'expliquer* le monde végétal : les distinctions de la forme et de la matière, de la cause et de l'effet, du sujet et de l'objet, qui servent de cadre à notre pensée analytique dans la représentation, ne sont pas applicables. Ainsi le pouvoir de la volonté s'exerce indépendamment de la représentation. On accordera qu'au degré supérieur, l'homme, représentation et volonté semblent s'entraider. Mais le regard sur le monde nous assure qu'il ne s'agit que d'un cas exceptionnel [98]. La règle est l'opération de la volonté, ignorant la représentation, et qui se développant sans connaissance ne sait ce que *l'obstacle* signifie [99]. On donnera comme exemple la sûreté de l'instinct et l'on répétera qu'un arbre ne se trompe pas, ni n'est trompé. L'erreur n'a de sens et d'existence que dans la représentation.

En second lieu Schopenhauer dénonce la faille du finalisme dogmatique sans user d'arguments piquants comme le fit Voltaire. Il serait stupide de refuser la vérité d'un fait : êtres représentants nous découvrons un agencement *savant* dans tel exemplaire du monde végétal. Nous ne pensons pas que cela se fait sans concept et que l'arbre est une œuvre sans projet [100]. Aussi le finalisme invétéré déplace dans la volonté ce qui n'est que dans la représentation et l'on s'abuse d'autant plus facilement que toute la géométrie se trouve dans le cristal de neige, comme toute la mathématique dans les cristaux de roche. Aussi, au point de vue de la représentation, nous nommons cela *finalité,* sans prendre garde que la finalité est un concept ignoré par la volonté, qui n'agit bien que lorsqu'elle agit seule. Dans le fait : certitude, recherche de l'évidence, etc., n'ont de sens que dans l'horizon de la représentation et, toutes choses égales d'ailleurs, il n'est pas absurde d'affirmer que plus l'entendement s'éclaircit et s'élargit, plus il est soumis à l'erreur. Ce qui revient

98. Au reste ce cas pourrait être ramené aux autres dans la rigueur philosophique.

99. Deussen, X, p. 140.

100. Kant, *Critique de la faculté de juger,* § 65.

à dire qu'en ceci Schopenhauer est le véritable adversaire de Descartes. Il ne nie point que les paliers de l'objectivation de la volonté constituent un progrès dans l'ordre de la connaissance — le lion est plus intelligent que l'arbre —, mais le regard philosophique distingue en ce progrès moins une marche vers la clarté qu'une genèse de la confusion. L'homme est encombré d'idées confuses et obscures et plutôt que de chercher des idées claires et distinctes, il fallait s'interroger sur la nuit prétentieuse de notre esprit [101].

En troisième lieu Schopenhauer apporte un élément de solution au dilemme (injuste) en lequel ses interprètes voulaient l'enfermer dans la définition de la connaissance philosophique. Tous les reproches qu'on lui adresse reposent sur une conception de l'entendement qui est exagérée — on donne trop à l'entendement. C'est pourquoi tant que, suivant Descartes et Kant, on veut déterminer à partir de l'entendement les sources et les puissances de la réflexion philosophique, on ira droit à l'échec. La connaissance philosophique doit se fonder en la volonté, sans prétendre la connaître par les causes. Il faut pour que la démarche s'accomplisse sans contradiction brutale, rechercher la volonté pure, qui loin de s'épancher aveuglément dans le monde, s'orienterait vers sa vie intérieure « indépendante de tout but volontaire » [102]. Nous trouvons ici même le moment qui dans la spirale nous conduit à un échelon supérieur. Car un tel savoir de la volonté s'exprime en l'art. Ainsi la métaphysique du beau est entrevue à l'intérieur de la métaphysique de la nature. *L'art est la volonté retrouvée.* Toute la métaphysique d'artiste du premier Nietzsche prend ici son départ. On peut ajouter une pensée qui ne prendra pleinement son sens qu'en la morale : la barrière du *Cogito* sur lequel s'est érigée toute la philosophie occidentale, de Descartes à Hegel, est d'ores et déjà renversée : c'est en dehors du clair et du distinct que s'élaborera la vraie philosophie.

Dans les Leçons de Berlin il se trouve un texte intitulé : *Animalité, apparition de la connaissance* [103] qui confirme amplement notre propos. Ce texte qui correspond au § 27 du *Monde*, s'intéresse d'abord à l'apparence (*Schein*). Le monde est donné

101. Il est bien évident que Descartes s'est interrogé sur le confus en moi — mais il l'a fait en partant des idées claires et distinctes, ce qui lui interdit d'en apercevoir l'authentique portée.

102. *Monde*, § 27.

103. Deussen, X, p. 142 sq.

dans la représentation animale. Il n'est pas nécessaire de s'appliquer à disserter longuement sur le fait que l'animal incapable de *manipuler* l'avenir et oublieux de tout passé est simple conscience présente — conscience au présent, si l'on préfère. Cela posé Schopenhauer énonce son théorème : l'animal est sujet « à l'apparence, et pas encore à l'erreur proprement dite »[104]. Sans doute la séparation de l'homme et de l'animal n'est point si complète qu'on le veut bien dire. Le radical est identique : la volonté qui veut la vie, l'existence, le bien-être, la reproduction. Ceci explique clairement l'apparent paradoxe qui consiste en ce que nous « comprenons » si facilement la *douleur* animale, tandis que nous nous perdons en conjectures sur le fonctionnement de « la connaissance animale ». Schopenhauer en déduit que la volonté est à la fois première et primordiale, tandis que la représentation n'est que le « secondaire » (*das Sekündare*)[105].

L'évidence mathématique nous sépare des choses ; car nul être n'est proprement mathématique[106]. La mathématique — humaine et trop humaine — nous transportant dans le pur abstrait, prétend nous voiler l'évidence concrète de la douleur. C'est un renversement des valeurs auquel la philosophie classique a souscrit sans réflexion. Mais l'honnêteté commande de le dénoncer. Que si l'évidence de la douleur retrouve sa dignité, la porte s'ouvre à la méditation éthique, et comme la Métaphysique du Beau l'Éthique s'enracine en la Métaphysique de la Nature. On voit par là que l'affirmation de Schopenhauer suivant laquelle son système est un bloc, le simple développement d'une intuition unique et organique, n'est pas sans fondement.

On peut voir encore plus clairement la fonction de la représentation et de la raison. L'infaillible sûreté de l'instinct et de la volonté aveugle fait place aux incertitudes d'une raison qui se croit lumineuse. Et c'est le drame : aux motifs organiques la raison substitue des motifs fantaisistes pour résoudre des questions irréelles. Schopenhauer croit, contre toute la philosophie classique, que c'est la raison qui ouvre la porte à la folle du logis : l'imagination. Il choisit un exemple poignant : Agamemnon sacrifie sa fille sur la foi de mythes illusoires[107].

104. Deussen, X, p. 143.
105. Deussen, X, p. 144.
106. Schopenhauer s'oppose en ceci à Leibniz, cf. LEIBNIZ, *Philosophische Schriften*, Bd. IV, p. 431.
107. *Monde*, § 27.

« ... Avec l'apparition de la raison est presque tout entièrement perdue cette sûreté, cette infaillibilité des manifestations de la volonté »[108]. L'animal qui ne connaît que l'apparence, non l'erreur, n'est pas capable d'une telle révolution. Car c'est bien de révolution dont il s'agit. Première et primordiale, la volonté est la reine de ce monde et la connaissance doit la servir. La raison humaine détrône la volonté ; elle n'y veut plus voir que l'instrument de ses desseins. C'est une usurpation — dont les résultats ne sont pas tellement satisfaisants. Au nom de la raison ou de la folle du logis on fait pire que ce que la volonté ferait. Que de pensées sont nées de ces réflexions de Schopenhauer ! Il a, le premier avec tant de force et dans une optique si nouvelle, dénoncé la *faute* de la métaphysique qui attribue sans fondement une priorité à la raison. Nietzsche n'est pas vraiment intelligible pour qui ignore ces pages : ce qu'il a appelé *die Unschuld des Werdens*, l'innocence du devenir, n'a pas de sens si on ne replace pas sa pensée dans l'horizon de la philosophie de Schopenhauer.

§ 28. Compréhension musicale des degrés de l'objectivation de la volonté.

Schopenhauer a voulu clore ces réflexions sur les degrés de l'objectivation de la volonté par une méditation poétique[109]. La volonté, l'en-soi de toutes les manifestations ne s'épuise pas en elles ; elle est semblable à la flamme d'une lanterne magique, qui éclaire et fait apparaître mille figures en demeurant une — « *eine und dieselbe Flamme* ». C'est le mouvement ontologique de la visibilité, de la *Sichtbarkeit*. Le philosophe ne renonce pas à faire de l'homme l'être privilégié. Il est au sommet de la pyramide des êtres, qui tous le préfigurent. On ne dira pas brutalement que l'erreur ou la faute constituent l'essence de l'homme. On dira plus prosaïquement, mais plus justement, que la puissance d'erreur que nous rencontrons en l'homme le distingue de tous les autres êtres. Que l'homme soit le plus exposé à l'erreur cela le distingue aussi en un autre sens — par sa puissance d'erreur il manifeste mieux que tout être le néant qui hante toute existence et paradoxalement, sommet de l'objectivation, il est aussi par là origine de la réflexion philosophique.

108. Deussen, X, p. 145.
109. Cf. aussi, *Monde*, § 28.

La réflexion philosophique contemplant la pyramide des êtres n'est pas immédiatement entraînée vers une compréhension matérialiste. L'ensemble des êtres à travers leur combat forme une totalité que l'image de l'arbre pourrait exprimer, mais que la musique nous présente plus intimement. Parlant des êtres inférieurs, Schopenhauer les caractérise comme le *Nachhall*, l'écho de l'homme [110]. Tous ces degrés du monde en composent l'*harmonie* ; c'est avec l'homme seulement dans sa conduite réfléchie par le désespoir qu'apparaît enfin la *mélodie*. Le monde est l'accompagnement de l'homme — ce qui ne veut point dire que l'homme soit par un invincible destin condamné à être le compagnon du fond du monde. Schopenhauer donnera plus d'ampleur à cette image ; il est important qu'elle surgisse dès à présent.

Sans doute l'auteur du *Monde* n'est pas le premier à avoir risqué cette métaphore. En se limitant à la philosophie allemande, on remarquerait que dès son origine, elle retient cette image : Leibniz, on le sait, pour rendre compte de l'unité monadologique, compare le monde à un concert parfait sans chef d'orchestre [111]. Si l'on désirait aller plus loin, on serait aisément conduit jusqu'aux Pythagoriciens. Ce qu'il y a de nouveau chez Schopenhauer, amateur de Mozart et de Rossini, c'est d'abord une application sérieuse à la musique. Il dira : « J'ai fait un vrai cours d'harmonie pour ma Métaphysique de la musique » [112] ; ensuite, mais la chose est moins évidente, il a vécu dans un monde qui avait quitté les formes étriquées de la musique du XVIIe siècle, pour s'orienter vers une musique de l'énergie spirituelle et morale, perceptible dès l'*Ode funèbre* de Mozard, et que Wagner devait conduire à sa limite la plus reculée. On ne peut pas, encore une fois, comprendre Nietzsche sans songer à Schopenhauer ; les perpétuelles évocations de la musique chez l'auteur de *Zarathoustra* (particulièrement dans la *Gaya sciènza*) ont leur fondement aussi bien dans l'œuvre de Wagner qu'en celle de Schopenhauer.

Pourtant il ne serait pas faux de dire qu'en ceci Schopenhauer est demeuré un classique. Sa théorie des degrés de l'objectivation ou des ordres du réel, l'obligeait à voir dans le fond dont émerge l'harmonie non pas le confus au sens leibnizien, mais le brutal, l'élémentaire. Il lui était impossible de concevoir en la mélodie coiffant l'harmonie du monde, autre chose qu'un

110. Brockhaus, Bd. II, p. 183.
111. LEIBNIZ, *Philosophische Schriften*, Bd. II, p. 95.
112. Cf. Frauenstaedt, *Arthur Schopenhauer, Von ihm, Ueber ihm*, Berlin, 1863.

discours serein, calme, clair. Il ne faut pas lui faire porter le joug de la clarté cartésienne, mais il ne faut pas non plus méconnaître une élévation vers la transparence spirituelle. Toutefois les choses sont ici à la limite : le nihilisme de Schopenhauer devait le conduire vers un dépassement de la musique, harmonie et mélodie comprises, dans l'anéantissement volontaire de l'existence : si la musique est la quintessence du monde, elle n'est pas l'essence de la philosophie — du moins le moment où nous nous trouvons ne permet pas de l'affirmer.

§ 29. **Finalité interne et externe.**

L'examen de ces concepts formera la conclusion de la théorie de l'objectivation de la volonté. Les définitions de Schopenhauer sont claires : « La finalité interne consiste dans l'arrangement de toutes les parties d'un organisme entre elles, en vue d'un accord tel qu'elles puissent se servir réciproquement, de telle sorte que soit obtenue la survie de l'individu et de la génération comme fin dernière — la finalité externe consiste en un rapport de la nature inorganique à l'organique, de moments singuliers de la nature organique les uns par rapport aux autres, ce qui rend possible la conservation des créatures organiques, en particulier les animaux et les hommes, et sert donc, au regard du jugement de moyen pour cette fin » [113]. Comme on le voit Schopenhauer ne rejette pas la finalité externe, comme l'ont fait presque tous les kantiens [114]. Il semble judicieux de s'interroger sur le sens et la portée qu'il confère à ces concepts.

On se doute bien qu'en ce qui concerne la finalité interne, il fait appel à la conception kantienne — on ne sera pas étonné qu'il la transforme. Kant disait en substance deux choses : l'unité réciproque des parties d'un organisme doit apparaître comme déterminée par une Idée du tout [115] — ensuite cette Idée se donnant pour un projet est dans le fait un résultat du mouvement des parties : plus simplement le *Vorbild* n'est que *Nachbild.* Le *Vorbild,* le projet est la définition de l'art humain et s'il peut servir d'analogon, il ne saurait à aucun titre être érigé en modèle de la Nature qui est inaccessible [116]. Kant a voulu s'en tenir à cette phénoménologie de la Nature, Schopen-

113. Deussen, X, p. 150.
114. A. Philonenko, *L'œuvre de Kant*, T. II, p. 78 sq.
115. Kant, *Critique de la faculté de juger*, § 65.
116. Deussen, X, p. 153.

hauer en a voulu donner la métaphysique. Cette dernière est lumineuse pour qui s'est lentement pénétré de la doctrine des degrés de l'objectivation de la volonté. Certes la seule considération de la volonté dans l'existence ne permet pas une compréhension satisfaisante, d'autant plus que la réflexion phénoménologique nous présente des structures de finalité interne bien diverses. Mais la méditation peut nous permettre de discerner la puissance de la volonté, effort sans projet, à l'œuvre dans le cristal, non moins que dans le chien [117]. Elle se manifeste en ces degrés de l'objectivation par les Idées qui correspondent à ses actes.

En fait Schopenhauer introduit la durée dans la finalité : un organisme est l'unité non seulement extérieure, mais aussi temporelle des actes ou Idées qui le constituent ; si la cristallisation trouve sa solution dans la forme figée du cadavre [118], la floraison est l'effort puissant et tendre que des déterminations spécifiques soulignent. Il est bien à regretter que Schopenhauer n'ait point exploité cette définition de la finalité comme durée ; à le lire et à le relire, on ne peut que constater qu'il a abandonné au temps mort des sciences exactes une genèse grosse de possibilités. Mais il a, à notre sens, négligé en partie une autre possibilité philosophique : assimilant l'Idée avec le caractère intelligible, il ne pouvait voir en la finalité qu'un rapport *d'expression*. Or loin de se pencher sur les implications de la notion *d'expression*, il semble se tenir au plus bas niveau et être incapable, grâce à ce concept, de concilier la philosophie transcendantale et la monadologie de Leibniz. Il s'en tient à des considérations établies : la plante en sa naïveté exprime tout ce qu'elle est, l'homme est l'être du secret. Il aurait peut-être pu aller plus loin en une direction qui lui eût été propre. Une lettre du 12 octobre 1852 adressée à Frauenstaedt présente un bilan de ses études de physiologie et il cite nombre de savants [119]. Le 12 septembre de la même année il avait déjà parlé de « l'œuvre immortelle de Bichat » [120]. Il sentait le point délicat, écrivant : « La physiologie est le sommet de toute la science de la nature » [121]. Il injuriait la « science » allemande unique-

117. Deussen, X, p. 153.

118. Deussen, X, p. 153.

119. Hempel, Rosenthal, Langenbeck, Magendie, Cabanis, Flourens, etc. « Je vous dis que si Bichat crachait sur la tête à un Volkmann, il lui ferait encore trop d'honneur. »

120. Schopenhauer Briefwechsel (Max Brahn, 1911), p. 241.

121. *Ibid.* p. 240.

ment préoccupée de soutenir le dualisme de l'âme et du corps et se félicitait de comprendre la portée de l'œuvre de « l'immortel Bichat ». Le chemin conduisant au bergsonisme de *L'évolution créatrice* n'était pas très loin, mais il eût fallu que Schopenhauer révisât entièrement la théorie kantienne du temps. Il n'a pas cru pouvoir le faire.

Au moins a-t-il réussi à lever une grave difficulté dans la théorie kantienne. Kant soutient que le jugement téléologique est issu de la faculté de juger réfléchissante et introduit l'idée que la téléologie est plus subjective que la mathématique. Mais il se trouve ici un défaut justement relevé par R. Kroner[122] : est-il raisonnable de dire que la mathématique est plus objective par rapport à l'Absolu que le jugement téléologique ? En présence de l'Absolu toutes ces savantes distinctions entre plus ou moins objectif ne retombent-elles pas dans le néant ? Il faut dire de la finalité chez Schopenhauer — même en laissant de côté les problèmes de la durée et de l'expression — qu'elle s'impose avec force. S'il n'était lié à l'Esthétique transcendantale de Kant, il pourrait « larguer les amarres ». La destination du système s'est traduite avec une vigueur indéniable dans les Leçons de Berlin et de manière plus incisive que dans le *Monde* : « Kant, écrit Schopenhauer, ne veut voir dans la considération téléologique de la nature qu'une maxime subjective d'orientation ; il ne veut à aucun prix qu'on la considère comme une vue objective de la nature. *Mais puisque toute la nature n'est que phénomène, le concept de finalité est aussi objectif que la nature.* Ce qui est faux c'est que la finalité soit, comme dans les œuvres humaines, le résultat de la connaissance, faux que toute finalité surgisse suivant des concepts, fausse l'idée qu'il faille conclure d'une totalité finale à son émergence à partir de fins, c'est-à-dire d'une volonté accompagnant la connaissance. »[123].

Le système a penché ici dans un sens prévisible. Combien sont vaines les critiques en lesquelles on a voulu enfermer Schopenhauer, lui reprochant de prétendre connaître (sans apporter à ce terme les nuances expressément marquées par le philosophe) la chose en soi et de transgresser la malédiction jetée par Kant sur l'intuition intellectuelle ! Que si l'on se trouvait forcé d'accorder semblable intuition, quel serait le résultat ? Une compréhension intérieure du sens de l'être qui se manifeste

122. R. Kroner, *Von Kant bis Hegel*, Bd. I, p. 292.
123. Deussen, X, p. 158.

en la finalité. Ce serait, c'est, une appréhension quasiment sensorielle, incapable de s'énoncer discursivement, de la volonté, qui se donne dans son obscurité comme une odeur, une couleur, un sentiment aussi brutal que confus, mais encore comme la langue du désir. La chose en soi reste la chose en soi et il ne serait pas très difficile de montrer qu'en sa rigueur scolastique Kant a été à ce propos plus disert que Schopenhauer. Le véritable virage est ailleurs. Chez Kant le *sens* de l'être est mathématique : la véritable réalité de cette chaise n'est pas la chaise elle-même [124], mais l'équation à jamais immortelle qui l'exprime. Chez Schopenhauer le véritable sens est la mélodie en laquelle toutes choses peuvent s'exprimer et c'est précisément cette compréhension esthétique qui le conduit à conférer à la finalité une valeur qu'elle ne peut posséder chez Kant — chez les deux philosophes il se trouve une quête du sens mais son orientation et sa valeur divergent. Si sur un fond d'être qui nous échappe, encore que nous devions l'affirmer, ainsi chez Kant ou Fichte pour expliquer la sensation, une compréhension du monde s'articule, le modèle final peut être à la fois semblable et différent. En prenant les choses de très haut il est légitime de voir en Kant et Schopenhauer des disciples de Platon. Mais le premier s'appuie sur la *République* et le second sur le *Banquet*, Kant s'attache à la pensée mathématique et dialectique, Schopenhauer à la pensée esthétique et amoureuse. Dans le fait la téléologie de l'auteur du *Monde* est esthétique, et n'étant pas moins objective que tout autre représentation — contrairement à la lettre du kantisme — elle détermine le système en livrant enfin le passage à la troisième boucle de la spirale.

Ce qui va conforter la pensée de Schopenhauer est la considération de la finalité dans ses structures parfaites. Il ne cherche pas très loin le thème de sa méditation. Dans son écrit sur *La volonté dans la nature*, après beaucoup d'autres — il cite Gœthe — il s'extasie sur l'unité parfaite et pour ainsi dire magique de l'organisme. Rien ne manque, tout est parfaitement ajusté. Il oppose donc la machine construite par l'homme en laquelle il y a toujours du défaut [125] et l'organisme qui est « un miracle » [126]. Mais il va se séparer de tous les penseurs qui l'ont précédé — et de la tradition chrétienne tout entière —

124. J'ai expliqué tout au long de mon *Œuvre de Kant* que le réel est la signification et non pas la chose morte.

125. Deussen, X, p. 159.

126. Brockhaus, Bd. IV, p. 54.

en refusant d'expliquer le miracle de l'organisme comme Descartes qui y veut voir une machine parfaite parce que construite par un être parfait. Schopenhauer propose l'explication suivante : la machine construite par l'homme est un résultat de corrections successives des premiers projets. *Ars circa materiam est.* Mais l'organisme, qui relève d'une Idée, est un produit de la volonté qui dans son intemporalité s'exprime pleinement à la première tentative[127]. « Ici le créateur (*Meister*), l'ouvrage et la matière de celui-ci sont une seule et même chose »[128]. On voit le paradoxe : l'organisme se présente à nous comme l'œuvre d'une intelligence suprême alors qu'il doit tout à une volonté obscure. Ce paradoxe conduit très loin, mais il est justement voilé par un paradoxe encore plus éclatant : l'absolu est devant nous quand nous regardons un organisme[129]. Aussi longtemps que forme et matière sont distinctes il ne s'agit que d'œuvres techniques[130] ou encore humaines. Ici la divine simplicité de la créature jaillissant du décret intérieur de la volonté, là des ajustements sans fin.

On demandera en conclusion ce qu'il en est de la finalité externe. Loin de la renier, comme on l'a dit, Schopenhauer en propose des exemples précis. Que serait l'œil sans la lumière ?[131]. La répartition de la chaleur, l'alternance du jour et de la nuit, si essentielles à la vie, dépendent de la rotation de la Terre et de son inclinaison. Le discrédit que les kantiens[132] jettent sur la finalité externe révèle une pauvreté de la pensée philosophique. Qu'on y réfléchisse : le monde est la *Sichtbarkeit,* la visibilité, d'un « être unique : la volonté. Il n'est dès lors en aucune façon surprenant que cette unicité se traduise dans un *concert*[133]. Le sol est adapté à la nourriture des plantes et les êtres adaptés les uns aux autres jusqu'à l'homme. Schopenhauer s'est approché de la doctrine stoïcienne de l'unité métaphysique du réel dans l'âme du monde, mais ce qui l'en a écarté, ce fut l'idée du combat. La lutte doit au demeurant être envisagée de deux manières. D'une part l'harmonie est une forme de lutte : les insectes sont construits pour

127. On voit que cela barrait à Schopenhauer la route vers l'évolutionnisme.
128. Brockhaus, Bd. IV, pp. 54-55.
129. Le rapprochement avec Bergson est ici nécessaire.
130. *Technique* = *Kunstlich.*
131. Deussen, X, p. 161.
132. Une étude attentive du seul § 64 de la *Critique de la faculté de juger* permet de débouter ce faux jugement sur la finalité externe.
133. Deussen, X, p. 162, *Monde,* § 28.

tuer. D'autre part, la lutte montre le véritable visage de la finalité externe ; jusqu'à un certain point elle est un ensemble de solutions (par exemple elle procure à tous les êtres le juste mélange d'oxygène et d'azote nécessaire à la vie) — mais elle est tout aussi bien, comme l'avait enseigné Kant, une série de problèmes, qui peu à peu résolus par l'être vivant lui permettent de se parachever. Précisons enfin que Schopenhauer semble penser qu'il convient de séparer le problème des espèces et celui de l'individu. La finalité qui rend possible l'existence des espèces, toujours conçues comme des types immuables et constants, n'interdit en aucune manière et même favorise la guerre à mort des individus [134].

Ainsi s'achève la métaphysique de la nature. Il n'est pas interdit de souscrire au jugement d'E. Cassirer qui n'y veut voir qu'une théorie physiologique de la connaissance [135]. Mais sans cesse en ses derniers moments la métaphysique de la nature nous invitait à dépasser la compréhension théorique dans une analyse de la *valeur*. Avec la métaphysique du beau qui constitue la troisième boucle de la spirale, nous allons découvrir — chose nouvelle par rapport aux deux premières parties — l'étroite intrication de la doctrine de l'être et de la philosophie de la valeur.

134. *Monde*, §§ 28, 30.
135. E. Cassirer, *Das Erkenntnisproblem...* (Berlin, 1923), Bd. III, p. 419.

TROISIÈME PARTIE

MÉTAPHYSIQUE DU BEAU

§ 30. **Introduction.**

Schopenhauer s'est défendu d'enseigner l'esthétique : « *Was ich hier vortragen werde, ist nicht Aesthetik, sondern Metaphysik des Schönen* »[1]. L'esthétique est la technique qui comprend les moyens de promouvoir le beau et donne des règles aux arts. Sans doute Schopenhauer ne l'a-t-il pas entièrement négligée[2], sans doute le terme *esthétique* s'imposera à lui comme il s'imposera à nous pour la seule raison qu'il est plus approprié en telle ou telle phrase. Mais la visée essentielle sera toujours dirigée vers la Métaphysique du Beau.

Kant avait, après Leibniz, souligné que dans l'appréhension du beau, la conscience n'était pas guidée par un intérêt — il s'agissait de satisfaction désintéressée[3]. Cette affirmation libère en Schopenhauer un flot de pensées. On peut essayer de les résumer en une phrase : dans la satisfaction désintéressée, l'homme se désintéresse du monde, parvenant à une libération métaphysique que les précédents développements ne pouvaient qu'annoncer. Il n'est pas insensé de voir dans la Métaphysique du Beau une théorie de la liberté et de la libération que Kant, trop occupé par la doctrine du jugement réfléchissant esthétique, avait seulement pu pressentir[4]. On voit dès lors comment l'intervention de la valeur est décisive. Si de plus nous admettons

1. Deussen, X, p. 175.
2. *Monde*. Supl. XXXVII.
3. *Critique de la faculté de juger*, § 16 et § 5.
4. On le voit surtout dans la théorie du sublime dynamique.

que la liberté et la libération constituent ce qu'il y a de plus profond en l'homme, il nous sera possible de voir dans la Métaphysique du Beau de Schopenhauer une esquisse d'une analytique du *Dasein*. Sans doute il conviendra d'étudier avec prudence les exemples proposés par le philosophe, mais il ne faudra jamais oublier que derrière l'analyse, l'analytique se développera, toujours plus profonde. On ne s'étonnera donc pas de relever dans la Métaphysique du Beau des jugements impressionnants sur la condition humaine.

Il est vrai que l'introduction est laborieuse. Dans ce que nous avons convenu d'appeler la spirale de la pensée schopenhauerienne le mouvement est clair. Les deux premiers moments sont déterminés par la représentation (Dianoiologie) et la volonté (Métaphysique de la Nature) fondée sur la norme de *l'intérêt*. Avec la Métaphysique du Beau nous reprenons le thème de la représentation, mais sans être guidés par la notion d'intérêt — c'est la valeur désintéressée qui nous conduira. Toutefois le désir forcené de Schopenhauer d'unir étroitement Kant et Platon va créer un malaise dans la démonstration. Il assimile ainsi le discours de Platon et celui de Kant : « Tous deux tiennent le monde sensible pour une apparence (*für eine Erscheinung*) qui en soi est sans valeur (*die an sich nichtig ist*) et n'a de signification, de réalité empruntée, qu'en vertu de ce qui s'exprime en lui (les Idées pour Platon, la chose en soi pour Kant) »[5]. Le rapprochement, effectué dans le fond *via negationis*, est discutable. D'une part Kant n'a en aucune façon dévalorisé le phénomène. Bien au contraire : dès la *Dissertation* de 1770 il transforme la caverne platonicienne en île de la vérité, tandis que pour caractériser les relations phénoménales il déclare que leur connaissance est « *verissimam simulque summae evidentiae in aliis exemplar* »[6]. Or de toute évidence ce n'est pas ce que Schopenhauer veut dire : il s'attache à la doctrine platonicienne qui, à première lecture, est fondamentalement opposée à celle de Kant puisqu'elle affirme que le phénomène est du moindre être. L'opposition est manifeste et si Schopenhauer peut la surmonter, c'est en jouant sur le terme *Erscheinung* qui peut signifier à la fois l'apparence (Platon) et le phénomène (Kant). D'autre part une difficulté aussi sérieuse que la précédente se présente. Admettons que le Platon de Schopenhauer confère aux « êtres » une valeur dans la mesure où ils expriment

5. *Monde*, § 31 — le mot *nichtig* est très fort.
6. Kant, La Dissertation de 1770, § 12.

les Idées — la pensée que dans la doctrine kantienne le phénomène exprime la chose en soi est, au moins quant à la lettre, tout à fait inconsistante, à moins de se rattacher d'une manière par trop étroite exclusivement à la seule dialectique du caractère intelligible. C'est le concept d'*expression* qui est indubitablement en question, et Schopenhauer en traite fort sommairement en ramenant l'essence de l'étant à son sens. Il n'y a pas d'autre forme de l'étant que sa signification et le monde en sa totalité est un complexe de significations qui sera supprimé, au sens hégélien, dans l'apothéose du non-sens.

On voit les difficultés que suscite le rapprochement de Platon et de Kant dans la *via negationis* ; leur accord *positif* paraît bien plus délicat encore à établir. La position de Schopenhauer comprend en effet trois moments : la chose en soi comme volonté — l'Idée qui en est l'objectivité adéquate — le phénomène (apparence ?) qui réalise plus ou moins bien l'Idée[7]. Or chez Kant il ne se trouve que deux moments : la chose en soi et le phénomène. Dans ces conditions la Métaphysique du Beau ne trouve pas de point d'appui dans le criticisme kantien puisqu'elle repose sur le moment qui, précisément, fait défaut[8]. Schopenhauer a compris la portée de l'aporie et il a tenté de la résoudre ainsi : « Par suite, l'Idée est aussi et elle est seule l'objectivité la plus adéquate possible de la chose en soi ; elle est même toute la chose en soi, avec cette seule réserve qu'elle est soumise à la forme de la représentation »[9]. Les difficultés semblent inextricables. N'est-il pas extraordinaire de dire que l'Idée est la chose en soi « *nur unter der Form der Vorstellung* » ? Faut-il considérer le plus simple phénomène, ainsi ce cristal, comme la chose en soi dans la forme de la représentation ? L'Idée, qui devait dépasser le statut ontologique du phénomène, le rejoint et c'est alors le pivot de la Métaphysique du Beau qui se dérobe. Par où l'on voit, une fois de plus, le caractère artificiel de la reprise de la théorie des Idées. Si Schopenhauer avait creusé la notion d'expression, il y aurait trouvé une issue consistant à faire intervenir en cette dialectique le concept fondamental de la *présence* (*Dasein*). Dans le fait aucune solution satisfaisante ne se dégage du côté de l'objet. Aussi l'auteur du *Monde* est revenu *mutatis mutandis* à la

7. Deussen, X, p. 186, *Monde*, § 32.

8. On trouve certes une doctrine des Idées esthétiques chez Kant ; mais ces Idées sont simplement des aspirations de l'homme. Leur statut est tout différent chez Schopenhauer.

9. *Monde*, § 32, Deussen, X, p. 187.

démarche négative en attaquant « les petits kantiens » (Fr. Bouterweck, par exemple) qui croyaient en une opposition radicale entre la doctrine kantienne limitant le savoir aux phénomènes et la métaphysique platonicienne qui n'exclut pas la connaissance des « réalités éternelles ». L'adresse polémique de Schopenhauer était, à n'en pas douter, considérable — mais la réfutation des petits kantiens n'était pas une réponse satisfaisante à la question de savoir pourquoi l'Idée, objectivité parfaite de la chose en soi, n'était pas, puisqu'elle était comprise sous la forme de la représentation, un phénomène.

On peut trouver du côté du sujet une réponse, fragile, mais plus cohérente. Connaître comme individu n'est pas la même chose que connaître comme artiste. *L'individu* se détermine par le rapport de son corps aux autres corps — rapport guidé par l'intérêt et dont l'orientation consiste à ne connaître que des relations susceptibles de servir sa volonté [10]. L'individu parcourt sa destinée sous la loi d'airain du principe de raison [11]. Les sciences mêmes ne visent jamais autre chose que les connexions causales dans l'espace et dans le temps et, Schopenhauer a peut-être hésité avant de compléter sa définition, elles sont en vue de *l'utilité*. Ce qui distingue les sciences de la conception commune, c'est leur seule systématicité [12]. On voit combien le désaccord avec Kant est profond. L'auteur de la *Critique de la Raison pure* distinguait le jugement de perception et le jugement d'expérience [13] — Schopenhauer les confond dans la mesure où il ne voit finalement en la science qu'une langue bien faite, mais dont la visée et le mobile sont identiques à la tendance de la perception. C'est dire que la perception ou la science, guidées par l'intérêt, ne *voient* jamais les choses en leur ipséité, mais en leur unique détermination ustensile. Jamais, par exemple, la perception ni la science ne considéreront cette fleur en elle-même ; toujours elle sera reliée au contexte qui est le sien. La volonté interdit de penser à cette fleur sans penser aussi au monde et donc au moi. Que si, en cette visée, on se posait la question de savoir si cette fleur est belle, ce serait pour en faire un ornement de la maison et l'on songerait moins au beau qu'à l'agréable. En somme pour l'individu tous les « êtres » (étants) s'inscrivent au cœur d'une grammaire qui raccorde tou-

10. Deussen, X, p. 189. *Monde*, § 33.

11. *Ibid.*

12. Deussen, X, p. 189.

13. Cf. La théorie de la grandeur intensive chez Kant. Cf. *L'Œuvre de Kant*, T. I.

tes les significations selon le critère de l'utilité, dont la clef est mon corps. L'appréhension pure de la beauté est tout autre. Dans *cette* fleur, je contemplerai, si j'en suis capable, *la* fleur. Si la perception et la science sont dominées par la *connexion*, l'art, et toutes les tendances qui l'accompagnent, tend à l'*abstraction*. Abstraction signifie : l'Idée vue en elle-même, sans souci des liens organiques qui rattachent ce qui l'exprime au reste de la réalité. Le statut de l'expression se transforme dès lors : il ne s'agit plus de l'expression comme partie intégrante d'une chaîne de significations, mais de l'expression pure ou encore *absolue*.

Comment s'élever à cette abstraction, comment se détacher de la puissance de la volonté qui sans cesse nous refoule dans le monde de l'intérêt ? Schopenhauer, après Fichte et tant d'autres, nous invite à constater que cette élévation est permise par la constitution physique de l'homme dont le *regard* n'est pas, comme pour les bêtes, obstinément attaché à la terre. Ensuite cette élévation est un *fait*. On ne saurait nier l'enthousiasme, le ravissement, l'attention soudaine suscités par une mélodie, tandis que malgré nous et sans nous déferle un oubli du monde. C'est un fait — on ne le réduira pas en affirmant qu'il s'agit d'une expérience réservée à certains. Aussi entre l'obscure chose en soi et les phénomènes, il nous arrive, munis d'un rameau d'or, de pénétrer en un *domaine* où le principe de raison n'exerce plus son autorité. Ce fait incontestable résout du côté du sujet la difficulté que nous n'avions pu clairement résoudre du côté de l'objet. Avant d'examiner ce que pense le sujet, quels sont alors les rapports du sujet et de l'objet, nous définirons brièvement cet état en disant que selon Schopenhauer il ignore les questions « *Wo, Wann, Warum, Wozu an den Dingen* »[14] et s'imprègne de ce qui n'est pas peut-être une question : *Was. — Ou, quand, parce que*, etc., sont les lignes directrices qu'impose à toute question le principe de raison. Le pur « *Was* » — le pur « *Quoi* » implique une autre forme d'interrogation ou plus justement de compréhension. Schopenhauer croit la définir en reprenant au sein de la Métaphysique du Beau la célèbre proposition de Spinoza : *mens aeterna est, quatenus res sub aeternitatis specie concipit*[15]. Compréhension si étrange qu'il n'est pas interdit de la rapprocher de la folie. Ce qui, aux yeux de Schopenhauer, détermine la folie est la corruption

14. *Mode*, § 34, Deussen, X, p. 192.
15. *Monde*, § 34, Deussen, X, p. 192. Eth. V. Pr. 31, sch.

de la mémoire qui interdit au malade de reconnaître les « vraies » relations des choses ; pour celui que la folie a saisi, le principe de raison ne s'applique plus. Il en va de même pour le génie, qui faisant abstraction de l'utile, dépasse le champ où s'exerce le principe de raison. On aperçoit, ce faisant, la relative justesse de l'affinité si souvent remarquée entre la folie et la génialité. Mais un amalgame — qui ferait obligation de confondre la Métaphysique du Beau avec une théorie de la folie — est impossible, puisqu'au fond la folie s'explique par un défaut d'intelligence et que tout au contraire le génie dépasse la simple intelligence.

§ 31. **Philosophie de la lumière et philosophie des ténèbres.**

Schopenhauer, on l'a vu, opère une synthèse assez embarrassante entre la pensée platonicienne et la pensée kantienne. Il abandonne le lien constitué par la mathématique, qu'il juge science des choses ordinaires et de l'homme ordinaire [16]. Mais il aggrave, en apparence, encore son cas en se situant dans le flot de la pensée allemande la plus barbare et la plus traditionnelle. Depuis Jakob Boehme la philosophie allemande a été une philosophie du désir, de la volonté, de la liberté conçus comme antérieurs à l'Être et pures puissances de ténèbres. Lorsque Kant en la *Critique de la Raison pratique* parle de la majesté redoutable de Dieu — lorsque Fichte décrit l'élan initialement obscur de la volonté qui engendre l'être, ou enfin lorsque Schelling en 1809 [17] traite de la liberté, on sent l'angoisse de la vie qui projette l'homme en dehors de son centre, l'expulsant du fondement obscur, matrice de l'étant. Tout autre est la pensée platonicienne, philosophie de la lumière. Nygren n'hésite pas à souligner comment pour Platon l'idée du Beau est la plus lumineuse de toutes les Idées [18] : Schopenhauer ne l'ignore pas : « La lumière, écrit-il, est la chose la plus réjouissante qui existe. » [19].

Que techniquement une synthèse puisse être effectuée, n'en doutons pas. Mais il ne s'agit pas d'une combinatoire, — ce qui est présent est une synthèse culturelle, qui joue sur les sentiments profonds, sur la manière d'être-au-monde, ou, si l'on pré-

16. *Monde,* § 36, Deussen, X, p. 210.
17. SCHELLING, SW (Schröter), Bd. IV, p. 273.
18. A. NYGREN, *Erôs et Agapè* (Paris, 1944), T. I, p. 190. PLATON, *Phèdre,* 250.
19. *Monde,* § 37, Deussen, X, p. 225.

fère sur le sens de l'existence, et que nulle analyse syllogistique, ou encore conceptuelle ne saurait aborder. Ici la décomposition en majeure, mineure et conclusion est inopérante. Il faut tenter de comprendre l'orientation aussi pure que singulière de Schopenhauer : il s'agit du laisser-être de l'étant dans la radieuse lumière grecque, recouvrant le fond ténébreux de l'exister. Le *Was* émerge ainsi dans une solitude qu'on ne saurait nommer. Le prix de la Métaphysique du Beau de Schopenhauer est sans doute là. Elle dépasse les exercices de l'école, qui opposent thèse et antithèse, fracasse les prétentions de tous ceux qui, appuyés sur une minutieuse analyse doctrinale, se targuent de détenir la vraie raison. On assiste à une émergence d'une visée de l'Être qui est plus le fait d'une inconsciente convergence que d'une construction morte et desséchée. On dira qu'en ceci Schopenhauer est plutôt le fils de l'intuition que de la rigoureuse déduction. Nous ne pensons pas que, ce disant, on soit dans l'erreur — mais il ne suffit pas d'argumenter en telle manière. Alliage de pensées divergentes, la recherche de Schopenhauer ne se laisse pas traiter *mécaniquement* ; elle demande à être *goûtée,* avec tout ce que cela implique de nécessaire parce qu'arbitraire et d'arbitraire parce que nécessaire. En la nature comme en l'art une philosophie des ténèbres se dit dans une philosophie de la lumière et réciproquement. C'est vouloir ne pas craindre le ridicule et aimer la pédanterie, que de prétendre comprendre à l'aide de syllogismes cette curieuse et profonde synthèse, qui comme toutes les grandes pensées vient du cœur.

On pourrait indiquer dans les précédentes réflexions les prémisses de cette synthèse miraculeuse. On perdrait son temps. Il est en revanche plus judicieux d'indiquer le moment où Schopenhauer se sépare de la cohorte des post-kantiens. Kant vénérait Platon, Schelling comme Hegel le suivirent. Mais, quand on lit attentivement ces auteurs, surtout Schelling et Hegel, on voit, derrière leurs pages merveilleuses sur l'art grec, que ce qui les attire est la notion du Logos (*Geist*) dont les dimensions religieuses, théoriques, métaphysiques enfin constituaient le vrai texte de leurs réflexions. A partir de là s'opéraient des synthèses pour le moins discutables entre la philosophie de la lumière et celle des ténèbres. Toute autre est la démarche de Schopenhauer. On sait qu'il veut voir dans la volonté en son obscurité métempirique le *primum movens* ; on n'ignore pas non plus son attachement au platonisme. Tandis que Hegel est habité par un tenace souci de montrer que tout se tient et que la théorie du Logos (lumière) suppose un devenir de l'Esprit (ténèbres), construisant des synthèses fragiles, Schopenhauer qui ne voudra jamais écarter sa doctrine de la chose en soi comme volonté — apothéose de la pensée allemande — trouve la pensée de Platon immédiatement *évidente*, même si elle est incomplète. Si démonstration il y a, on la trouvera dans les mille allusions faites en la Métaphysique du Beau.

Dans ce conflit des ténèbres et de la lumière réside le sens du *Was*. Si Schopenhauer peut s'orienter en cette voie, c'est qu'à ses yeux le monde est un conflit et la synthèse désirée est au fond dans la lutte. Il faut se garder de confondre la pensée de l'auteur du *Monde* avec celle de Nietzsche[20] ou encore avec celle d'un Heidegger, qui pourtant sans lui n'aurait pas parcouru son chemin, mais peut-être un autre. Il serait encore plus faux de considérer Schopenhauer, ainsi qu'on le verra, comme soucieux de retrouver le sens vénérable et perdu de la parole grecque et il n'est pas un « érudit » (au sens où Nietzsche l'entend parlant des « bêtes à cornes »). Sans doute son influence a pu conduire en ces voies ; mais ce n'était pas sa route. Pour tenter de le comprendre, il faut toujours se remettre en mémoire qu'il est au fond le dernier des grands idéalistes allemands et qu'il se distingue d'eux dans la mesure où il a rompu les ponts avec la théologie. Kant, Fichte, Schelling, Hegel demeurent jusque dans leurs affirmations les plus contestables des théologiens, et tentent de réconcilier le fond obscur de l'Être avec le Logos entendu comme lumière de l'âme. En ce sens il n'est pas inexact de dire que Platon est la préparation au Christianisme. Schopenhauer n'est plus un théologien et dans l'idéalisme allemand il est le premier à repousser *totalement* l'immortalité de l'âme. Aussi sa synthèse de la philosophie des ténèbres et de celle de la lumière prend un autre sens : la synthèse est le conflit de l'Être. La première élucidation du *Was* dépend de ce point.

Aussi bien est-ce avec une originalité marquée — et remarquable — qu'il cite Spinoza. *Mens aeterna est, quatenus res sub aeternitatis specie concipit*. Il ne songe pas à une éternité substantielle, mais à une éternité du regard plongé en la contemplation du Beau — en l'éternité de vie d'un acte d'être. Dans la beauté, dans l'art en général, l'existant parvient à l'éternité en un regard, tandis que la conscience, détachée de l'utile, s'oublie (*verliert*) devenant pure réceptivité en laquelle s'épanouit

20. Nous ne pouvons dans le cadre de cette étude montrer tout ce que Nietzsche doit à Schopenhauer, ni, ce point élucidé, mettre en lumière tout ce que Heidegger, via Nietzsche, lui doit aussi.

une Idée. C'est cela qui constitue la saisie du *Was*, oubli de moi-même comme individu, négation ou désintérêt du corps, vie en moi du conflit des forces, totale transformation de la représentation qui n'oppose plus désormais un sujet à un objet, mais les réunit dans une extase, un « *Sich-verlieren* » où l'on ne sait plus ce qui est pénétré et ce qui pénètre — pur regard où l'objet et le sujet se confondent à tel point qu'on ne sait ce qui appartient à l'un ou à l'autre :

> Are not the moutains, waves and skies, a part
> Of me and of my soul, as I of them ?[21]

Cette extase est pour Schopenhauer le triomphe de l'Idée, qui désormais vaut seulement pour soi, comme objectivité immédiate et adéquate de la volonté. Elle a abandonné les formes que lui imposait le principe de raison[22], en particulier le temps. « Le temps est la forme essentielle pour tous les objets de la connaissance au service de la volonté »[23]. Si l'on accorde que la connaissance du Beau est une connaissance, on voit que cette thèse n'est plus une sentence absolue. Aussi la connaissance au service de la volonté, que l'on peut nommer tantôt intérêt, tantôt curiosité, définit la connaissance *ustensile* ; en revanche la connaissance pure du beau est une connaissance *ontologique.* La distinction entre l'ontique et l'ontologique, si chère à nos contemporains, trouve ici une application claire qui permet de méditer sur la condition humaine.

§ 32. **L'homme et le génie.**

Cette compréhension qui met en jeu tant de choses, qui fait fleurir l'inconscient de la pensée allemande dans l'orientation grecque — avec de larges approximations — n'autorise pas une philosophie optimiste. A dire vrai il faut remarquer, sans être superficiel, ni profond, mais seulement exact que le génie est un être à part. On le dit souvent sans bien y penser. Si avec mille grands noms depuis l'Antiquité on a résumé l'essentiel de l'activité esthétique, on aura déjà été généreux. Or Schopenhauer suppose (assez justement d'ailleurs) que l'espèce humaine, en comptant deux cent cinquante millions d'individus renouvelés toutes les trente années, aura produit des milliards d'hommes.

21. *Monde*, § 34, BYRON, Childe-Harold, III, 75 : « Les montagnes, les ondes et les cieux ne font-ils pas partie de moi et de mon âme, comme moi de la leur ? »
22. Deussen, X, p. 187.
23. Deussen, X, p. 190.

Nous sommes donc des milliards à nous partager l'héritage de quelque mille génies. On mesure ici le drame humain. On dira que les génies furent plus nombreux. Soyons larges et disons : dix mille. La misère de notre condition n'en perdra pas pour autant ses couleurs sombres.

C'est ce point de vue qui s'impose dès lors qu'on veut rendre compte des génies. Sont-ils des *monstres* ? eux, qui sont conduits par le soleil alors que tout le genre humain tâtonne avec une lanterne[24] ? On sait la réponse que Bergson apportera, disant des artistes que « la nature a oublié d'attacher leur faculté de percevoir à leur faculté d'agir »[25]. C'est bien en ce sens que se dirigerait l'orientation schopenhauerienne : le génie est d'autant plus lumineux qu'il est détaché de la nature et de la volonté de vivre. On pourrait aller sensiblement plus loin et dire que l'artiste ou l'homme de génie — par opposition à la condition humaine ordinaire pliée sous le poids de l'égoïsme et de l'intérêt — est la moralité *immédiate*. Sans intérêt, sans jalousie, attentif à ce qui n'est pas lui (par définition puisqu'il ne peut s'exercer que dans l'acte de se perdre, dans le « *sich-verlieren* »), le génie est spontanément auguste et moral. Alors que notre nature nous demande un effort considérable pour parvenir à la moralité, le génie comme l'artiste s'y élève sans peine. C'est aussi bien un *monstre* qui jette sur l'homme une lumière cruelle.

Schopenhauer en cette optique résume en deux mots l'idée de l'humanité : elle est ordinaire et vulgaire. — Ordinaire, l'homme est un produit industriel[26] qui ne s'intéresse qu'à tout ce qu'il y a de plus ordinaire : il ne regarde pas longuement un objet, mais cherche à savoir comment il peut lui être utile : « Il ne s'attarde pas ; il ne cherche pas son chemin dans la vie, ou tout au plus ce qui pourrait le devenir par hasard ; il prend, dans le sens le plus large du mot, des indications topographiques ; mais il ne perd pas son temps à contempler la vie pour elle-même »[27]. On jugera qu'il se trouve ici un paradoxe : l'homme ordinaire est tellement soumis à la volonté de vivre qu'il est incapable de regarder la vie. Mais on ne s'étonnera pas que l'homme ordinaire soit un âne et un mathématicien. Nous sommes tellement à l'aise en mathématique ! Et

24. *Monde*, § 36.
25. Bergson, Œuvres (éd. du Centenaire), p. 1373.
26. *Monde*, § 36.
27. *Ibid.* Tout ceci est étrangement pré-bergsonien.

quand nous interrogeons l'expérience historique ce goût pour les mathématiques nous fait rougir de honte : « Les génies éminents dans l'art n'ont eu, écrit Schopenhauer, aucune aptitude pour les mathématiques »[28]. Nous avons déjà vu[29] comment la critique de la géométrie euclidienne présentée par Hegel était proche de celle de Schopenhauer. A ce niveau la critique pouvait être tenue pour académique ; elle prend à présent une portée plus considérable tandis que se manifeste l'anti-cartésianisme de l'auteur du *Monde* : les idées claires et distinctes sont des idées ordinaires. La vraie clarté, celle de Gœthe par exemple, est la saisie dans un regard intuitif d'un monde moral et sensible[30]. Il est vrai que Schopenhauer parle le même langage que Descartes. Dans les *Regulae ad directionem ingenii*[31], Descartes souligne que le mot *intuition* doit être compris selon son sens latin : *intueri,* voir. Schopenhauer use exactement du même terme. Mais l'on est en droit de dire qu'au niveau des *Regulae* et même du *Discours de la méthode,* l'intuition cartésienne est technicienne en son essence[32] : il s'agit de voir en vue de... Toute autre est l'intuition schopenhauerienne — il faut supprimer le « en vue », dédoublement de la vision qui lui confère une valeur ustensile. Il ne s'agit que de voir pour voir et l'intuition n'a d'autre fin qu'elle-même. Il fallait attendre ce niveau de la spirale pour comprendre la grande opération entreprise par Schopenhauer. Aussi longtemps que nous réfléchissions sous le régime de l'intérêt, la critique du cartésianisme ne pouvait être méthodiquement entreprise. C'est comme en une bataille : la stratégie générale n'apparaît qu'à partir d'un certain moment. L'opération construite par Schopenhauer se poursuivra jusqu'à aboutir à déloger le *cogito* cartésien de son centre dans la pensée moderne. Pour l'instant il nous faut dire que le vrai *cogito* (en supposant qu'il soit bien philosophique de parler d'un *cogito*) dans la mesure ou il vibre dans l'intuition esthétique, est, dans sa clarté, obscur à l'entendement, et plus proche de la sensation que de l'intellection méthodique[33]. En revanche l'intuition car-

28. On peut discuter cette affirmation. Dante, par exemple, était grand mathématicien comme l'atteste le formidable calcul astrologique de la Divine Comédie. Mais une telle discussion ne nous conduit nulle part.

29. Cf. ici, § 9.

30. Deussen, X, p. 211.

31. A-T, X, p. 369.

32. F. ALQUIÉ, *La découverte métaphysique de l'homme chez Descartes,* p. 78.

33. La dialectique de Schopenhauer se dirige contre l'image classique de Descartes. Comme l'a montré avec rigueur F. Alquié le *cogito* ne saurait être seulement défini par la pure pensée au sens fichtéen par exemple. Le *cogito* est

tésienne est un brouillard par l'intérêt orienté, qui ne saurait être comparée à l'intuition schopenhauerienne, vivant soleil. L'homme ordinaire est cartésien ; il mobilise ses forces pour dompter un monde qui n'en finira pas de nous vaincre et sa stratégie est pleinement illusoire. Celle de Schopenhauer est bien différente : elle ne consiste qu'à dénouer les liens de l'intérêt. Au point de vue du génie donc, l'art, si fiévreusement pratiqué, ne sert à rien et ne doit servir à rien. Aussi l'homme ordinaire, conduit par ses passions — passions que le génie écarte dès qu'il fait abstraction de son être individuel — élabore des plans, tente d'esquisser un Idéal, qui à vrai dire n'est qu'un programme. Mathématicien, il veut construire les sciences, sur le fondement de celles-ci des machines, sans réfléchir que la machine — dont l'étymologie grecque nous apprend que la ruse est la mère de la machine — pourrait bien finir par ourdir contre lui une « machination ». Mathématicien et âne, tel est l'homme ordinaire. On ne cherchera pas si l'homme est un âne parce qu'il est mathématicien ou si, chose plus probable, il est mathématicien parce qu'il est un âne.

Ordinaire, l'homme devient vulgaire. L'idéal technique suscite la passion vulgaire : on se propose d'accomplir des tâches, dont on espère qu'elles nous ouvriront le chemin vers un but (*Zweck*) très précis : « Le plus haut perfectionnement du genre humain »[34]. Schopenhauer a vu de remarquables inventions techniques, qui auraient confondu Descartes d'admiration. Très lucide, il devance l'interrogation de notre siècle en posant la très simple question de savoir si cela change grand-chose dans le cours d'une vie humaine. Sa réponse est franchement négative. Supposé que l'on entende la doctrine qu'il propose, alors « on ne croira plus avec le vulgaire que le temps puisse nous amener quelque chose d'une nouveauté ou d'une signification réelles »[35]. A moins qu'il ne s'agisse de désagréments, d'ennuis. On le voit : c'est un même jugement qui condamne les sciences, l' « idéal technique » et « l'idéal moral du vulgaire ». C'est que de la science à la machine, il n'y a qu'un pas et de la machine à la machination un autre petit pas. L'éthique qui émerge de l'art est sin-

présent en toutes les pensées de l'homme (opérations de la volonté, de l'entendement, de l'imagination et des sens), cf. DESCARTES, *Œuvres philosophiques*, éd. F. Alquié, T. II, p. 586 et note 1. Il n'en reste pas moins vrai que l'image de Descartes, héros de la pensée claire et distincte, a oblitéré le contexte et c'est à cette image que Schopenhauer s'en prend.

34. *Monde*, § 35.

35. *Ibid.*

gulièrement plus relevée et ce serait à peine forcer la pensée de Schopenhauer que de dire que nous sommes d'autant plus éloignés de l'éthique véritable que nous sommes avancés en mathématiques. La *mathesis universalis* des cartésiens n'a pas peu contribué à dévoyer l'humanité [36].

Il convient de méditer les thèses de Schopenhauer. Dans la philosophie allemande classique, au moins jusqu'à Fichte et Schelling [37], on admettait, plus ou moins clairement, que la science et l'art avaient le même objet : le réel. Schopenhauer instaure un dualisme que même Gœthe, dont il se voulait si proche, n'accepte pas. Sans doute l'auteur du *Faust* n'attachait pas comme Descartes ou Leibniz une foi à toute épreuve aux mathématiques. En ses *Maximes et réflexions* nous discernons quelque réticence : la gloire mathématique de Newton s'est abîmée à ses yeux dans l'absurde théorie des couleurs qui consiste à atteindre la lumière pure en partant de couleurs sombres. Mais cela ne l'empêche pas d'écrire qu'en son application la mathématique est un art [38]. Il note aussi que « le mathématicien n'est parfait que dans la mesure où il est un homme parfait, qui ressent en soi la beauté du vrai » [39]. Il critique la formule platonicienne : que nul n'entre ici s'il n'est géomètre : « Le proverbe suivant lequel aucun étranger à la mathématique, ou un ignorant en la géométrie ne devrait être admis en l'école du philosophe, ne signifie pas qu'on doive être mathématicien pour devenir philosophe » [40]. Mais séparer, comme le veut Schopenhauer, la philosophie, comprise comme un art, de la mathématique et de la physique, Gœthe s'y est refusé. Dans la section des *Maximes et réflexions* consacrée à l'art, en la première pensée, toute classique et qui évoque le début de l'*Esprit des Lois* de Montesquieu, il suggère que l'art est une science : « Le beau est une manifestation d'une loi cachée de la nature, qui sans ce phénomène nous demeurerait à jamais

36. Cet irrationalisme n'a pas manqué de peser lourd dans la pensée allemande. Mais nous nous refusons à voir comme le veut Lukàcs en Schopenhauer « un précurseur important de la décadence européenne qui devait se manifester plus tard ». G. LUKACS, *Die Zerstörung der Vernunft*, 1955, p. 186.

37. Le cas de Hegel est trop difficile pour que nous inscrivions son nom sans explication. On sait que dans la *Wissenschaft der Logik*, il s'est vivement intéressé au calcul infinitésimal.

38. GOETHE, SW. (Hamburger Ausgabe), Bd. XII, p. 454.

39. *Ibid.*, p. 455.

40. *Ibid.*, p. 412.

dissimulée »[41]. On dira que le mot loi n'implique pas la mathématique. Sans doute. Mais ce mot implique la science. Schopenhauer est très loin de la pensée philosophique allemande issue de Kant. Nous avons attiré l'attention sur les réserves que ces penseurs ont pu formuler au sujet des mathématiques et des sciences qui en dépendent. Schopenhauer les dépasse tous, tandis que reliant « l'idéal » de l'homme ordinaire et vulgaire à la pensée mathématique, les condamnant sans appel, il instaure un dualisme sans faille : *mathématiques et philosophie constituent deux mondes*, avec des « morales » distinctes : ici l'homme vulgaire et sa règle à calcul, là le génie et sa profondeur éthique. L'interprétation conciliante et ambiguë proposée par Gœthe de la règle de l'Académie n'est plus soutenable. Schopenhauer ne cessera pourtant de se réclamer de Platon, mais, comme on l'a dit, c'est au *Banquet* de Platon qu'il s'attache bien plus qu'à la *République*.

Mais il y a sans doute plus grave. A travers la mathématique, largement disqualifiée, c'est l'histoire qui est atteinte. On en sait les défauts : *eadem, sed aliter* et avec cela partiale, incomplète, répétitive. Le texte de Schopenhauer peut sembler obscur, mais il faut peu de réflexions pour comprendre que l'histoire est la physique des intérêts, des conflits, des rêves et des idéaux. Or, la source de tous ces mouvements du cœur humain est le calcul qui détermine la motivation. Certes l'histoire n'est pas mathématique, mais elle se compose de réflexions *calculées* au point de vue de l'égoïsme, qui en ceci se trouve être le nerf du principe de raison. *L'homme historique est mathématicien.* On vient de voir comment, sous le signe de l'opposition du génie et de l'homme ordinaire, l'auteur du *Monde* séparait les terres de l'art de celles occupées par la mathématique, à laquelle il ne consentait qu'une fonction pragmatique. Il en va de même pour l'histoire : « L'histoire suit le fil des événements ; elle est *pragmatique* dans la mesure où elle les déduit d'après la loi de motivation. »[42]. On trouve ici une pensée aussi haute que répugnante. Elle est répugnante dans la mesure où elle réduit toute l'activité des hommes à de bas calculs — dont seuls sont exempts les *monstra per excessum*, les génies[43]. Elle est haute car elle nous enseigne la vérité du monde : « On

41. *Ibid.*, p. 467. — Sur ce point, cf. E. CASSIRER, *Die Philosophie der Aufklärung*, p. 280 sq.
42. *Monde*, § 36.
43. Brockhaus, Bd. III, p. 98.

finira enfin par découvrir qu'il en est du monde comme des drames de Gozzi : ce sont toujours les mêmes personnages qui paraissent, ils ont les mêmes passions et le même sort ; les motifs et les événements varient, il est vrai, dans les différentes pièces, mais l'esprit des événements est le même ; les personnages de chaque pièce ne savent rien non plus de ce qui s'est passé dans les précédentes où pourtant ils avaient déjà leur rôle ; voilà pourquoi, malgré toute l'expérience qu'il aurait dû acquérir dans les pièces précédentes, Pantalon n'est ni plus habile, ni plus généreux. Tartaglia n'a pas plus de conscience, ni Brighella plus de courage, ni Colombine plus de moralité »[44]. Ainsi si l'homme historique est mathématicien, il faut en plus préciser qu'il calcule sans cesse de travers — en quoi l'histoire toujours autre en ses vêtements demeure en son sens toujours la même : — un non-sens !

A l'ombre du génie les mathématiques perdent leur apparente sûreté et, conséquence fatale, l'histoire se trouve déracinée. Ces réflexions sont inouïes. Jamais un penseur avant Schopenhauer n'a procédé au double déracinement de la mathématique et de l'histoire. Semblable condamnation est unique dans l'histoire de la philosophie. Bien lue elle se révèle comme la plus impitoyable critique de la pensée kantienne. L'auteur de la *Critique de la Raison pure* ne permet aucun doute sur la valeur des mathématiques et il est raisonnable de dire qu'il croit à l'histoire[45]. Ce double déracinement est la première manifestation authentique du nihilisme. Le débat entre la religion, le marxisme, l'existentialisme sous ses formes les plus diverses, est ouvert. Que Nietzsche en ses premiers pas ait voulu construire « une métaphysique d'artiste », que devant cet effondrement des valeurs cartésiennes et hégéliennes, il ait tenté de découvrir en l'art la « consolation métaphysique », il n'y a rien d'étonnant en cela. *Lire Schopenhauer* ![46].

§ 33. **Destination et indifférence.**

Après Schopenhauer tout philosophe conséquent devait s'interroger sur le sens de la vie humaine, s'il fallait par exemple proposer une éthique, un renversement des valeurs tradition-

44. *Monde*, § 35.

45. Cf. A. Philonenko, *Théorie et praxis dans la pensée morale et politique de Kant et de Fichte en 1793* où l'on indique les réserves kantiennes ; cf. aussi *Kant et l'idée de progrès*, Revue de Métaphysique et de Morale (1975).

46. Tolstoi dixit.

nelles. L'auteur du *Monde* a été affublé de l'étiquette : pessimiste. Mais comme on le verra de mieux en mieux il était plutôt un philosophe de la tragédie. En ce point de la spirale on peut toutefois encore parler de pessimisme. Nous savons que le monde est combat, que chacun lutte pour l'existence, avec la certitude, qu'il ne veut pas s'avouer, qu'il sera vaincu. Les mathématiques, orgueil de l'esprit humain, sont abattues et l'histoire ne nous apportera pas de consolation. Rien n'apparaît plus susceptible d'être érigé en valeur absolue : notre existence est un texte indéchiffrable, un disque usé, les instruments sont faussés. La mélancolie appelle le philosophe[47]. Mais l'appel de la mélancolie est plutôt un supplice qu'une bénédiction.

Mais le *possible* ? Ne pourrions-nous pas trouver quelque réconfort à le contempler ? Au premier regard, notre pensée est plus légère. Mais il ne faut pas trop regarder. Le génie de la terre induirait bien vite en nous une tristesse infinie en nous montrant toutes ces âmes d'élite frappées par le hasard le plus aveugle[48]. Certes nous pourrions nous consoler en songeant qu'en notre chagrin nous sommes victimes d'une illusion trop humaine. Hommes, nous voyons dans la nature un épouvantable gâchis. Pergolese est mort à vingt-six ans — quelle perte pour la musique ! Et il y en a tant d'autres, œuvres parfaites jetées au rebut. Mais il s'agit d'une illusion — c'est parce que nous sommes hommes, donc mathématiciens et *économes* que nous protestons contre le gâchis de la nature. En fait il ne coûte rien à la nature de produire une infinité d'êtres[49] : Schopenhauer résume la situation en disant que sur ce point notre mélancolie est sans fondement et que l'esprit de la terre nous réfuterait en riant[50]. Il ne faut pas interpréter ce « rire » du génie de la terre comme un moment de bonheur et de consolation. Ce « rire » indique bien moins l'indulgence de la nature envers nous que le « comique » de la pensée humaine et personne, tandis qu'il cherche à se consoler, ne peut éprouver sans douleur d'être regardé comme grotesque. Car grotesques nous le sommes, lorsque nous méditons sur le possible : nous trompant sur la nature nous nous trompons sur nous-mêmes. Nous calculons fièrement dans le moment même où besogneux, éco-

47. *Monde*, § 58.
48. *Monde*, § 35.
49. *Monde*, Supl. XXVI.
50. « Aber der Erdgeist würde lacheln ».

nomes, nous érigeons en loi de l'Être ce qu'il y a de plus ordinaire et de plus vulgaire en l'homme. Le rire de l'esprit de la terre nous rend l'insulte que nous adressons à une nature que nous ne comprenons pas. Au demeurant : *Natura non contristatur.*

La condition de l'artiste ou du génie qui transcende cette mosaïque *prosaïque* d'égoïsme, de faux calculs, d'illusions fondamentales, apparaît plus imposante encore. Quel que soit son art, son territoire, peinture ou poésie, musique ou architecture, le génie, désintéressé, ne vise jamais le particulier, mais l'universel. Schopenhauer n'a pas manqué d'apercevoir la dialectique de l'Idée générale et de la vision de l'être singulier qui se trame en cette visée [51]. Il n'a pas voulu pour autant s'embarrasser dans les apories de Malebranche : « Bien que le poète, comme tout artiste, nous présente toujours le particulier, l'individuel, ce qu'il a reconnu et qu'il veut nous faire reconnaître à son tour n'est toujours pas moins l'idée platonicienne, le genre tout entier : c'est donc en quelque sorte le type des caractères humains et des situations humaines qui est empreint sur ses tableaux. Le poète narratif ou dramatique extrait de la vie l'individu particulier et nous le dépeint en son exacte personnalité, mais nous révèle par là toute l'existence humaine, car, en ayant l'air de s'occuper du particulier, il ne songe en réalité qu'à ce qui existe de tout temps en tout lieu » [52]. L'artiste est homme pour l'éternité et ne calcule plus.

Il faut préciser que cet universel, dont l'orientation platonicienne est affirmée clairement comme détermination de l'étant, est compris en une signification plus sanguine. Schopenhauer le précise en s'attachant à la notion d'*expression* : « Ce n'est pas l'image spatiale et fugitive, c'est son expression, c'est sa signification pure, c'est son être intime qui se manifeste à moi et qui me parle » [53]. Les idées platoniciennes ne *parlent* pas ; elles sont objet du discours, non discours, et aussi bien ne possèdent pas cette puissance sanguine qui donne à tout échange de pensées sa signification *réelle*. Certes cette signification ne dilate notre sang, n'élargit notre souffle que si l'artiste transfigure l'Idée comme son œuvre se transfigure en elle. Schopenhauer fait dès lors appel à l'expression déterminée comme *signa-*

51. M. GUEROULT, *Malebranche*, T. I, *La Vision en Dieu*. (Le développement de M. Gueroult sur ce problème reste exemplaire).
52. *Monde*, Supl. XXXVI.
53. *Monde*, § 41.

tura rerum[54], et ce n'est plus seulement Platon qui l'inspire, mais Jakob Boehme. Il cite le passage suivant du *De signatura rerum* : « Et il n'est aucune chose dans la nature qui n'exprime aussi à l'extérieur sa forme intérieure, car celle-ci tend constamment à se révéler — Chaque chose a une bouche pour se raconter elle-même. — Et c'est là le langage de la nature par lequel chaque chose s'exprime, exprime son essence, se raconte et se révèle soi-même. — Car chaque chose porte la ressemblance de sa mère qui lui a donné l'essence et la volonté comme caractère. »[55]. Il est difficile de comprendre en quel sens Schopenhauer veut que l'on entende cette idée bizarre de forme intérieure. Mais il est clair que l'Idée platonicienne ne tend point vers l'obscur ; en elle nul effort, ni tension — égale à elle-même dans l'unicité de la forme, ce sont les êtres en l'obscurité plongés qui aspirent à participer de sa lumière immobile. Chez Boehme avant l'être, il y a la volonté qui, en son obscurité veut parvenir à l'existence lumineuse. On retrouve la thématique de la philosophie de la lumière et de celle des ténèbres ; d'un côté le calme essentiel de l'apollinien, de l'autre la sourde fureur d'exister. Ou bien encore le règne de l'esprit lumineux et la tyrannie du vouloir obscur — la radieuse clarté de la volonté délivrée et l'oppressant spectacle d'un monde sans pitié. La synthèse est dans le conflit. L'art est tragédie, puisqu'il associe la paix et l'angoisse. De là sans doute son mouvement, chaque moment supprimant l'autre, pour opérer ce que les Allemands nomment une « *Steigerung* » — une démarche allant aux extrêmes.

Dans ces conditions la théorie kantienne du beau et du sublime doit retenir notre attention. Le beau selon Kant est pondération, équilibre. Le sublime est l'orage de la nature[56]. Schopenhauer s'attache à ce dernier moment. Pour l'exposer, l'auteur du *Monde* présente une série d'exemples (on peut en compter six ou sept, si l'on divise ou non le dernier). Supposons la nature « en plein orage » — nous intuitionnons en elle une ennemie, nous éprouvons la dépendance de notre volonté, mais tant que la menace demeure assez indirecte pour être « ignorée », libre de tout intérêt notre esprit regarde avec calme et sérénité la « colère » de la nature. Ici Schopenhauer recopie Kant[57]. Mais l'analyse attentive discerne déjà des corrections.

54. *Monde*, § 44, Deussen, X, p. 284.
55. J. Boehme, *De signatura rerum*, Ch. I, §§ 15-17.
56. *Monde*, § 39.
57. Kant, *Critique de la faculté de juger*, § 28.

D'une part, et ceci est fidèle à la pensée kantienne, il veut voir dans le sentiment du sublime la conscience de la disjonction entre l'individu et l'humanité : quand bien même l'individu succomberait, l'humanité ne serait pas atteinte et même se renforcerait. « En ce sens, écrit Kant, la nature n'est pas considérée comme sublime dans notre jugement esthétique dans la mesure où elle engendre la peur, mais parce qu'elle constitue un appel à la force qui est en nous, force qui nous permet de regarder tout ce dont nous nous soucions (les biens, la santé, la vie) comme de petites choses... »[58]. Schopenhauer retient ce thème, tandis qu'il déclare l'esprit qui atteint le sublime comme *unconcerned*[59]. Mais d'autre part il injecte un nouveau contenu dans le sentiment du sublime lorsque *a parte rei*, il entrevoit un monde barbare, à l'opposé du cosmos antique, et ne croit pas qu'il soit juste d'insister sur l'horizon moral de la doctrine kantienne du sublime, qui nous enseigne que la folie de la nature est l'occasion bien moins de pénétrer au cœur du monde que de retrouver au-dedans de nous-mêmes une faculté qui le déborde en même temps qu'elle nous passe, et qui est la raison morale[60]. Schopenhauer ne trouve pas dans le sentiment du sublime le chemin de la vocation, mieux de la *destination* éthique, qui se dévoile en la raison pratique, dans la mesure où la médiation de l'impuissance physique et intellectuelle, produit le sentiment du *respect*[61] et nous rend à nous-mêmes. Ce que l'auteur du *Monde* découvre en ceci, c'est un détachement presque mystique, qui, par exemple, nous permettrait de comprendre la beauté des femmes sans les désirer[62]. Ainsi au *respect*, qui suscite la destination, il substitue l'*indifférence* métaphysique. Certes il attache au sentiment du sublime une grande valeur, mais il se sépare de Kant voulant qu'il nous rappelle à la conscience de notre destination pratique et de notre grandeur à venir — il n'y veut voir que l'indifférence, le détachement et annonce, ce faisant, les dernières pages du *Monde*. Kant parle de « la destination de l'esprit tout entière »[63] et explique ainsi son point de vue : « Ainsi le sublime n'est contenu en aucune chose de la nature, mais seulement en notre esprit,

58. *Ibid.*
59. *Monde*, § 39.
60. KANT, *Critique de la faculté de juger*, § 23.
61. H. BIRAULT, *Heidegger et l'expérience de la pensée* a proposé une lecture magistrale de ces textes dans l'optique de Heidegger. Cf. pp. 127-129.
62. *Monde*, § 39.
63. KANT, *Critique de la faculté de juger*, § 27.

dans la mesure où nous pouvons devenir conscients d'être supérieurs à la nature en nous, et, ce faisant, à la nature en dehors de nous... Tout ce qui en nous suscite ce sentiment, comme la *force* de la nature, qui sollicite les nôtres, est donc dit sublime, mais improprement ; et c'est seulement sous la présupposition de cette Idée en nous et en relation à celle-ci que nous sommes capables de parvenir à l'Idée de la nature sublime de cet Être, qui fait naître en nous un profond respect non seulement pour la force qu'il manifeste en la nature, mais encore et surtout pour la faculté qui est en nous de juger celle-ci sans peur et de penser que notre destination est encore plus sublime »[64]. Il faut dire le vrai : *chez Schopenhauer il n'y a aucune destination.*

S'il y avait une semblable destination cela serait contraire à tout l'esprit de la Métaphysique du Beau, qui s'opposant à tout ce qui sert la volonté, écarte mathématique et histoire et bien d'autres choses encore au profit du pur plaisir qui n'est qu'indifférence. Jusque dans les *Parerga et Paralipomena* l'auteur du *Monde* s'est appliqué à soutenir cette thèse. Qu'est-ce donc que le plaisir esthétique ? Rien d'autre que la suppression momentanée des insatisfactions qui sont une vraie légion, et des désirs, redoutable cohorte. C'est l'absence de douleur[65] ; entendez : l'indifférence. S'il y a jouissance c'est uniquement dans la contemplation de l'Idée dans le silence des passions. Il nous semble que Jakob Boehme est en fait plus présent, au moins de manière intime, à l'esprit de Schopenhauer que Platon. D'une part le thème des signatures ne se recoupe pas vraiment avec la théorie platonicienne des Idées. Mais d'autre part et bien plus fondamentalement, l'indifférence est l'abîme du monde torturé de Boehme ; et si l'appréhension de l'Idée platonicienne s'achève dans une extase, elle suppose un puissant désir, une volonté motrice éloignée de l'indifférence, sinon Platon ne vanterait pas la force positive de l'amour[66].

Mais Schopenhauer qui voit en l'art la suspension du principe de raison[67] avait des arguments pour ne point quitter « le divin Platon ». On peut légitimement douter que Platon fût en accord avec Schopenhauer sur la signification du principe de raison. En revanche que l'art soit conduit par des besoins

64. *Ibid.*, § 28.
65. Brockhaus, Bd. VI, p. 443.
66. MARSILE FICIN, *De Amore, Oratio quinta,* 49 recto.
67. *Monde,* § 36, Deussen, X, p. 189, 202, etc.

animaux et que par exemple ce soit une extravagance de « représenter des mets servis et accommodés, tels qu'huîtres, harengs, homards, tartines de beurre, bière et vin »[68], Platon y consentirait. Mais il soutiendrait que la vraie beauté, surtout celle qui repose en l'homme, qui pour Kant est l'Idéal du Beau[69], peut susciter un intérêt fondé sur l'*érôs*. A cela Schopenhauer ne répond pas vraiment : le but de l'art est l'indifférence par rapport à l'existence et si la philosophie est un art, ce qui resterait à démontrer, sa suavité consisterait à nous conduire au dégoût de la vie et à la seule espérance de la mort absolue. C'est ici, dans la théorie du plaisir négatif, indifférent aux valeurs, que s'est engouffré à travers l'opposition de la pensée apollinienne de Platon et de la vision dramatique de Boehme, le mouvement de la pensée de l'Inde[70].

§ 34. **Le discours de l'art.**

Ainsi s'est déployée l'essence de l'art. Dans la vie, poussés d'un désir à un autre, nous sommes « par l'oppression humiliante de la volonté » liés à une roue d'Ixion[71]. Il n'y a qu'un seul moyen pour nous sauver : c'est de briser les cadres de la représentation, ou plus exactement de leur donner une nouvelle dimension. Certes, quelle que soit cette dimension, la causalité devra être écartée ; dans le fait elle est la *matière* et l'on sait que son être « ne consiste que dans l'agir »[72]. Schopenhauer apporte bien des arguments pour justifier cette abstraction de la matière ; le plus juste comme le plus convaincant est que la matière (ou la causalité) n'est compréhensible que par un concept abstrait et non intuitif. Or toute l'opération de l'art est intuition. La causalité refoulée, les moments de la représentation trouveront du même coup une autre fonction. Le temps et l'espace — totalement dissociés dans l'architecture qui ignore le temps, et en la musique qui ignore l'espace[73] — vont devenir l'horizon des signatures. Mais l'art n'ira pas plus loin ; seule la phénoménologie de la vie éthique peut nous conduire non seulement au-delà de la causalité, du principe de raison, mais encore par-delà tout espace et tout temps.

68. *Monde*, § 40.
69. *Critique de la faculté de juger*, § 17.
70. Deussen, X, p. 246, *Monde*, § 39. C'est à ce wagon que la philosophie indienne qui prêche le renoncement, s'est, en fait, accrochée.
71. *Monde*, § 38.
72. *Monde*, § 43.
73. *Monde*, Supl. XXXIX.

Considérons un tableau, par exemple un intérieur hollandais, genre qui plaisait fort à Schopenhauer. Il se déploie selon le temps et l'espace, n'étant pas comme l'architecture ou la musique astreint à une seule forme. Dans le temps il représente une vie, une action, un état d'âme : ces meubles bien cirés, ce parquet d'une admirable netteté, cette sobriété dans l'art difficile de vivre et aussi des choses insignifiantes, peut-être ces fleurs ou encore un tableau peint dans le tableau, calme ornement de cet intérieur paisible et qui le fait apparaître comme un intérieur [74]. On ne saurait peindre ceci sans sérénité et celle-ci est une opération de l'homme dans la *durée*. On dirait que les habitants vont pousser la porte et rentrer, que tout sera trouvé en ordre comme le maître l'a voulu. Et par là s'esquisse une vie immanente au tableau, une temporalité, équilibrée par la sage composition géométrique du sujet. Il pourra donc bien naître chez le spectateur attentif à laisser *parler* le tableau une émotion contenue, douce et mélancolique. Bien entendu cela ne saurait être pris pour un effet de la causalité et il est à peine besoin de dire que les œuvres d'art ne parlent point à tous avec une même rigueur mathématique. Si l'on réfléchit sur l'essence du temps intérieur au tableau — ce type de peinture est particulièrement adapté à la méditation qui est la nôtre —, on verra qu'il n'a point de prolongement et subit une pétrification ou plutôt une sublimation qui lui permet de s'approcher de l'Idée. C'est en quelque sorte une mise en abyme du temps qui interdit toute projection concrète dans l'histoire. Plus simplement on dira que comme toute peinture, par cela même qu'elle fixe quelque chose destiné à périr, elle le représente comme une image de l'Idée platonicienne [75]. Dans ces peintures la hargne du temps est défaite et Chronos vaincu en sa fureur la plus délirante. Dire froidement qu'un tableau étant un objet non temporel, n'a aucun rapport au temps — c'est juste, mais superficiel. Plus rare, mais plus judicieux est l'effort qui veut saisir la transmutation alchimique des éléments. C'est que cette transmutation ne s'effectue pas par la médiation d'une compréhension discursive et abstraite : « Comme l'Idée est et demeure intuitive, l'artiste n'a aucune conscience *in abstracto* de l'intention ni du but de l'œuvre ; ce n'est point un concept, c'est une Idée qui plane devant lui ; aussi ne peut-il rendre compte

74. La recherche littéraire s'est intéressée à ce thème — celui du récit dans le récit. Cf. L. DÄLLENBACH, *Le récit spéculaire, contribution à l'étude de la mise en abyme*, Paris, 1977.

75. Brockhaus, Bd. VI, p. 444.

de ce qu'il fait ; il travaille, comme on dit vulgairement, à vue de nez, inconsciemment, instinctivement. »[76]. Sans doute l'artiste sait s'il peint un cheval ou un homme[77], mais l'essentiel n'est pas là. Ce qui importe est la manière qui lui est *dictée* par l'inspiration intérieure qui trouve en l'Idée sa source. Jamais la mathématique n'expliquera cela, car l'art est sans doute un discours, mais comme la volonté il est *grundlos*. Au point de vue de l'homme dominé par l'intérêt, le « pourquoi » d'un paysage insignifiant échappe sans cesse. L'artiste n'obéit pas au critère d'utilité et l'insignifiant — qui pour beaucoup tend à l'inutile — peut posséder pour lui valeur : « L'objet le plus insignifiant, écrit Schopenhauer, peut être contemplé d'une manière purement objective, indépendamment de la volonté, et prend par là même le caractère de la beauté »[78]. L'art « sauve les phénomènes ».

Mais le sens du tableau ne s'épuise pas en ces seules considérations. Il semble que deux réflexions s'imposent à nous. En premier lieu ce qui est insignifiant pour la volonté sous le régime de l'intérêt, peut sans aucune doute être signifiant pour la liberté. Les tableaux hollandais paraissent le prouver. Ce qui est signifiant pour la volonté dans la sage dentellière, c'est sa jeunesse de chair et de sang, sa réserve qui attise la convoitise des sens[79]. Tout le reste lui est indifférent. Mais ce reste, si l'on ose s'exprimer ainsi, est profondément significatif pour la liberté : dans la douceur à jamais fixée, en la tendre sagesse, la volonté de vivre avec ses appétits grossiers et charnels, qui font notre malheur, est surmontée et la liberté peut se contempler. On voit par là que la philosophie de l'art est soutenue par un *ascétisme.* N'imaginons pas que le plaisir soit ici, comme le veulent les « petits kantiens », un contre-plaisir, une grandeur négative par rapport au plaisir charnel qui serait le positif. C'est autre chose : une *délivrance*[80].

76. *Monde,* § 49. La thèse est plus que classique. Mais l'originalité de Schopenhauer consiste à découvrir dans cette impuissance de l'artiste à dire conceptuellement ce qu'il fait l'éclosion d'un nouveau langage.

77. Pour le sens commun, c'est chose évidente. Mais l'artiste, dont l'œil pénètre les trésors de la nature et vit de l'affinité des éléments, peut peindre en un cheval la fougue guerrière de l'homme.

78. *Monde,* § 41.

79. On comprend par là le sens de la condamnation portée par Schopenhauer sur les œuvres « libidineuses » qui excitent la volonté de vivre. Cf. *Monde,* § 40.

80. Faut-il encore préciser que Nietzsche a suivi Schopenhauer dans la théorie de l'étroite liaison de l'art et de la liberté ?

On demandera : comment cette liberté, incarnée par l'artiste, et qui devrait être nôtre, se réalise-t-elle ? Il y va du statut ontologique de l'œuvre d'art. En raison de la transmutation alchimique des éléments, elle est une image (*Bild*)[81]. L'image n'appartient pas à la connexion des causes et des effets : la possibilité pour que les données d'une œuvre d'art agissent sur la réalité est nulle. L'œuvre d'art n'appartient pas à la réalité ; aussi est-elle porteuse de tout autre chose que d'intérêts et, ainsi, son appréhension nous conduit vers l'Idée plus facilement que la vue d'une chose réelle. Entre la Terre et les Idées elle est médiation. C'est ici que nous devons produire la seconde réflexion indiquée. Le génie sait dans la brutale réalité de la vie concevoir les Idées. La métaphysique du Beau est donc au fondement de la philosophie de l'art ; par son œuvre, par son art, le génie nous prête en quelque sorte ses yeux. Il est en somme un médecin qui nous aide à nous élever au-dessus du tourbillon des apparences. S'il était seul au monde, le génie ne ferait rien — mais pour nous il œuvre. Aussi l'œuvre d'art est *medicina mentis*. Mais encore ? Essentiellement une *parole* ; ce que la nature *balbutie*, l'artiste l'*exprime* : « Il comprend la nature comme à demi-mot ; il exprime sur le champ d'une manière définitive ce qu'elle n'avait fait que balbutier »[82]. C'est pourquoi il est raisonnable de dire que pour nous la création géniale dépasse la nature. L'art est l'esprit qui enfante dans les Idées, que l'homme vulgaire ne sait reconnaître, la beauté vers laquelle tend la nature. Il n'y a certes point un dualisme entre la nature et l'esprit — le vouloir habite, on l'a vu, la pierre comme le végétal, l'animal et enfin l'homme et ses pensées. Mais la volonté de vivre reculant en l'art devant la liberté du génie, l'œuvre comme discours obtient le privilège singulier de parfaire l'étant et de nous consoler.

§ 35. **Le Laocoon.**

Il est vrai que l'art rencontre des limites. Non pas des bornes, mais une limitation (*Begrenzung*) interne qui l'oblige à être — sauf pour la musique — un discours qui se traduit en une langue, elle-même diversifiée. Architecture, peinture, sculpture sont ainsi autant d'idiomes de la langue de l'art qui trahiraient leur essence et seraient source de contre-sens en prétendant se substituer les uns aux autres.

81. Deussen, X, p. 225.
82. *Monde*, § 45.

Schopenhauer a tenté de jeter quelques lumières sur ce problème en analysant un exemple célèbre : le Laocoon. Winckelmann, que Hegel citait volontiers [83], avait abordé la question de manière précise. Dans ce groupe de statues justement célèbre le Laocoon ne crie pas. Mais dans *L'Enéide* [84] la page qui correspond à ce groupe fait crier le héros : « *clamores simul horrendos ad sidera tollit* » [85]. Winckelmann proposait une interprétation stoïcienne. Dans le Laocoon il faut « voir le courage éprouvé d'un grand homme qui lutte contre les tortures et qui s'efforce de réprimer, de renfermer en lui-même l'expression de la souffrance ; il ne se répand pas en cris déchirants comme chez Virgile ; tout au plus laisse-t-il échapper quelques soupirs d'angoisse... » [86].

Cette interprétation soulève de nombreux et difficiles problèmes. Le Laocoon, peut-être le groupe sculptural le plus célèbre de l'Antiquité, représente les serpents qui venus de la mer vont étouffer Laocoon et ses deux fils, lui interdire d'empêcher les Troyens par ses exhortations d'introduire en leurs murailles le cheval d'Ulysse [87]. Le problème capital est le suivant : on peut penser que Virgile a été l'inspirateur de cette œuvre — auquel cas on peut poser la question de savoir pourquoi le héros dans la sculpture ne pousse pas des cris ? — mais inversement si Virgile s'est inspiré du groupe pourquoi a-t-il jugé bon de représenter Laocoon criant ? La solution présentée par Winckelmann ne satisfaisait pas Schopenhauer. Un problème esthétique peut bien recevoir une explication morale ; mais d'abord on

83. HEGEL, Aesthetik (ed. Lukàcs), Bd. II, p. 135 sq.

84. *Eneide*, II, v. 232.

85. « Il pousse vers le ciel d'horribles clameurs ».

86. WINCKELMANN, SW, Bd. VII, p. 98, VI, p. 104 sq.

87. On admet que ce groupe conservé au Musée du Vatican est l'œuvre de Hagesandros, Athanodoros et Polydoros. Il fut sans doute exécuté à l'époque augustéenne (50 av. J. C. ou 25 av. J. C.). Nous savons d'après Pline (*Histoire naturelle*, XXXVI, 37) qu'il ornait en son temps une salle des Thermes de Titus à Rome. Retrouvé en 1506 le groupe fut offert au Pape Jules II. L'œuvre fut considérée comme le modèle de la statuaire antique, mais ayant passablement souffert elle fut l'objet de restaurations (jusqu'à nos jours) discutables. Le problème posé fut la relation avec l'*Enéide*. Montfaucon (*Supplément aux Antiquités Expliquées*, T. I, p. 242) pensait que le groupe avait été conçu d'après le texte virgilien. Chose possible, mais non évidente, puisque la composition de l'*Enéide* débute en 29 av. J. C., et que la construction du groupe peut remonter à 50 av. J. C. — Bartholomäus Marliani (*Topographie Urbis Romae*, lib. IV, cap. 14) est de l'avis de Montfaucon (ces deux auteurs sont cités par Lessing). La recherche moderne n'apporte pas de preuves absolument décisives pour réfuter cette opinion si bien que Virgile a pu être l'inspirateur ou le premier imitateur.

doit avoir présenté une réponse esthétique. Cette insatisfaction de Schopenhauer est d'autant plus remarquable que la solution de Winckelmann s'accordait, moyennant quelques corrections, avec sa vision tragique du monde. L'auteur du *Monde* savait si bien jouer des cordes sensibles de notre cœur qu'il est tout à son honneur d'avoir refusé la solution de facilité. A la vérité il ne désirait pas noyer en un discours sentimental le problème de l'art comme parole, langage.

Ce fut, aux yeux de Schopenhauer, le mérite de Lessing que de présenter une réponse esthétique à ce problème esthétique dans son chef-d'œuvre *Laokoon oder Ueber die Grenzen der Malerei und Poesie*[88]. Certes Lessing comme ne l'ignorait pas Schopenhauer n'a pu méditer que sur une gravure du Laocoon. Mais il a trouvé, grâce à son « ironie », une réponse élégante. Si le Laocoon de Virgile crie, le lecteur n'est pas contraint d'imaginer que « *ein grosses Maul zum Schreien nötig ist* »[89]. En revanche si le sculpteur devait rendre le cri, il serait obligé de faire grimacer le visage, peut-être même de le torturer, ôtant par là-même à la composition son caractère harmonieux et sublime[90]. Lessing ne prétend pas que le cri soit toujours le fait d'une âme dépourvue de noblesse (*eine unedle Seele*), mais il soutient qu'en la sculpture, le cri implique une déformation esthétique et secondairement morale du visage. Le silence du Laocoon est seul susceptible de réconcilier en la pierre la beauté et la souffrance. Qu'en revanche le Philoctète de Sophocle crie, rien de plus conforme à l'art[91] — mais le registre de l'expression des émotions n'est pas le même. Lessing est approuvé par Schopenhauer en ces réflexions. Mais il semble à l'auteur du *Monde* qu'il s'est ensuite fourvoyé. Lessing affirme que toute œuvre d'art ne peut saisir qu'un moment de la vie. Celui-ci doit être choisi avec soin, de sorte qu'il donne à penser et laisse à l'imagination une vaste carrière. Or qu'en est-il du cri du Laocoon ? C'est le plus extérieur : fixer sur lui le regard, c'est brider les ailes de l'imagination[92]. Il faut donc que le Laocoon ne crie pas, mais soupire pour que l'imagination s'élève du soupir jusqu'à la tonalité métaphysique du cri. Lessing ajoute que l'œuvre serait détruite en son horizon pathétique si elle s'attachait à représen-

88. LESSING, *Ausgewählte Werke*, Insel-Verlag, Bd. III.

89. LESSING, *op. cit.*, Bd. III, p. 18. Je renonce à traduire le texte, car le mot *Maul* peut signifier ici : « une grande gueule ».

90. *Ibid.*, p. 14.

91. *Ibid.*, p. 26 sq.

92. *Ibid.*, p. 16.

ter un état destiné à s'effondrer. La pensée de Lessing semble claire : l'œuvre d'art pour donner à penser doit s'attacher à un moment unique, lui conférer une durée, une immortalité et sur ce fondement refouler tout ce qui ne peut être pensé que comme portant en soi son anéantissement [93]. Schopenhauer juge qu'en ce discours l'auteur de *Nathan le sage* a mêlé des arguments de valeur et des thèses médiocres.

Il faut ici quelque finesse pour entendre la vraie pensée de Schopenhauer. Il accorde, sur le fondement de la dialectique du signifiant et de l'insignifiant, que l'art saisit le fugitif et l'élève à une éternité de valeur. Mais puisque rien n'est indigne pour l'artiste, les raisons alléguées par Lessing sont controuvées. Lessing prétend s'en tenir à des réflexions esthétiques ; en réalité le choix qu'il défend s'appuie sur des raisons morales. Il veut retenir le silence du Laocoon en l'ombre, selon une éthique du beau pour le moins discutable. L'art, selon Schopenhauer, ne doit pas juger que le fugitif, à l'éternité élevé, soit plus que du fugitif. Le destin de l'art est de *sauver* cette précarité de l'étant. Aux arguments de Lessing on pourrait opposer « cent exemples, tirés de figures excellentes, que l'artiste a néanmoins fixées dans des poses toutes fugitives... » [94]. Au demeurant Shopenhauer croyait pouvoir s'appuyer sur Gœthe qui en son étude sur le Laocoon a imaginé la bonne manière de le regarder — il faut commencer par fermer les yeux, puis les ouvrir, les fermer à nouveau, pour les ouvrir encore et ainsi de suite : « Alors, écrit Gœthe, on verra le marbre dans son ensemble en mouvement » [95]. La vérité du Laocoon est non seulement la grâce (*Anmut*) mais encore et surtout le mouvement, et l'étreinte paralysante des deux serpents sert de cadre à cette mobilité, contribuant à l'émergence de l'unité expressive.

Mais enfin pourquoi le Laocoon ne crie-t-il pas ? Schopenhauer déclare que psychologiquement, ou si l'on préfère réellement, il devrait crier dans l'accablement d'une souffrance physique et morale (donc Virgile n'a pas tort !), et s'attache au premier argument de Lessing : « Je commence par déclarer que l'action de crier ne doit pas être représentée dans le groupe qui nous occupe, par la simple raison que le cri est complètement rebelle aux moyens d'imitation de la sculpture ». Ensuite il dénonce comme Lessing « l'ouverture violente de la bouche

93. *Ibid.*
94. *Monde*, § 46.
95. GOETHE, Werke, Bd. XII, p. 60.

qui bouleverse tous les traits »[96]. Mais il fallait aller plus loin pour justifier cet étrange silence. On se passera de la solution pour le moins simpliste de Hirt qui veut que Laocoon soit déjà tellement étouffé par les serpents qu'il n'ait plus la force de crier[97]. En revanche, s'appuyant sur l'analyse gœthéenne, qui veut trouver en ce monument un mouvement semblable à l'éclair, on retiendra le fait qu'un des serpents mord le flanc gauche du héros. L'artiste n'a pas représenté la morsure du serpent comme déjà accomplie ou imminente, mais dans son acte immédiat[98]. C'est l'acte qui par sa cruauté instantanée ôte au Laocoon la puissance de crier, car en toute douleur, dans l'instant où elle se produit, l'homme perd la voix. Ainsi s'explicite, jusque dans le détail, la thèse essentielle qui veut que la déformation du visage, rendue nécessaire par le cri, doive cependant être évitée pour conserver la noblesse et la mobilité. Laocoon poussera des cris affreux deux secondes après la morsure du serpent.

Sur cet exemple précis, étudié par une longue tradition, nous pouvons lire plusieurs évidences. En premier lieu, si fugitif que soit le moment où l'art trouve sa vision, il n'atteint pas moins sa perfection dès lors qu'il vise la *Signatura rerum.* C'est pourquoi il est permis de parler de l'*art* et non seulement des *arts.* En second lieu chaque art possède son langage. Ces langages peuvent se rejoindre (par exemple on pourrait chanter les vers de Virgile devant la statue du Laocoon) sans jamais se confondre. Aussi bien n'est-il pas exact de parler d'une *correspondance* des arts ; c'est *entre-expression* qu'il faudrait dire. En troisième lieu chaque art dans sa disposition, comme en ses possibilités, peut tendre vers un absolu : ainsi ce n'est nullement parce que Laocoon ne crie pas qu'il est imparfait au sens latin (et l'on comprend ici comment les arts n'ont pas des *bornes,* mais des *limites*). En quatrième lieu l'artiste s'élevant à la moralité, ne serait-ce que par sa résignation, ne se propose cependant pas *ab initio* une vue morale et son souci n'est pas de dispenser un enseignement éthique, mais d'abord d'exprimer l'Idée — et le Laocoon est l'expression de la douleur du monde. En cinquième lieu, précisément parce qu'il est soumis aux Idées qui se disposent selon l'ordre des êtres, il ne saurait vouloir que la pierre parle : « Un cri, représenté dans la pierre ou sur la toile, un cri muet en quelque sorte, serait beaucoup plus ridicule que

96. *Monde,* § 46.
97. HIRT, *Hören,* X^e^. Stunde, 1797.
98. GOETHE, *Ibid.,* p. 61.

cette musique peinte dont il est question dans les *Propylées* de Gœthe »[99]. Enfin en sixième et dernier lieu personne n'imaginera que l'art de la pierre ne peut refléter que des pierres et ainsi de suite. Mais tout au contraire on affirmera que l'esprit peut opérer sa parousie dans ce qu'on lui oppose dans la métaphysique classique. Entièrement pénétrable par la liberté de l'artiste, la statue est l'authentique union de l'âme et du corps, et par elle nous apprenons de nouveau que la perfection ignore les barrières de l'Être.

§ 36. **L'art et la culture.**

A travers le Laocoon tel qu'il s'exprime chez Virgile et en l'admirable ensemble de statues qui a été interrogé, l'essence de l'art s'est révélée *vivante*. Mais cette vie immanente à l'œuvre d'art rencontre une série d'obstacles qui interdisent la compréhension de la vraie signification ou de l'essence. Il faut regarder le contexte historique : « Puisqu'entre nous et les anciens, écrit Schopenhauer, l'invasion des barbares a mis une démarcation semblable à celle que les dernières révolutions hydrographiques ont mise entre la période géologique actuelle et celle dont les organismes ne sont plus pour nous que des fossiles, il est à déplorer que le peuple dont la culture devait servir de base générale à la nôtre ait été justement le peuple juif et non le peuple hindou, le peuple grec, tout au moins le peuple romain. Mais ce sont surtout les grands peintres de l'Italie du XVe et XVIe siècles qui ont pâti de cette mauvaise étoile »[100]. Cette déclaration est importante. Nous ne voulons pas apporter une réponse tout-à-fait claire à la question de l' « antisémitisme » de Schopenhauer. Disons qu'en général nous portons un jugement faussé par une logique rétrospective, respectable sans nul doute au regard de notre abominable histoire, mais discutable spéculativement. Tantôt on accuse plus fortement qu'il ne le faudrait — tantôt on cherche des excuses. C'est ainsi que L. Poliakov appelle Schopenhauer « le philosophe antisémite » sans pouvoir donner la preuve que l'auteur du *Monde* est « le » philosophe antisémite et non un antisémite parmi tant d'autres[101]. En revanche dans une belle préface à la réédition de la

99. *Monde,* § 46.
100. *Monde,* § 48.
101. *Histoire de l'antisémitisme de Voltaire à Wagner,* p. 275. La pensée de L. Poliakov nous paraît manquer de nuances. Par trop rigide elle nous conduirait à voir dans le jeune Jaurès un antisémite sous le seul prétexte qu'en sa thèse

traduction française du *Fondement de la Morale,* M. A. Roger cherche à disculper Schopenhauer en citant cette phrase de lui : « Les défauts des Juifs, inhérents à leur caractère national, sont peut-être surtout imputables à la longue et injuste oppression qu'ils ont subie »[102]. C'est expliquer l'antisémitisme de Schopenhauer et non pas l'effacer, car même si le philosophe découvre une racine historique aux défauts des juifs, ces défauts demeurent des défauts.

M. A. Roger avance pour conforter sa thèse un texte satirique en lequel Schopenhauer réfléchissant sur l'origine des races voit en la noire la première, et imagine qu'Adam était noir et que par conséquent puisque Jehova a créé Adam à son image, il faut peindre Dieu en noir[103]. C'est méconnaître le sens de ce propos que de prétendre relaxer Schopenhauer sur ce seul fondement. En fait la lourde ironie de l'auteur du *Monde* vise ici indifféremment toutes les religions judéo-chrétiennes. Qu'il soit noir, blanc, rouge, jaune, le juif représente autre chose pour Schopenhauer. Sans doute Wagner s'est-il inspiré de lui et lorsque le musicien vieillissant écrit en 1881 au roi de Bavière Louis II : « Je tiens la race juive pour l'ennemie née de l'humanité et de tout ce qui est noble », il pousse à la limite une pensée de Schopenhauer, qui, développée en un autre sens, aurait pu paraître bien plus généreuse et compréhensive que celles de ses contemporains. Dans les *Parerga et Paralipomena* Schopenhauer évoque l'image douloureuse du juif errant Ahasverus. Il n'hésite pas à dire que le juif vit comme un parasite ; il n'est pas membre d'une nation politique, au sens par exemple où les Allemands sont les enfants de l'Allemagne et les Russes les enfants de la Russie. Cependant, *paradoxe,* il existe un patriotisme juif. Schopenhauer écrit cette phrase qui ne manque pas de vérité : « La patrie des Juifs est les autres Juifs » et il ajoute : « Il n'y a pas de société plus solide que celle-ci sur la terre »[104]. Un tel patriotisme dans l'errance est fraternité sur la terre. L'antisémitisme de Schopenhauer se dévoile : dans une haine aussi sévère que celle de Hegel, il comprend que la judéité est un principe *spirituel et moral.* Il n'est en aucune façon question d'anthropolo-

latine (1892) le fondateur de l'*Humanité* s'emporte contre les Juifs, formant un État dans l'État, cf. A. Philonenko, *Autour de Jaurès et de Fichte,* Mélanges offerts à R. Lauth, Fromann 1979.

102. Schopenhauer, *Le fondement de la morale,* Introduction par Alain Roger (Aubier, 1978), p. XLI.

103. Brockhaus, Bd. VI, p. 168.

104. Brockhaus, Bd. VI, p. 279.

gie — dans le sens le plus sommaire où elle dégénère en une anthropométrie aux postulats aberrants — ; ce qui fait problème c'est la conception éthique du monde dans la pensée juive.

Pour l'homme juif « il faut un devoir qui s'impose, une loi morale, un impératif, bref un ordre et un commandement pour y obéir » [105]. Le juif selon Schopenhauer est *l'homme de la loi* — et il appelle cela de l'égoïsme. En effet cet attachement à la Loi ne peut s'expliquer à ses yeux que par une déficience de la liberté, ou, si l'on préfère l'impossibilité humaine d'être et surtout de *vivre spontanément*. Il faut que le juif, pour agir en un sens honorable, aussi bien extérieurement qu'intérieurement, se sente *obligé*, qu'il mette en balance la loi et son désir personnel et penche finalement, par *crainte* envers son Dieu, vers l'obéissance [106]. Obéir, obéir et encore obéir, Schopenhauer reconnaît qu'il se trouve là une certaine grandeur. Mais quoi de plus contraire à la libre expression du génie artistique ? Quoi de plus contraire à l'extase esthétique, où sans rien calculer, nous trouvons notre rédemption ? Sans doute Schopenhauer n'a pas assez de naïveté pour penser que le juif obéit toujours et ne cède pas parfois à son désir : mais dans l'un ou l'autre cas, il se montre égoïste et intéressé. Or cette *Weltanschauung*, cette conception culturelle juive a peu à peu dominé le contexte en lequel l'art se construit. — De là les attaques parfois grossières de Schopenhauer [107]. C'est que la Métaphysique du Beau, qui est un moment capital de sa pensée, est directement mise en question.

Une étude systématique des doctrines esthétiques des philosophes juifs connus par Schopenhauer n'apporterait rien de neuf en notre propos. Il est curieux de constater, par exemple, qu'il n'a jamais tenté d'analyser la pensée du disciple de Lessing, Moïse Mendelssohn, qui fut l'adversaire de Kant, considéré par ses amis comme le « second Spinoza » [108], et le grand-père du célèbre musicien. Schopenhauer le cite trois fois, mais c'est uniquement pour souligner qu'il avait osé surnommer Kant le « brise-tout » [109]. Il est plus que curieux, *surprenant*, que Scho-

105. *Ibid.*

106. La philosophie morale de Kant est inspirée par la pensée juive. Hegel l'avait déjà dit, cf. J. WAHL, *La conscience malheureuse dans la philosophie de Hegel*, Paris, 1929.

107. Brockhaus, Bd. IV, p. 249.

108. Cf. mon introduction à *Qu'est-ce que s'orienter dans la pensée* ? de Kant.

109. Brockhaus, Bd. II, p. 497, Bd. V, p. 47, p. 182. M. MENDELSSOHN, *Gesammelte Schriften*, 3, 2, p. 3.

penhauer s'en soit tenu là. Démontrer que Mendelssohn se faisait de l'art une conception étroite et plate[110] était à sa portée. Il n'en a rien fait. C'est que le problème est plus général à ses yeux : il voyait surtout l'opposition de la liberté re-créatrice des Idées et de la loi d'airain qui pèse sur la vie juive.

Certaines conséquences s'ensuivirent.

Schopenhauer partage avec tous les grands philosophes allemands une nostalgie de la Grèce : il a suivi Hegel, Schelling, Hölderlin ; il annonce Nietzsche et par-delà celui-ci Heidegger. Mais il a l'avantage d'être concret. Il ne s'agit pas de résoudre le problème en parlant d'un oubli de la métaphysique. Si nous regrettons la Grèce c'est que nous y découvrons un monde que la tutelle du judaïsme n'a pas freiné en son élan. Le fait est que ce monde a disparu, que les barbares nous en ont séparé et que la pensée juive a pu retrouver un nouveau destin. Certes Schopenhauer — c'était une mode qui dure encore — a pu souhaiter le *retour* à la pensée grecque qui offrait à l'art une meilleure atmosphère. Mais ce souhait a été doublement tempéré chez lui. D'une part sa théorie de l'histoire, *eadem, sed aliter,* lui interdisait de penser sérieusement à un retour. D'autre part, en dépit du mauvais contexte, Schopenhauer voulait voir une vérité dans toutes les productions internationales de l'âme esthétique. Attaché au discours grec, il ne l'était pas moins à ceux qui se tiennent dans toutes les langues parlées. Shakespeare, Calderon disent parfaitement ce que leur liberté découvre. La saveur *sui generis* d'une langue, qui fait d'elle le véhicule de la liberté échappe, bien entendu, à toute tutelle, juive ou non. Aussi n'y a-t-il pas lieu d'accorder à nos modernes, troublés par la valeur émotionnelle d'une langue, que la grecque enfermerait un contenu aussi mystérieux que transcendant, exigeant de nous un retour à un discours unique en sa dignité métaphysique et ontologique. Ce serait céder au mythe de la langue originaire, de l'*Ur-sprache* — concept qui en ses origines dérive de la pensée juive[111]. L'histoire de la philosophie ne doit pas se proposer de reconstruire la langue d'avant Babel[112]. Elle doit au contraire être attentive au devenir des langues — de toutes les langues. La dispute avec le judaïsme semble, par un retournement imprévu, avoir servi Schopenhauer en le condui-

110. Il va sans dire qu'on peut ne pas partager cette opinion.
111. G. Steiner, *After Babel.* Oxford, 1975.
112. Brockhaus, Bd. VI, p. 599 sq.

sant à valoriser les langues en leur multiplicité. Il a été fort classique et très soucieux d'authenticité scientifique [113]. Le fait indiscutable est l'évolution des langues tendant à la perfection grammaticale et perdant leur expressivité native. L'impérialisme de la grammaire est évident [114]. Aussi Schopenhauer s'est-il méfié des traductions qui sont les béquilles de la culture. On ne peut pas traduire un poème, mais on ne peut pas non plus à l'intérieur d'une même langue procéder à des ajustements, visant à donner au texte une nouvelle figure — la langue poétique ne supporte pas les remises à neuf.

Si Schopenhauer, qui était un excellent philologue, était parmi nous, il aurait dénoncé la tentative heideggerienne. Heidegger a tort de faire du grec une langue modèle pour ne pas dire l'*Ur-sprache*. Dans son effort pour recréer le sens de la langue grecque, il commet un contre-sens monumental : pas plus que les remises à neuf la langue n'admet les hasardeuses restitutions. La langue a une histoire — cela signifie que bien des choses ont été bel et bien perdues. Le grec tel que Heidegger l'a lu n'est en somme que le grec de Heidegger. C'est en fait du bricolage. On peut dire sans se tromper que toutes les langues à un moment de notre histoire sont langues originelles ; en revanche soutenir qu'il se trouve une langue, modèle de l'instrument désiré de la métaphysique, comme science désirée, n'a aucun sens pour Schopenhauer. Quant à prétendre retrouver le secret de l'ontologie par la reconstitution, lourdement et inconsciemment grevée par la théologie, l'histoire, nos sciences, d'une seule langue — le seul discours grec, l'auteur du *Monde* n'y pourrait voir qu'une aberration. Il a dit et répété qu'on était d'autant plus homme qu'on connaissait plus de langues : *Quot linguas qui callet, tot hominem valet* [115].

Il fallait ce détour par l'examen de la pensée juive et l'exposition de la pensée de Schopenhauer relativement au problème linguistique, pour comprendre sa nostalgie de la Grèce. Quel que soit son langage, l'artiste grec sait ce qu'il fait. C'est que la Grèce n'était pas soumise à la tutelle judaïque. Très certainement Schopenhauer accorde que le sculpteur grec ne peut *expliquer more geometrico* toutes les dimensions de son œuvre et tous ses secrets. Mais très certaine-

113. On pourrait poser la difficile question de savoir en quelles mesures (positive, négative) les langues échappent à la tutelle de la conception religieuse. Que restait-il de juif dans l'allemand de Schopenhauer ?

114. Brockhaus, Bd. VI, p. 600.

115. Brockhaus, Bd. VI, p. 601.

ment aussi sa liberté n'est pas bridée par une loi sévère, en sorte qu'incapable d'expliquer (la liberté ne s'ex-plique pas) il est à même *de comprendre*. Les artistes de l'Occident, à la fin de la Renaissance, dominés par une religion qui veut récupérer la pensée juive, se tromperont sur la finalité de leurs œuvres. On laissera de côté la question de savoir si les Écritures Saintes sont aussi pauvres que Schopenhauer l'affirme [116]. On ne discutera pas la question de savoir si la morale juive et la morale judéo-chrétienne peuvent être assimilées [117]. On dira seulement qu'influencés par la morale judéo-chrétienne, des artistes aussi éminents que Raphaël et le Corrège se méprennent sur l'orientation de leurs œuvres. Ils peignent des saints et « le Sauveur lui-même ». Mais tandis qu'ils jugent rendre la douceur du Sauveur, ils ne s'aperçoivent pas qu'ils représentent « le reflet de la connaisance la plus parfaite, je veux dire qui ne s'applique point aux choses particulières, mais qui conçoit d'une manière parfaite les Idées, c'est-à-dire toute l'essence du monde et de la vie. » [118]. Le judaïsme a rendu l'artiste aveugle sur le sens de son opération, tandis que la Grèce lui prêtait les moyens les plus sûrs pour comprendre son acte et se comprendre. On voit comment la nostalgie de la Grèce n'est en aucune façon chez Schopenhauer médiatisée par une réflexion linguistique. Ce n'est pas un « dire » qui a été perdu, mais une compréhension pragmatique de nous-mêmes. Quand l'artiste occidental peint, il ne sait plus ce qu'il fait ; il ne sait pas qu'il est guidé par la veine du quiétisme, qui forme l'intime secret du christianisme et lui permet de se placer dans l'horizon de la sagesse hindoue, oubliant enfin ses origines judaïques.

§ 37. **L'art et la nature.**

Nous n'examinerons pas les propos de Schopenhauer sur chaque forme d'art. Mais nous voudrions étudier la relation qu'entretient l'activité esthétique avec la nature, le concept, le monde et enfin, l'homme.

En ce qui touche la nature, il semble que ce soit l'architechure qui doive retenir notre attention. On peut dire que l'architecture est le plus inférieur des arts puisqu'elle s'applique aux degrés inférieurs de l'objectivité de la volonté : « Je veux parler de la pesanteur, de la cohésion, de la résistance,

116. *Monde,* § 48.
117. Schopenhauer est antisémite, mais aussi anti-catholique...
118. *Monde,* § 48.

de la dureté, des propriétés générales de la pierre, des représentations les plus rudimentaires et les plus simples de la volonté, des bases profondes de la nature »[119]. A la différence des arts plastiques et de la poésie, l'architecture ne nous fournit pas une copie de l'Idée, mais la chose même. C'est que l'architecture n'a d'autre finalité que de manifester la sourde et puissante lutte des éléments : elle est l'antinomie « entre la résistance et la pesanteur »[120]. Loin de dépasser la nature elle la fait paraître en son essence dans le conflit[121] comme volonté d'être. Ce qu'il y a de symétrique dans les colonnes du temple ne doit pas être lu mathématiquement pour qui interroge le sens du temple comme œuvre d'art. La fonction de la régularité c'est de faire émerger par contraste la force destructrice de la pesanteur obscure. C'est pourquoi l'architecture doit être le fait de bâtiments construits en pierre. Le bois est trop fragile pour évoquer en sa pleine puissance le conflit originel des éléments[122]. Un édifice en bois est semblable à un poème écrit dans une langue qui nous est totalement inconnue.

On s'en tient là, dans le meilleur des cas[123], pour saisir la portée de l'architecture selon Schopenhauer. Mais il faut « voir » plus loin. Cet art possède une dimension éthique et métaphysique, qui ne se laisse pas dégager sans réflexion de la définition qu'on vient de présenter. La signification éthique est simple à trouver : dans la pierre, et surtout dans les ruines[124], l'humanité peut lire son fugitif destin. Déjà dans la perfection géométrique, qui résume dans une forme figée le conflit des forces de la nature, l'homme découvre une éternité qui lui fait trop bien *ressentir* la brièveté de sa vie. Contempler le temple, c'est se savoir mortel, être arraché à l'inconsciente volonté de vivre pour tomber dans la réflexion. Remarquons bien que ce mouvement de notre esprit est d'autant plus vif et profond qu'il se développe à partir du conflit des forces élémentaires que représente l'architecture. La pierre est dépourvue de sens et c'est dans ce dénuement qu'elle conquiert son expressivité. Dans la nature organique tout être possède sa forme propre qui indique comment la vie se reflète en lui[125]. En revanche la pierre

119. *Monde*, § 43, Deussen, X, p. 261.
120. *Monde*, § 43.
121. Cf. ici, § 31 : La synthèse est le conflit de l'Être.
122. *Monde*, § 43, Deussen, X, p. 265.
123. Cf. A. Fauconnet, *L'esthétique de Schopenhauer*, Paris 1913.
124. *Monde*, § 43, Deussen, X, p. 265.
125. Deussen, X, p. 267.

est « pour ainsi dire une matière *in abstracto* »[126], et à sa manière elle est la messagère du néant. Car dans le conflit de la rigidité et de la pesanteur c'est le *rien* qui affleure et devient pour nous *sensible.* On comprend dès lors la soumission de l'architecture à la géométrie : le conflit des forces de la nature, qui se lit dans les pierres, laisse au fond indéterminée la structure du temple. Les diverses figures géométriques pourront être mises en œuvre par l'architecture appuyée sur l'espace comme forme *a priori* et en un sens « mère de toutes les formes ». Le contraste est saisissant : dans ce que je peux manier le mieux, je découvre l'absurdité de mon destin. Et cela se fait au plus bas niveau de l'Être, la nature inorganique, et donne à penser que l'architecture est l'art du *ressentiment* fondé en mon tragique destin. Ici la nature se livre à l'art, comme celui-ci à celle-là, et travaillant moins sur des Idées que sur la chose même, l'architecture a « dès la bonne époque grecque, atteint la perfection entière et absolue dans ses parties essentielles »[127]. Il faut apporter une réserve : la parfaite régularité n'est pas seule capable d'enchanter notre âme. Il y a aussi la contemplation des ruines, formes écroulées qui suscitent en nous tant d'admiration qu'il faut avouer que la symétrie n'est pas la condition *sine qua non* de toute architecture.

Que les ruines nous plaisent — chose avérée — constitue un problème métaphysique. Aussi bien dans le *Monde* que dans les Leçons de Berlin Schopenhauer s'est contenté de l'effleurer. C'est ainsi que dans le *Monde,* il note que les ruines conservent leur charme et passe sans transition au problème de la lumière[128]. Dans les Leçons de Berlin il dit que l'architecture « est la révélation de la nature de la lumière, qui, à beaucoup d'égards, est l'opposé des propriétés ou des Idées dont il est question »[129]. On trouvera la même formulation dans le *Monde* où le philosophe soutient que l'architecture a pour fin, non seulement la parousie des forces inorganiques, mais aussi de nous « dévoiler l'essence de la lumière »[130]. Il convient donc de méditer sur les ruines. Singulier paradoxe : en elles le conflit de la nature inorganique semble se résoudre en un écroulement où triomphe enfin la pesanteur, tandis que s'effondre la rigidité, mais cela

126. *Ibid.*
127. *Monde,* Supl. XXXV.
128. *Monde,* § 43.
129. Deussen, X, p. 261.
130. *Monde,* § 43.

n'empêche pas qu'en ce désordre métaphysique la lumière se révèle avec sa haute puissance. La lumière est « la plus délectable des choses »[131] et on peut, sinon expliquer, à tout le moins comprendre, que les ruines qui la réfléchissent possèdent une fonction dans l'horizon du sublime. Dans le couchant, au cœur de la vallée ou au sommet d'une colline, les ruines sont le fidèle miroir de la plus délicieuse des choses. En elles le conflit de la philosophie des ténèbres et de la philosophie de la lumière s'accomplit en une synthèse qui touche le cœur le plus mal né. Comment l'architecture ne serait-elle pas dans *son agonie l'art métaphysique par excellence* ? Tel est le problème métaphysique.

Citons Schopenhauer : « La lumière est la chose la plus réjouissante qui soit ; on en a fait le symbole de tout ce qui est bon et salutaire. Dans toutes les religions elle représente le salut éternel ; les ténèbres signifient au contraire la damnation. Ormuzd réside dans la lumière la plus pure, Ahriman dans la nuit éternelle. Le Paradis de Dante ressemble au Vauxhall de Londres ; les esprits bienheureux y apparaissent comme des points lumineux qui se groupent en figures régulières. La disparition de la lumière nous attriste immédiatement ; son retour nous égaie... La raison de tout cela, c'est que la lumière est le corrélatif, la condition de la connaissance intuitive parfaite, c'est-à-dire de la seule connaissance qui n'affecte point la volonté »[132]. Nous ne pensons pas devoir insister sur l'éloge psycho-physiologique que Schopenhauer donne de la vue, qui, à la différence des autres sens est étranger à la douleur, alors que l'oreille est déjà capable de souffrir. Il n'a fait, semble-t-il, que suivre la doctrine kantienne exposée dans l'*Anthropologie au point de vue pragmatique*[133]. Mais la difficulté est claire : dans les œuvres de l'architecture et parfois en leurs ruines, nous saisissons à la fois ce qui est le plus délectable grâce à la vue qui n'est pas intéressée comme les autres sens et ignore la douleur, et l'appel puissant du *Memento mori.* Qui plus est, l'architecture nous permet d'accéder à une compréhension intuitive des mathématiques, etc... Pourquoi n'est-elle pas l'art métaphysique par excellence ? — On ne trouvera pas de réponse bien solide. Il faudrait pouvoir dire — mais ce serait par trop bergsonien — que l'architecture ne fait pas sa place à la durée vivante. Certes

131. *Monde,* § 39.
132. *Monde,* § 38.
133. Kant, AK., Bd. VII, p. 156.

le jeu des ruines et de la lumière indique, mieux que dans tout autre art, le conflit de l'Être, des ténèbres et de la lumière, mais si le cœur le plus mal né peut être touché, il ne saurait toutefois être pénétré. L'architecture n'est pas vécue intérieurement et si elle lève le voile sur le spectacle de la nature, elle ne lève pas le voile sur le spectacle secret de mon cœur. C'est donc un texte qui, bien considéré, n'est qu'un pré-texte, un prologue. L'architecture ne sera pas l'art suprême car elle donne à penser, sans obliger à penser. Et puis, qui ne voit que, trop étroitement liée à la nature, elle peut tout au plus ouvrir le chemin de la *délivrance*, mais non le tracer. On ajoutera, pour mieux fonder cet argument, que l'architecture ne saurait exister sans le monde ou la nature. Tout autre sera la destination (*Bestimmung*) de la musique qui « pourrait en quelque sorte continuer à exister, alors même que l'univers n'existerait pas. »[134].

§ 38. L'art et le concept.

Mais si tous les arts, hormis la musique, sont liés à la nature — le plus abstrait de tous les tableaux utilise encore les couleurs — ne sont-ils pas également liés au concept ? Le problème qui se pose immédiatement est celui de la signification. Schopenhauer est bien obligé de reconnaître qu'un tableau possède deux significations, l'une intérieure ou encore réelle, l'autre extérieure ou allégorique[135]. Or l'allégorie tombe du côté du concept, tandis que la manifestation de la signification réelle est la représentation de l'Idée. Sans doute tout commande de séparer ces deux aspects de la signification, mais il faut bien voir que, ce faisant, on s'engage en une perspective où l'on manque de critères évidents. On n'aura pas seulement affaire à l'allégorie, mais aussi aux symboles, emblèmes, etc. L'auteur du *Monde* insiste sur le lien arbitraire entre le concept et l'image en laquelle on prétend voir son symbole : le laurier symbolise la gloire, tandis que la palme est le symbole de la victoire — qui niera que le laurier puisse symboliser la victoire et la palme la paix ? C'est un fait aussi que les couleurs possèdent des significations symboliques : « Le jaune représente la fausseté, le bleu la fidélité » etc.[136]. Il est difficile de contredire en ceci Schopenhauer : ce sont des faits qu'il relève. C'est aussi un

134. *Monde*, § 52, Deussen, X, p. 352.
135. *Monde*, § 50.
136. *Monde*, § 50, Deussen, X, p. 310.

fait que, dans un tableau, la compréhension de l'humain, par exemple, nous semble indépendante de la symbolique. On devrait donc pouvoir dissocier la signification réelle de l'allégorique. Mais à la réflexion le propos de Schopenhauer semble moins clair. Sans doute a-t-il pris soin de distinguer. Le symbole, par exemple, est encore plus éloigné de l'art que l'allégorie. Semblable distinction, si juste soit-elle, ouvre la porte à mille difficultés et affaiblit la position de l'auteur du *Monde*. En fait rien ne doit être admis ou l'on consent à d'interminables et confuses discussions. Jamais Schopenhauer n'explique pour quel degré d'arbitraire l'allégorie dégénère en symbole, ce dernier en emblème. Jamais il ne cherche à expliquer quelle méthode nous permettrait de mettre entre parenthèses la dimension allégorique. Enfin, *last but not least*, il admet que l'intention allégorique « fait du tort à la signification réelle, à la vérité concrète »[137] et affaiblit encore sa position, puisqu'il reconnaît que l'allégorie, si arbitraire soit-elle, affecte la signification réelle et joue, de ce fait un rôle actif, même s'il est, à ses yeux, négatif.

« Tout passage de l'Idée au simple concept ne peut être qu'une chute »[138]. Mais le moyen d'éviter cette chute ? L'idéal de Schopenhauer, en ce qui concerne les arts plastiques, est l'épanouissement de la seule intuition. Cela le conduit à d'étranges affirmations : « La sculpture grecque correspond à l'intuition : aussi est-elle esthétique ; la sculpture hindoue correspond au concept : aussi est-elle simplement symbolique »[139]. Affirmation étrange et même doublement étrange. D'une part on s'étonnera de voir le philosophe dénoncer en l'art hindou un art inférieur. D'autre part nous savons que l'influence grecque et plus précisément alexandrine a été très forte — avec un temps de retard certes — sur l'art bouddhique[140].

Mais ce sont là remarques de détail. Le plus grave, selon nous, semble résider dans la relative incompréhension de Schopenhauer de l'essence du symbole. Le mot *symbole*, dit-il, indique une convention. « On est tombé d'accord qu'une certaine image (*Bild*) ou un signe (*Zeichen*) représente un certain concept avec lequel il n'a aucune liaison »[141]. Toute la question est de savoir s'il est légitime de traiter les *symboles* comme des *signes*.

137. *Monde*, § 50.
138. *Ibid.*
139. *Ibid.* L'affirmation ne se retrouve pas dans les Leçons de Berlin.
140. R. Grousset, *Sur les traces du Bouddha*, Paris 1977, p. 103.
141. Deussen, X, p. 310.

Que le symbole puisse être utilisé comme signe, en vue d'une action élaborée par l'entendement, nul n'en doutera : Ralliez-vous à mon panache blanc ! [142]. Mais en revanche il faut convenir que les symboles, pris en eux-mêmes, touchent à des forces mystérieuses — que, par exemple, en Europe, le vert soit considéré comme le symbole de l'espérance, que les pays réglés par l'Islam considèrent le mauve comme une couleur néfaste — ce sont là faits que la seule histoire, même appuyée sur la philologie, ne saurait parfaitement expliquer. Ce n'est pas le lieu de proposer une interprétation fondamentale [143]. Nous situant dans la perspective de Schopenhauer nous pourrions néanmoins suggérer que le symbole est l'opération irrationnelle de l'entendement. Aussi bien ne vaut-il pas seulement comme substitut du concept, mais encore comme signification affective, laquelle n'est nulllement liée de manière rigoureuse au principe de l'intérêt, ce qui explique l'arbitraire souligné par Schopenhauer. Le concept *désigne*, le symbole *évoque* ; le concept est principe de clarté intellectuelle, le symbole est principe de présence ; le concept permet de penser, le symbole donne à penser. Par trop bloqué dans la dure alternative de l'intuition ou du concept, Schopenhauer ne semble pas avoir été en mesure de trouver une issue que ses textes permettaient d'entrevoir. Gœthe avait montré plus de tact en distinguant la fidèle reproduction de la nature, puis la manière, enfin le style. Dans cette progression le symbole opérait sa purification. Ce procès conduisait Gœthe à découvrir un itinéraire partant de la passivité devant l'objet — objectivité devant l'étant — jusqu'à la prise de conscience de l'art en soi et pour soi, en laquelle se développe l'objectivité de l'esprit esthétique [144]. Les développements de Schopenhauer, sur la peinture par exemple, peuvent donner à penser qu'il s'en tenait à la simple reproduction médiatisant la vue des Idées, et se refusait à comprendre comme Gœthe qu'il y avait une Odyssée de la conscience esthétique, conduisant l'art de l'objectivité envers l'objet jusqu'à sa propre objectivité. Nous ne pensons pas qu'il convienne ici de parler de contradictions chez Schopenhauer — il s'agit plutôt d'insuffisances, au demeurant dictées par un souci honorable.

142. Bien malin qui saura ici dissocier dans le blanc du panache le signe et le symbole.

143. E. CASSIRER, *Wesen und Wirkung des Symbolbegriffs*, Oxford, 1956. Cassirer dans ce volume a résumé les principales apories.

144. E. CASSIRER, *op. cit.*, p. 183.

Mais il demeure vrai que l'auteur du *Monde* a su faire sa place à l'allégorie, comme au symbole, dans le domaine de la poésie. Deux raisons toutes simples ont joué. La première, pour Schopenhauer, est que la poésie par le seul fait qu'elle est langage humain implique une opération de l'entendement. La seconde est que le poète n'a pas d' « objet-modèle » à rendre. Introduire l'allégorie dans l'art plastique est céder à une tendance vicieuse, puisqu'on prétend ordonner l'intuition selon le concept [145]. En revanche en la poésie le rapport est inversé : le donné direct de l'art poétique n'est pas comme en l'architecture la nature, mais le mot, et en celui-ci le concept. Dans ces conditions l'allégorie et le symbole ne sauraient être évités et le travail du poète consiste à faire émerger l'intuition du concept. On trouve dans les Leçons de Berlin une remarque « assez » décisive, permettant de comprendre l'*Aufhebung* du concept que peut opérer la poésie. Il s'agit d'un cas unique, selon Schopenhauer, mais susceptible d'éclairer toute la poésie. Il cite Dante, « poète unique » — tandis que les poètes veulent toucher la *vérité du monde effectif*, dans la *Divine Comédie* se fait jour quelque chose d'inouï : la *vérité du monde du rêve* [146]. Dante est le poète de ce qui n'existe pas effectivement, et par là il accomplit la suppression du concept. Celui qui veut le lire doit consentir à tourner son regard au-dedans de lui-même pour, dans l'efflorescence nocturne des pensées, voir naître un monde fantastique que nul entendement ne saurait concevoir. Ce que nous montre la poésie de Dante c'est donc la possibilité de retrouver l'intuition en partant du concept [147].

On ne peut qu'être sensible à cet hommage rendu à Dante et on doit s'interroger : l'essence de la vraie poésie ne serait-elle pas d'exposer la vérité du rêve ? Le poète pour parvenir à ses fins ne doit-il pas dépasser le donné, se soumettre à la fonction

145. *Monde*, § 50.

146. Deussen, X, p. 340.

147. Schopenhauer n'a pas une lecture correcte de Dante. Pour commencer il se contredit, affirmant d'une part que Dante expose la vérité du rêve et d'autre part que le poète a trouvé le matériau de son *Inferno* dans le monde réel (*Monde*, § 59). S'il a été sensible au problème de la lumière chez Dante (donc à une partie de sa théologie) il a entièrement méconnu sa pensée politique (le problème de L'Empire) et n'a rien dit des si nombreuses allusions à Aristote et saint Thomas. Il a même commis l'erreur insigne de croire qu'intitulant son œuvre la *Comédie* Dante a cédé à l'ironie (Brockhaus, Bd. VI, p. 470) voulant tourner en dérision la Création. L'intention de Dante était tout autre comme le montre l'*Épître XIII* à Enguerrand (Cangrande della Scala). Cf. Dante, Œuvres complètes (Pléiade), p. 796.

véritative de son art qui le conduit dans l'inédit, dans le dépaysement, dans *l'ailleurs* ? Cet art du déracinement nous touche particulièrement, nous modernes, qui selon Schopenhauer pouvons faire du Paradis de Dante un Purgatoire par rapport à notre terre[148]. S'il n'a pas connu *L'Invitation au voyage* de Baudelaire, Schopenhauer songeait souvent à ce poème unique et rare de Gœthe qui commence par ces mots : « *Kennst Du das Land...* »[149]. Dans le fond toute poésie est le rêve d'un *ailleurs*. Dante est le cas limite, mais en cherchant bien on trouverait chez beaucoup de poètes cette évasion où, libérés du concept, jusqu'à un certain point soutenus par l'allégorie, ils obéissent à cet appel vers l'ailleurs, vers l'inexprimable et l'indicible. Aussi la poésie ne consiste pas seulement à exprimer en un langage choisi des choses ordinaires et encore moins à développer des idées philosophiques[150]. Son projet fondamental doit être de susciter en nous la nostalgie et de nous délivrer du carcan des concepts. Dans la vérité du rêve l'esprit renaîtrait, non comme dogmatisme, mais comme besoin métaphysique, et dans l'*à peu près* qui fait tout le charme de la poésie, il commencerait à revenir à soi. Cet *à peu près*, cette inexactitude qu'il faut obtenir avec tant d'exactitude, est la veine par laquelle l'esprit lentement infusé par le rêve s'éveillerait et comprendrait « que la vie est un lourd cauchemar »[151].

Schopenhauer n'a pu, on le comprendra, souscrire sans réserves à l'usage du mètre et de la rime. Il y voit des modèles préfabriqués qui empêchent le plus souvent l'expression poétique de se manifester en sa fraîcheur. Il souligne « la pauvreté de la poésie française ». Privée du mètre, en lequel il veut voir une fonction temporelle et qui se trouve être un rythme, elle est réduite à la rime[152]. Schopenhauer dénonce avec raison les confusions de la poésie française, telle qu'il la pouvait connaître : « ... par exemple, pour rimer deux syllabes doivent être de même orthographe, comme si la rime était faite pour les yeux, et non pour l'oreille ». « Si nous pouvions pénétrer du regard dans l'atelier secret des poètes, nous trouverions dix fois plus souvent la pensée cherchée pour la rime que la rime

148. Brockhaus, Bd. III, p. 663.

149. Deussen, X, p. 321. C'est le début du célèbre poème sur l'Italie : « Connais-tu le pays où fleurissent les orangers... ».

150. D'où le mépris de Schopenhauer pour la philosophie en vers du XVIIIe s.

151. *Monde,* Supl. XXXVII.

152. *Ibid.*

pour la pensée »[153]. C'est dire le mal que crée en la poésie l'usage de la rime, qui, plus conceptuelle qu'autre chose, nuit à la parousie de la nostalgie et de l'indicible, s'oppose à l'*Aufhebung* du concept dans l'intuition, et pour tout dire introduit la mathématique en un domaine dont elle devrait être chassée sans pitié. Mais il fallait expliquer dès lors pourquoi de tous temps la structure poétique avait recueilli tant de faveurs : « En voici pour moi la raison : une rime heureuse, grâce à une emphase indéfinissable, éveille le sentiment que la pensée exprimée dans le vers était déjà prédestinée, existait préformée dans la langue et que le poète n'aurait eu qu'à l'en extraire »[154]. La rime est bonne, lorsqu'elle comprend de l'indéfinissable, et favorise l'*à peu près* sans lequel il n'est pas de poésie. Le mètre a conduit Schopenhauer à rapprocher musique et poésie, — la poésie, dit-il, est « en quelque sorte de la musique »[155]. La constatation serait banale si on la dégageait de son contexte — Schopenhauer a, en effet, indiqué les problèmes difficiles que pose le chœur dans la tragédie grecque, étrange alliance de la musique et de la poésie qui attirera le jeune Nietzsche. Mais puisqu'il faut se résumer on dira qu'en dépit de l'heureuse influence du mètre, la poésie liée à la rime est rarement pure. Chez les meilleurs poètes on voit en lutte la rime et la pensée, avec « le triomphe alternatif de l'une ou de l'autre ». On assiste le plus souvent — c'est pourquoi il est peu de grands poètes — à la défaite de l'intuition que la rythmique même ne parvient pas à libérer des griffes du concept. *Dichtung oder Wahrheit* ? Et quelle *Dichtung* ? Quelle *Wahrheit* ?

§ 39. **L'art et le Monde.**

On analysera de manière plus brève le rapport que l'art entretient avec le monde. Schopenhauer n'a pas, à notre sens, vraiment cherché à construire un *système des arts* qui nous montrerait ceux-ci dévoilant des Idées au fur et à mesure de leur grandeur. Certes il assigne au poète une place privilégiée : « Le poète est donc le résumé de l'homme en général »[156]. Il peut tout exprimer « chanter la volupté et les sujets mystiques... écrire des tragédies ou des comédies, etc. ». L'auteur du *Monde* n'hésite pas à soutenir que le poète possède sa propre justice

153. Comparer, Deussen, X, p. 323 sq.
154. *Monde*, Supl. XXXVII.
155. *Ibid.*
156. *Monde*, § 51.

— non pas une justice au sens de la morale formulée par Kant, mais une justice qui ne redoute pas de déchirer le voile de la Maya. La tragédie, par exemple, ne doit pas se plier aux règles de la justice commune et son propos essentiel n'est pas de nous montrer la punition des méchants. Quand elle est guidée par l'histoire, elle doit montrer « les douleurs de ce monde inhospitalier ». La fatalité est la vraie justice qui se traduit dans la tragédie[157]. Par là se détermine le rapport de l'art au monde. Les arts ne composent pas une hiérarchie, même si nous pouvons avoir tendance à observer que, sous ses différentes formes, la poésie est supérieure aux autres arts, dans la mesure où, plus que tous les arts plastiques par exemple, elle s'occupe de la destinée de l'homme, qui, on l'a vu, est l'épanouissement de la volonté de vivre. Il serait absurde de nier que Schopenhauer n'a pas été tenté d'élaborer une hiérarchie des arts. Un texte du *Monde* indique cette tentation : « L'art, sous toutes ses formes, est-il écrit, a donc toujours pour fin d'exprimer l'Idée ; ce qui distingue les différents arts, c'est le degré d'objectivation de la volonté, représentée par l'Idée dans chacun d'eux ; de là dépend aussi la matière propre à chaque art. »[158]. Cette thèse est peu solide et un seul exemple suffit à la faire chanceler : le Laocoon qui exprime, *suo genere,* l'Idée absolue de l'homme. Mais plus grave, nous semble-t-il, est le texte du § 51 du *Monde* qui peut être regardé comme obscur, pour ne pas dire contradictoire. On relève une phrase qui irait bien dans le sens d'une hiérarchie des arts : « Ce que l'ingénieur fait pour les liquides et l'architecte pour les solides, le poète, dans le drame ou l'épopée, le fait pour l'Idée de l'humanité. » Mais cette thèse est annulée par une déclaration qui la suit sans transition : « Tous les arts ont pour *but commun* de développer et d'éclaircir l'Idée qui constitue l'œuvre d'art, la volonté à chaque degré de son objectivation ». Cette déclaration n'autorise pas la fondation d'une hiérarchie des arts comme la précédente : tous les arts ont une commune finalité : éclairer le monde. L'être se dit en plusieurs sens : c'est la vérité de la diversité esthétique.

Or cette finalité universelle constitue les arts en image et refus du monde. Quand Schopenhauer cite ce vers du *Mahomet* de Voltaire :

« Tu dois régner ; le monde est fait pour les tyrans »[159]

157. Dans les Leçons de Berlin Schopenhauer professe avec énergie le fatalisme, cf. Deussen, X, p. 322.

158. *Monde,* § 51.

159. Voltaire, *Mahomet,* Acte V, scène dernière ; cf. Deussen, X, p. 610.

il exprime son sentiment profond. L'art se doit d'être le fidèle reflet du monde et l'amère évidence que le monde est fait pour les tyrans est le moment « réaliste » de l'art. Mais dans le même moment l'art encourage l'esprit à refuser un monde à ce point sordide. Miroir du monde, l'art procure l'énergie pour le dépasser. Schopenhauer pensait que ce mouvement dialectique datait de toujours : Sophocle dit-il autre chose, écrivant : « Qu'il en soit comme il doit être » ?[160]. Au demeurant ce *refus* du monde est inscrit *ab initio* en l'art, puisque, on l'a vu, il faut se défaire de l'intérêt pour accéder à la contemplation esthétique — ce qui dispense l'art de donner des raisons pédantes qui justifient son refus. On dira qu'il est étrange que l'art, si souvent compris comme amour, soit en son fond un refus. On pourrait opposer Gœthe et Schopenhauer. Dans le second *Faust*, Gœthe fait crier son héros :

« Dasein ist Pflicht, und wär's ein Augenblick »[161].

Mais ce cri n'est poussé que sur un fond d'angoisse, tant est grande la crainte que l'homme ne s'abandonne à la déréliction, au fleuve sourd de la désespérance[162]. Le moyen proposé par Gœthe est l'immersion totale dans le présent : « *Die Gegenwart allein — ist unser Glück* »[163], mais ce moyen est si peu sûr qu'il faut faire de l'existence un devoir ! Pour qu'elle cesse d'être angoisse ... Schopenhauer reconnaît, comme Gœthe, le *Dasein* comme angoisse, mais lui propose de se sauver en se refusant à soi-même dans le refus du monde par l'élan de l'art. Il faut dire adieu au monde et du même coup adieu à soi.

§ 40. **L'art et l'homme.**

C'est dans la dialectique du miroir et du refus que se dessine une des plus graves difficultés de la pensée schopenhauerienne. Le rapport de l'étant à l'Idée deviendra problématique. D'une manière générale Schopenhauer souligne que l'artiste n'a en vue que l'universel ; à travers cet animal, cette chouette, Dürer n'entend pas seulement nous montrer une chouette, mais son Idée, mélancolique incarnation du vouloir-vivre. Mais comme il

160. *Philoctet.* 1238, Hermann Herausgeber.

161. GOETHE, *Faust*, II er Teil, Dritter Akt, SW, Bd. III, p. 284 (L'existence est un devoir, quand bien même il ne s'agirait que d'un instant).

162. HEIDEGGER, *Sein und Zeit*, § 41.

163. GOETHE, *op. cit.*, Bd. III, p. 283 — Cf. HEGEL, *Phaenomenologie des Geistes* (Hoffmeister), p. 262 sq.

a été dit en la Métaphysique de la Nature, au fur et à mesure que la volonté s'actualise, l'être s'individualise [164]. L'auteur du *Monde* a même été très loin : « Ainsi il faut considérer l'homme, chaque homme comme une manifestation particulièrement déterminée et caractéristique de la volonté, et même d'une certaine façon (*gewissermassen*) comme une Idée. » Aussi Schopenhauer opère-t-il la juxtaposition de l'Idée ainsi conçue avec le caractère intelligible [165]. Nous voici acculés à des apories d'une gravité extrême.

On remarquera donc — c'est toute la difficulté — que dans la mesure où il peint *un* homme, l'art atteint immédiatement le phénomène dans l'Idée et l'Idée dans le phénomène. L'art n'est donc plus une visée de l'universel à travers le particulier, mais, au point de vue du sens il se donne comme un absolu. La doctrine s'oppose dès lors à la seule application du temps et de l'espace comme *principium individuationis*. Que cet homme soit en ce *point* de l'espace et du temps n'a, semble-t-il, aucune importance pour l'art. Sans doute l'artiste sait qu'il peint un Flamand, ou un Russe, mais il n'a pas besoin de leur assigner un point déterminé par latitude et longitude. De plus : puisque l'art saisit immédiatement l'Idée ou le caractère intelligible, l'idéalisme et le réalisme lui sont indifférents. Ce n'est donc pas par la seule vertu de l'idéalité de l'espace et du temps que cet homme se trouve être cet homme, — un *individu*. L'homme particulier est Idée : « Le caractère intelligible coïncide donc avec l'acte primitif qui *se manifeste dans l'Idée* » [166]. Aussi bien, au point de vue de l'art, au niveau de l'homme, la distance entre caractère intelligible et caractère empirique paraît s'effondrer. Le caractère empirique n'est que la manifestation dans la durée d'une essence appelée à se dire.

Certes il n'est pas impossible d'atténuer l'aporie en indiquant que la visée de l'art même à ce niveau n'est pas « théorique » : on comprend un visage, on ne le définit pas mathématiquement. Souvenons-nous de la formule lapidaire de Schopenhauer : « *Daher vollkomne gefülte Physiognomik, aber nicht im Begriff* » que nous traduisions ainsi dans le § 17 : « Ainsi Physiognomie pleinement sentie, mais non conceptualisable ». Au point de vue « théorique », caractère intelligible et caractère empirique s'opposeraient suivant le *principium indi-*

164. *Monde*, § 28, Deussen, X, p. 111.
165. *Monde*, § 28, Deussen, X, p. 148.
166. *Monde*, § 28 (je souligne).

viduationis, donc selon l'entendement limité aux concepts, — au point de vue esthétique s'ébaucherait une compréhension née dans les pensées du cœur. La difficulté la plus évidente est que Schopenhauer ne semble pas avoir réussi à concilier ces deux visées de l'étant. Il se sert de la visée théorique pour appuyer sa doctrine de l'art — sans la théorie du phénomène le thème des Idées méta-temporelles qui est au fondement de sa doctrine esthétique se déroberait. Mais inversement il s'est fondé sur l'appréhension de l'art pour soutenir l'idée de caractère intelligible, racine de la manifestation dans le monde. On doit à la vérité de souligner que ce renversement de perspectives, ce jeu de bascule, l'a lui-même inquiété. Ribot relevait déjà dans un texte des *Parerga et Paralipomena* son hésitation : « L'individualité ne repose pas seulement sur le *principium individuationis*, et n'est pas absolument un pur phénomène ; mais elle a sa racine dans la chose en soi, dans la volonté de l'individu, car le caractère même de celui-ci est individuel. Jusqu'à quelle profondeur pénètrent ses racines, *c'est là une question à laquelle je n'entreprendrai pas de répondre.* »[167]. Faut-il, s'agissant de l'homme, admettre un ajustement parfait du caractère empirique et du caractère intelligible ? C'est ce que donnerait à penser M. Piclin, tandis que, non sans raisons, il croit que Schopenhauer distingue *individualité* et *individuation*. L'individualité aurait sa source en la chose en soi elle-même, l'individuation en revanche se fonderait dans le *principium individuationis* (temps, espace, causalité, représentation)[168]. Mais M. Piclin n'est pas entièrement convaincant : en somme, en guise d'explications, il apporte des distinctions. Peut-être est-il impossible de faire autrement puisque Schopenhauer n'a pas voulu entreprendre de répondre à la question — mais l'embarras ne cesse pas. Aussi n'est-il pas étonnant que des interprètes, comme S. Reinach, demeurent convaincus que nous sommes ici en présence d'une contradiction formelle de la doctrine : « On ne peut admettre sans contradiction un caractère intelligible individuel, puisque les seuls principes d'individuation concevables sont l'espace et le temps, qui n'existent pas dans le monde des intelligibles »[169]. Ajoutons que la question possède un sens *moral* que Schopenhauer n'a pas écarté : si la chose en soi est une, comment y

167. Th. Ribot, *La philosophie de Schopenhauer* (Alcan) p. 124 (Paris, 1911).
168. M. Piclin, *Schopenhauer*, Paris 1974, p. 48.
169. S. Reinach, *Essai sur le libre arbitre* (traduction du texte de Schopenhauer, *Ueber die Freiheit des Willens*), p. 202, n. 1.

voir la source de l'énorme diversité des caractères ? Notre sentiment est que ces lectures de Schopenhauer, dont nous ne contestons pas la justesse formelle, manquent toutefois le lieu où la difficulté est née. C'est dans l'esthétique admettant l'équivalence en l'homme de l'*Erscheinung* et de l'Idée que l'aporie a pris naissance. L'accord dialectique du singulier et de l'universel dans une immédiateté, cet homme, contemplé en dehors de tout intérêt, formule une nouvelle saisie de l'Idée qui s'écarte sensiblement de la lumière platonicienne, qui veut que les Idées soient universelles.

On peut en creusant découvrir un aspect plus cruel de cette difficulté. On trouve en effet, deux démarches chez Schopenhauer : l'une, toute classique, qui oppose le particulier à l'universel dans un rapport d'autant plus figé que le temps est caractérisé comme principe purement subjectif, de telle sorte qu'abstraction faite du temps comme élément *du principium individuationis,* le particulier se résorbe dans l'universel. Cette démarche est la démarche *critique.* Mais il est une autre démarche, celle-là *ontologique,* attentive à la révélation du sens de l'Être dans une méditation toujours plus riche et concrète. Les réflexions de Schopenhauer sur la notion de *symbole* — qu'il veut bannir de l'art on l'a vu — éclairent la solution de continuité entre les deux approches. Dans la démarche qui oppose et médiatise le particulier et l'universel, le symbole peut jouer un rôle éminent, à titre de schème par exemple. En revanche dans l'autre démarche, introduisant dans le monde esthétique une médiation, qui sans être le concept même en demeure proche, le symbole joue un rôle destructeur. On voit bien dès lors que l'aporie est complète et il ne serait pas inexact de dire que Schopenhauer est acculé à cette impasse parce qu'il ne possède pas la *critique de son ontologie* ni *l'ontologie de sa critique.* Voici la faille béante du système. L'auteur du *Monde* écrit : « Peut-être, après moi, quelqu'un viendra éclairer et illuminer cet abîme ». C'est dire qu'il se refuse à reconnaître une contradiction — dans le fond il est sûr de tous les moments pris un à un. Mais il lui manque le nœud terminal. Un autre le trouvera peut-être... Ce faisant Schopenhauer se montre à nous plus artiste que logicien. Tant qu'un logicien n'a pas achevé son opération, elle n'a pas de valeur à ses yeux et il veut donc l'achever. L'artiste peut à ce point demeurer indécis que, sûr de la valeur de son tableau, il n'osera pas l'achever. C'est tout Schopenhauer : convaincu de ne s'être pas trompé, il hésite et finalement n'apposera pas la touche finale qui terminerait le tableau[170]. Il ne pensera pas si bien dire en affirmant que sa philosophie est un art.

Mais cette difficulté n'est pas la seule. Schopenhauer a toujours affirmé que les Idées étaient pour le génie pure transparence et totale sincérité. L'artiste qui peint un cerisier contemple son éternelle essence, comme dévoilement pur et rayonnant — celui qui fixe dans le marbre la forme éprouve le même sentiment. Toute la supériorité de l'art, selon Schopenhauer, est là. Aux syllogismes hasardeux, surtout quand la raison s'en mêle avec son besoin métaphysique, il oppose cette naïveté de la contemplation esthétique, qui affranchie de tous liens, fait émerger au sein d'un cœur pur l'étant en sa transparence. Cette idée, sans cesse sous-entendue, possède une racine magique. L'alchimiste devait non seulement posséder un savoir-faire, mais encore et surtout un cœur pur. On nous permettra de ne point insister sur ce point qui éclaire cependant la conception de Schopenhauer se fait du génie, modèle de l'homme parvenu à la pureté et à l'innocence dans son rejet spontané des exigences de l'entendement. Or, précisément, c'est ici même que tout va se compliquer de nouveau. L'homme est défini par Schopenhauer comme *l'être du secret*. On a vu comment il l'oppose à la plante qui dans son innocence présente à qui veut la regarder sa carte d'identité par la couleur et la forme de ses feuilles, son fruit, la terre en laquelle elle pousse. On peut être certain que jamais une fougère ne prétendra se faire passer pour un buisson de roses. Et c'est cette candeur de la plante qui permet à l'artiste de viser, à travers un spécimen, l'Idée. Il en va tout autrement de l'homme : « On ne comprend jamais entièrement que soi-même ; l'autre on ne le comprend qu'à moitié »[171]. *Les hommes sont des Idées obscures.* L'aporie précédemment développée se renouvelle au sein de la seule visée esthétique ; le visage d'un homme se donne à nous toujours sous un aspect particulier, sans qu'on puisse prétendre percer son secret par cela seul. Des grands peintres, tels Rembrandt, Dürer, ont su que peindre un visage c'était le peindre de l'intérieur. Ils l'ont su — mais entre savoir et *pouvoir* il y a un abîme. Nous nous sommes au § 16 déjà interrogés sur la valeur du concept d'individualité pris en soi en dehors du temps et de l'espace. Nous y relevions le fait incontestable, selon Schopen-

170. On peut mesurer ici l'océan qui sépare Schopenhauer de Fichte, qui n'a jamais laissé une synthèse inachevée.

171. Brockhaus, Bd. VI, p. 7.

hauer, que l'enfant est plus *lisible* que l'homme. Il nous faut à présent avouer que le sujet humain, l'objet qui est au sommet de l'art[172], se dérobe à l'artiste, bien qu'il constitue « en quelque sorte » une Idée. L'artiste ne parviendra jamais à percer cette intimité, ce repli sur soi, bref à atteindre l'Idée, comme l'universel nocturne d'un phénomène[173]. Certes les ressources de la peinture sont grandes — sont-elles suffisantes ? Toute la question est là et beaucoup plus grave que les contradictions exposées au début de ce paragraphe. Toute révérence faite à la dignité de la théorie, nous sommes devant une difficulté rare. Car nous en savons assez pour apprécier la portée de la Métaphysique du Beau dans la pensée de Schopenhauer et comprendre le rôle décisif qui fut le sien dans l'élaboration de la doctrine. L'art est lumière, dévoilement, révélation — mais quand il s'agit de peindre le cœur de l'homme, il butte contre la muraille du secret.

La difficulté semble avoir été surmontée à deux reprises, non sans incohérences. En premier lieu on observera que Schopenhauer, après avoir dit que tout homme était « en quelque sorte » une Idée, parle d'une Idée de l'humanité[174]. C'est une démarche quelque peu illogique, mais dont il ne faut pas exagérer la gravité. En revanche ce qui donne plus à penser est le rôle du poète dans la peinture de l'humanité : « Le vrai poète... a embrassé l'Idée de l'humanité au point de vue déterminé qu'il a actuellement sous les yeux ; c'est la nature de son propre moi (*das Wesen seines eigenen Selbst*) qu'il objective en elle devant lui »[175]. Traduisons : l'Idée de l'humanité que nous rencontrons chez Gœthe, c'est l'Idée de Gœthe. On jugera la traduction brutale ; elle a le mérite d'indiquer, avec toute la netteté désirable, la *subjectivité* de l'œuvre d'art dès qu'elle s'attaque à l'homme[176]. Admettons que l'Idée de Gœthe parvienne à la clarté. Qu'en sera-t-il des hommes communs ? Échapperont-ils à leur statut d'Idées obscures ? La réponse peut être positive, mais faible : ils n'émergeront de la nuit qu'à la lumière de ce soleil aussi lointain qu'éblouissant — presque étranger à notre univers — qu'est l'âme gœthéenne. Comme on le voit il est difficile d'éliminer le secret. La difficulté n'aurait pas une

172. *Monde*, § 51.
173. Deussen, X, p. 148.
174. *Monde*, § 51.
175. Brockhaus, Bd. II, p. 289.
176. On pourrait poser la question de savoir si dans sa candeur le génie n'a pas des ombres et ne reflète pas du nocturne.

si grande importance, si Schopenhauer, en cela bien différent de Kant, n'avait espéré formuler la définition de l'art comme *objectivité métaphysique*. Pour lui, comme plus tard pour Bergson, l'art, dont il reconnaît le caractère subjectif si l'on en parle à la manière des psychologues, devait posséder une puissance de révélation, une sûreté dans l'expression — en un mot : une objectivité, bien plus riche que la prétendue objectivité des sciences *exactes*.

Que dans l'art l'homme demeure obscur à lui-même — bien plus, que l'art révèle cette obscurité, ce n'était pas une idée sans valeur. Devant un tableau ou dans la lecture d'un poème, l'homme sensible découvre en lui-même une zone d'ombre que nul miroir n'aurait su lui indiquer. Freud s'est emparé de ce thème avec vigueur [177]. Mais non Schopenhauer. Trop prisonnier de la *Licht-Metaphysik* venue jusqu'à nous depuis Platon, en dépit de sa réflexion sur les *signatures*, il est demeuré fidèle à une esthétique de la lumière. On ne lui fera pas l'injure de penser qu'il a entièrement méconnu ce que pouvait apporter une esthétique du nocturne — il s'est inspiré de Boehme, il a su montrer combien l'inexactitude était nécessaire en poésie et n'a jamais confondu les tableaux et les photographies. Toutefois il n'a pas su ou voulu exploiter toutes les ressources de la philosophie des ténèbres. Parlant sans cesse de l'Idée platonicienne, en dépit de son grand talent et de son authentique sensibilité, Schopenhauer ne s'est pas délivré de la règle de la *clarté* et de la *lumière*. Romantique, il demeurait, sans peut-être le concevoir, un esprit *classique*. C'est dire que ses contradictions sont celles de l'esthétique classique, mais à ce point exaspérées, qu'elles devaient conduire l'art et son interprétation — surtout la lecture psychanalytique — à s'arracher décisivement de la tutelle platonicienne. Comme on peut penser que Malebranche naturalisant toute chose préparait le matérialisme, Schopenhauer voulant illuminer toute chose et devant avouer que le seul soleil de Gœthe pouvait éclairer la nuit des cœurs, préparait la philosophie de l'obscur à laquelle notre temps est si sensible [178].

177. L'interprétation du Moïse de Michel-Ange est la contribution la plus géniale de Freud en ceci.

178. Sur Malebranche, cf. F. Alquié, *Le cartésianisme de Malebranche* et notre longue étude critique de ce livre dans la *Revue de Métaphysique et de Morale*, 1976.

En second lieu Schopenhauer a tenté de parer aux objections. « L'art, écrit-il, a pour matière l'Idée, la science le concept » — donc le général opposé au fait « particulier dans sa particularité et sa contingence » dont l'histoire se nourrit [179] et il cite Schiller :

« Was sich nie und nirgends hat begeben,
Das allein veraltet nie » [180]

Mais — dans un contexte assez particulier, il est vrai — il reconnaît franchement que si le poète doit « recourir aux généralités », il devient au sens péjoratif du terme « abstrait », ôtant du même coup « le caractère d'intuitivité et d'individualisation essentiel à la poésie » [181]. Que déduire de cette vocation tournée vers l'universel qui se gâte si elle ne s'incarne pas dans l'individuel ? C'est le mouvement opposé à la visée de l'art jusqu'ici décrite. Il serait trop facile de dire que Schopenhauer se contredit, bien que la tension entre l'Idée et l'individuel soit ici à son comble. Schopenhauer a prévu de telles objections et tenté d'y répondre avec plus ou moins de bonheur. La réflexion sur la dialectique de l'homme et de l'art suscite un sentiment de résignation et de tristesse chez Schopenhauer. La tristesse d'un philosophe n'est pas peu de chose. Nous en venons à douter que l'art, et peut-être même sa perle, la musique, puisse nous permettre d'accéder à une compréhension plénière. *C'est pourquoi, en dépit de son attachement aux arts, Schopenhauer doit reconnaître que la métaphysique du beau n'est pas le terme de la métaphysique.* Sans doute l'art nous élève bien au-delà des mathématiques et des sciences de la nature, mais sans avoir peut-être du mouvement pour aller plus loin ; il faudra marcher encore. Tandis que l'art dévoile sa limite, nous nous trouvons engagés dans la boucle supérieure et terminale qui achève la spirale de la pensée de Schopenhauer. La preuve indirecte peut en être donnée par n'importe quel exemple. Considérons les poètes ; certains appartiennent à la race d'or, tel Gœthe, Shakespeare — ils parlent avec vérité, mais projettent la vérité en leur moi ; d'autres appartiennent à la race d'argent : « Les poètes de second rang font d'eux-mêmes

179. *Monde,* Supl. XXXVIII. Significativement ce supplément se rattache au § 51 du *Monde.*

180. Il s'agit des deux derniers vers de Schiller dans le poème *An die Freunde,* éd. Cotta, Bd. I. p. 136.

181. *Monde,* Supl. XXXVII.

leur personnage principal »[182] — à cette race appartenait Byron ; enfin il y a la race de bronze : les poètes médiocres, qui connaissant parfaitement la grammaire et d'une clarté à toute épreuve, nous ennuient mortellement. Il est vrai que l'esprit de grammaire ne comprendra pas le sens de cette hiérarchie. Mais il est pourtant manifeste : le sommet de l'art ne se trouve pas dans la région des idées claires et distinctes de Descartes, mais dans la composition maligne non moins qu'apollinienne du *Faust* de Gœthe, grand maître des ténèbres et de la lumière, mais, hélas, lointain soleil qui n'appartient pas à notre galaxie. Engagés dans le moment supérieur de la spirale, nous marcherons vers une vérité qui nous procurera une autre lumière, celle qui a le beau nom de *paix*.

§ 41. **De la Musique.**

Mais la musique !

Ne réussira-t-elle pas à vaincre l'obstacle ? On sait combien Schopenhauer, admirateur de Mozart et de Rossini, lui attachait de prix. Et force nous est d'admettre que les pages qu'il a consacrées à la musique demeurent parmi les plus belles de son œuvre et possèdent encore une puissance singulière, qui s'est exercée sur ses contemporains dont le plus illustre fut Wagner. Déjà la métaphysique de la nature[183] annonçait l'enjeu du débat. Les affirmations de l'auteur du *Monde* peuvent aussi bien surprendre. Le supplément XXXIX du *Monde,* consacré à la métaphysique de la musique, commence en expliquant sereinement que les quatre voix de toute harmonie, « savoir la basse, le ténor, l'alto et le soprano » ou, si l'on préfère, « le ton fondamental, la tierce, la quinte et l'octave », « correspondent aux quatre degrés de l'échelle des êtres, c'est-à-dire au règne minéral, au règne végétal, au règne animal et à l'homme ». On trouve là une marque de la pensée symbolique et mystique que nombre d'auteurs obscurs présentent. Mais ce que veut dire Schopenhauer est parfaitement clair : la musique possède une signification cosmique, elle ne connaît aucune limite et l'on peut dire que tous les autres arts constituent une *physique* — diversifiées certes comme nous l'a appris la réflexion sur le Laocoon —, tandis qu'en rapport à eux la musique est une métaphysique. Il ne serait peut-être pas exagéré d'affirmer que la musique est la métaphysique du beau[184].

182. *Monde,* Supl. XXXVII.
183. Voir ici le § 28.
184. On sait l'usage que Nietzsche et Wagner feront de cette idée.

La thèse essentielle qui autorise cette assertion, est l'idée que la musique n'est pas la reproduction ou la répétition (*Nachbildung, Wiederholung*)[185] d'une Idée, comme, par exemple, l'est la peinture. La vérité est que la musique ne vise pas une Idée à travers un être particulier et échappe immédiatement à la pénible dialectique du singulier et de l'universel. Les arts tendent à exprimer les Idées, actes en lesquels s'objective la Volonté, mais la musique, elle, exprime la Volonté elle-même. — Dans cette expression la musique s'affirme *générale, précise, intime.* Qu'elle soit *générale* nul n'en doutera : la musique est bien la langue universelle et il n'est pas nécessaire de savoir l'allemand pour entendre et comprendre *La lettre à Elise* de Beethoven. On objectera qu'elle partage ce privilège avec d'autres arts, comme la peinture, langage universel de l'œil. A cette objection Schopenhauer ne s'arrête pas. Il se contente de noter dans les Leçons de Berlin que la musique « est une langue universelle dont la compréhension est innée »[186], invitant son lecteur à réfléchir sur ce fait très simple : il faut en la peinture *apprendre* à voir. — Elle est ensuite *précise.* Plusieurs fois l'auteur du *Monde* mentionne la définition leibnizienne de la musique : *exercitium arithmeticae occultum nescientis se numerare animi*[187]. Mais il n'interprète pas la formule de Leibniz en un sens classique, qui revient à dire que la musique n'est qu'une mathématique sensible, qui devrait être dépassée par le calcul conscient de la raison. Ce qui l'intéresse en cette définition, c'est l'idée que la musique possède, *en fonction de sa structure,* une infrastructure mathématique, une grammaire réglée par les nombres. Il faut ici se garder du contre-sens habituel qui consiste à conclure de la mathématique présente en la musique à sa précision, car c'est parce qu'elle est précise qu'on y peut découvrir le nombre. De là l'infaillibilité de la musique, qui ne saurait transgresser ces règles issues d'elle-même sans cesser d'être elle-même. — Enfin elle est *intime.* Cela ne peut être démontré et ne demande pas à l'être. Au demeurant c'est là une évidence cordiale que nul ne contestera.

Or aucun art n'est général, précis, intime. Considérons de nouveau la peinture : elle se fonde sur le langage universel des yeux, peut-être appris, mais universel néanmoins ; la peinture est aussi, en ses bons moments, intime — mais elle n'est pas

185. Deussen, X, p. 350.
186. Deussen, X, p. 351, Brockhaus, Bd. VI, p. 457.
187. Brockhaus, Bd. II, pp. 302, 311 etc. Deussen, X, p. 351.

infaillible ! Si nous considérions avec soin tous les arts, nous serions rapidement obligés d'admettre que de ces trois qualités, il en est toujours une qui fait défaut. Ainsi la poésie peut être précise et intime, mais l'universalité la viderait de son charme. Dès lors le statut de la musique va devenir de plus en plus étrange. Répétons-le : tous les arts sont liés au monde, puisqu'ils cherchent à exprimer les Idées qui le déterminent, cette détermination étant dans le fond la raison pour laquelle sur les trois qualités, une leur fait toujours défaut. Il en est tout autrement de la musique : « La musique, qui va au-delà des Idées, est complètement indépendante du monde phénoménal ; elle l'ignore absolument, et pourrait en quelque sorte continuer à exister, alors même que l'univers n'existerait pas »[188]. Autant dire qu'en sa généralité concrète la musique nous transporte dans le silence des essences, loin de la rumeur du monde. Son statut s'éclaircit. Dans les Leçons de Berlin, le philosophe assure que s'il existe un rapport entre la musique et le monde, c'est celui de la *Darstellung* (exposition, représentation)[189]. Ses longues explications nous conduisent à l'idée que le monde représente la musique, plus que la musique ne représente le monde. Nous pouvons aller plus loin : les Idées dont s'occupent les arts sont *l'essentiel* ; la musique qui dépasse les Idées vers la Volonté est l'expression de *l'essence de l'essentiel*, s'il est vrai que la Volonté est au principe des essentialités. A ce titre la musique peut revendiquer le haut nom de Savoir — *Wissenschaft*[190]. Schopenhauer est dès lors prêt à livrer sa pensée fondamentale : la profondeur de la musique est telle que « le monde pourrait être appelé une incarnation de la musique, tout aussi bien qu'une incarnation de la volonté. »[191]. C'était donner à penser au lecteur réfléchi que l'œuvre fondamentale de notre philosophe aurait pu être intitulé : *Le Monde comme musique et représentation.*

Générale, précise, intime, la musique est-elle pour autant toujours parfaite ? Ne disons rien des faiseurs de bruits, et même de ceux qui exercent cet art *correctement*. La question est difficile. On remarquera que ce qui nous touche dans la vraie musique, ce qui constitue au fond sa perfection, c'est

188. *Monde*, § 52.
189. Deussen, X, p. 350 sq.
190. On sait que Fichte remplaça le mot « philosophie » par celui de « Wissenschaft ». Cf. A. PHILONENKO, *La liberté humaine dans la philosophie de Fichte*.
191. *Monde*, § 52. Faut-il encore faire allusion à Wagner ?

qu'elle exclut le ridicule et l'illusion[192]. C'est aussi la distance ontologique qu'elle révèle en sa pure expression et qui est délicate à saisir. Car la vraie musique nous est plus intérieure que nous ne sommes intérieurs à nous-mêmes — mais d'un autre côté elle est effroyablement lointaine, puisqu'elle ignore le monde, et pure expression de l'essence de l'essentiel, ignore toute torture[193]. Comment peut-on être proche et lointain ? C'est le secret de la perfection de la musique que nous comprenons rarement, tant nous sommes engagés dans le monde et pliés au régime de l'intérêt. Mais voici que nous entendons une sonate et reconduits en nous-mêmes nous quittons le monde, en appréhendant l'essence de l'essentiel : qu'advient-il alors ? le souci de l'existence nous quitte pour faire place au souci de l'Être. Ceci est l'excellence de la musique. Ce n'est pas sa moindre perfection que de porter en elle-même un aiguillon qui ravive le tourment de l'homme, tant il est vrai qu'une sonate de Mozart nous charme, mais aussi nous désespère en disant de nous plus que nous le pourrions de nous-mêmes, aggravant le sentiment pénible que tout homme sensible ressent, lorsqu'il considère combien il est obscur à lui-même dès lors qu'il est à ses seules forces livré. — La musique n'atteint pas toujours, atteint même rarement cette hauteur de compréhension. Décrire sa perfection suffit à montrer qu'elle n'est pas toujours parfaite. Et il se trouve des méprises, même chez les plus grands ainsi Haydn voulant en ses *Saisons* comme en sa *Création* peindre le monde. Schopenhauer est ici incisif : « Il ne faut rien admettre de tout cela dans le domaine de l'art »[194]. Certes l'art de Haydn ne lui semble pas *incorrect*, mais il en critique l'intention et la visée.

La musique n'est pas un art comme les autres. Elle doit comprendre que sa fin est d'être « une mélodie dont le monde est le texte »[195]. Il faut ici s'entendre : le monde, le *texte* ne vient pas avant la mélodie, mais *après*. Schopenhauer fera une allusion à Beethoven. Que doit-on lire dans une de ses symphonies ? « Une extrême confusion fondée pourtant sur l'ordre le plus parfait, le combat le plus violent qui, l'instant d'après, se résout en la plus belle des harmonies : c'est la *rerum concordia*

192. Deussen, X, p. 360.

193. *Ibid.*

194. *Monde*, § 52. Schopenhauer retrouve le jugement porté par Beethoven sur ces œuvres de Haydn, comme en témoigne son élève F. Ries. Cf. J. et B. MASSIN, *Ludwig van Beethoven*, Paris 1977, p. 128.

195. Deussen, X, p. 358.

discors, image complète et fidèle de la nature du monde qui roule dans un chaos immense de formes sans nombre et se maintient par une incessante destruction »[196]. La rédaction du texte peut induire le lecteur en erreur, car pour définir l'œuvre musicale considérée Schopenhauer utilise le mot *Abbild* qui signifie : image, copie[197]. Or l'auteur du *Monde* ne veut en aucune façon affirmer que la symphonie est une copie du monde phénoménal ; sa vraie pensée est que l'œuvre est l'image en laquelle le monde phénoménal peut se comprendre. Ce n'est pas d'après le monde qu'il faut comprendre la musique, c'est d'après la musique qu'il faut comprendre le monde. Faute d'avoir bien entendu cela, les interprètes de Schopenhauer n'ont pas toujours su justifier l'extraordinaire privilège qu'il accordait à cet art.

§ 42. **Musique et philosophie.**

Ce privilège conduit Schopenhauer à une idée fondamentale, mais à la vérité fort complexe en ses développements. Le pouvoir d'expression, et peut-être même de création, immanent à la musique suggère inévitablement l'idée que si le philosophe était capable d'énoncer « en concepts ce qu'elle exprime à sa façon »[197], il mènerait son analyse au-delà de tout ce qu'il est raisonnablement permis d'espérer puisque la musique est la quintessence du monde. Pour l'auteur du *Monde* l'honnêteté consiste à reconnaître qu'il y a plus dans la musique que dans toutes les pensées terrestres. Il n'hésite pas à décrire : « Là serait la vraie philosophie »[198]. Nul doute ne l'habite, le vrai musicien, Mozart, en *sait* plus que le philosophe n'en saura jamais, même s'il le sait *autrement*. Pourquoi, dès lors, le philosophe ne remettrait-il pas entre les mains du musicien son sceptre ? Ne constate-t-il pas que le musicien, comme lui fils de l'Universel, comme lui encore maître de la précision, est aussi le seigneur des mouvements les plus secrets du cœur ? Le problème de Nietzsche est né là : il a voulu que sa pensée fût une mélodie et le *Nachtlied* de Zarathoustra est l'effort royal pour pousser la porte entrouverte par Schopenhauer. Ne soyons point ici dupes de la psychologie : par sa généralité, sa précision et même par son intimité, la musique ne se résorbe pas dans l'élément psychologique ; elle est un Savoir — *Wissenschaft.* Il en va donc ici du statut de la philosophie.

196. *Monde,* Supl. XXXIX.
197. Brockhaus, Bd. III, p. 514.
198. *Monde,* § 52.

La question est d'autant plus délicate que le philosophe, même si comme Nietzsche il renonce aux concepts frigides [199], est obligé de parler, renonçant du même coup à l'universalité linguistique, si l'on peut dire, de la musique. Musicien, le philosophe ne serait jamais plus qu'un *chanteur*. Nietzsche a senti la difficulté — en son œuvre écrite, il a voulu chanter, mais ne s'est pas contenté de la parole chantée. Il se voulait aussi musicien, pur musicien et il a cru pouvoir improviser sur son clavier ses pensées les plus profondes. Mais de cela il ne reste rien et on peut penser que la Providence a bien agi. Ce qui reste, ce sont les paroles, les chants. Était-ce sage que de vouloir faire chanter les paroles de la philosophie ? Schopenhauer ne semble pas l'avoir cru. Le souci de lier parole et musique surgit du fond même de la musique tandis qu'elle excite notre imagination — psychologiquement il n'y a rien à redire, mais il n'y a pas l'ombre d'une valeur métaphysique en cela. Bien plus ! on assiste le plus souvent à un renversement diabolique par lequel la musique devient l'interprète de la parole. « Il y aurait là, écrit Schopenhauer soucieux de ne rien mélanger, une énorme sottise et une absurdité » [200]. Ce serait faire de la musique non plus une *Darstellung* originelle, mais un représenté — ce serait oublier que la musique peut exister sans le monde, mais non la parole — ce serait méconnaître que la musique est la quintessence de l'Être. Enfin — last but not least — ce serait tomber dans une aberration singulière : accommoder art et philosophie en rognant sur leurs attributions respectives, de telle sorte que la musique ne serait plus la musique, ni la philosophie la philosophie.

On comprend donc que Schopenhauer se soit refusé à s'engager en cette voie. Les paroles du poème chanté ou même simplement lu ne peuvent servir qu'à titre d'illustration particulière et contingente à la mélodie en elle-même suffisante. Ce rapport posé, on peut comprendre, sans se perdre dans les nuées, que le chant lié à des paroles intelligibles nous procure une joie certaine dans la mesure où se trouvent en même temps satisfaites notre connaissance immédiate et intuitive et notre connaissance médiate et conceptuelle [201]. Que si l'on dénonce ce rapport, voulant que la musique suive les paroles, on ne peut que faire fausse route : dans tous les cas les paroles sont les

199. NIETZSCHE, Werke (Schlechta Herausgeber), Bd. III, p. 309 sq.
200. *Monde*, § 52.
201. Deussen, X, p. 359.

servantes hasardeuses de la musique et lui sont subordonnées [202]. Il existe sans doute des productions qui mettent en conflit la musique et les paroles. Cela se produit quand on oublie que les paroles tiennent de la musique toute leur puissance d'évocation ; le résultat est que l'auditeur en vient à juger que la musique le gêne dans l'appréhension des paroles — la musique *dérange* ! même comme accompagnement. C'est le plus grand scandale que puisse indiquer une Métaphysique du Beau [203].

Pour Schopenhauer la musique est une donnée divine ; si le mot « *göttlich* » a un sens en sa méditation, c'est au sujet de la musique. Précisément parce qu'elle est universellement comprise, elle ne doit pas, comme langue universelle, être discutée. Ni discutée, ni transformée, ni dépassée — expression de l'Absolu, langage qui relie les cœurs et les esprits à travers les espaces comme à travers les temps, elle mérite et exige de la part du vrai philosophe le respect dans le renoncement à toute idée de conquête ou d'appropriation. La fonction du philosophe, en présence de la musique, est tout à fait claire : il ne doit pas faire autre chose que parler et écrire en vue de défendre sa pureté virginale. Il doit s'interdire de la manière la plus rigoureuse toute tentative, tout effort pour réaliser une confusion des genres. Il doit faire observer, par exemple, que la composition d'une œuvre musicale est *toujours* supérieure à son exécution et qu'à l'inverse une pièce de théâtre médiocre, jouée par de bons acteurs, peut dans cette exécution s'élever au-dessus d'elle-même [204]. Par ce genre de remarques il fera bien plus qu'en une recherche bancale où l'on veut transfuser le prestige de la musique dans la philosophie. Donnant ainsi à la musique sa vraie place, il opèrera une action profondément philosophique. On pourrait — que dis-je ! on peut dégager ici une orientation animée par la philosophie transcendantale de Kant. Lorsque Kant s'interroge sur le statut des mathématiques, il ne veut nullement conclure de son examen que la philosophie doive se modeler sur les mathématiques [205]. Son unique souci est d'assurer la *dignité* des mathématiques. *Mutatis mutandis* le souci de Schopenhauer est le même. La philosophie a pour tâche, non de confondre les arts et en particulier la musique et par une incer-

202. Deussen, X, p. 359.
203. Deussen, X, pp. 359-360.
204. Brockhaus, Bd. VI, p. 464.
205. Sur le problème du rapport des mathématiques et de la philosophie chez Kant on se reportera à la critique implicite du spinozisme dans *Qu'est-ce que s'orienter dans la pensée ?* Cf. aussi, *L'œuvre de Kant*. T. I.

taine osmose, comme on le voit chez Nietzsche, d'en revêtir la couleur, mais tout au contraire d'en souligner la *dignité*. C'était une orientation qui sans être entièrement nouvelle fut toutefois ignorée dans une certaine mesure par les post-kantiens et surtout les « petits kantiens » ; elle fut aussi relativement masquée par le « slogan » du XIXᵉ siècle : l'art pour l'art. Schopenhauer, mettant de côté ses grands talents d'écrivain et de critique, n'a pas pensé donner pour autant dans « l'esthéticisme ». « Musique et philosophie, dit-il, ont le même sujet (*Thema*), mais elles s'expriment en deux langages différents »[206]. Comprenant la dignité de la musique et la défendant, le philosophe reconnaît qu'elle est un *savoir*, par rapport auquel la réflexion est sans doute toujours déjà en retard, mais qui doit être protégé par la philosophie comme *savoir*.

Mais il faut aller plus loin encore. La puissance expressive de la musique, capable de rendre l'essence de tous les sentiments humains, d'exprimer « la forme intérieure » des pensées, de faire vivre la nature, en un mot d'être l'expression de la Volonté, justifie son destin cosmique. Nombreux sont les penseurs qui lièrent la musique et le système du monde, et on ne compte pas les poètes qui ont chanté l'harmonie des sphères. Mais cela reposait sur une impression. Chez Schopenhauer cette déduction peut s'effectuer en raison des qualités intrinsèques de la musique, sa généralité, sa précision, son pouvoir intime, dans la clarté de la réflexion. Dans les Leçons de Berlin cette destinée cosmique est expliquée avec netteté. Dans la mélodie, qui est seule à pouvoir rendre le cœur de l'être humain, il manque quelque chose si son environnement est absent. L'harmonie interviendra donc, qui peignant plutôt les ordres inférieurs du réel, permet par un contraste évident de situer l'homme en relevant la mélodie. On pourrait penser que cette union de la mélodie et de l'harmonie permettra à une musique *ontologiquement parfaite* — il ne s'agit plus de la perfection dont nous parlions auparavant — de s'ériger. Mais la musique, mieux que le monde mais comme lui, n'est que l'expression de la Volonté. C'est une phénoménologie de la Volonté. La Métaphysique de la Nature était aussi à sa manière une phénoménologie aboutissant à une téléologie reliant pacifiquement les plans de l'être, mais incapable de masquer qu'au niveau des individus le monde était le théâtre d'une abominable lutte[207]. C'était là les fausses notes

206. Deussen, X, p. 361.
207. Deussen, X, p. 362.

de la Métaphysique de la Nature. La musique rencontre le même obstacle : « Un système de tons parfaitement pur et harmonique n'est pas seulement une *impossibilité physique*, c'est aussi une impossibilité arithmétique... Voilà pourquoi il est rigoureusement impossible d'imaginer une musique parfaitement juste, comme de l'exécuter »[208]. Métaphysique de la métaphysique du beau, la musique n'échappe pas à sa physique. Nous ne savons pas ce que pourrait être la musique des anges — mais nous savons qu'on ne jouera jamais parfaitement Mozart. Il se trouvera toujours un instrument ou une voix pour trahir. Une corde mal tendue, même de très peu, de très très peu, et la musique découvre son destin physique et son essentielle imperfection. Il ne faut pas parler de musique parfaite, mais de la musique la plus parfaite — le superlatif étant, en fait, signe d'impuissance. La musique la plus parfaite est celle qui se prête le mieux à l'incorporation de l'imperfection essentielle, ou qui en cette imperfection trouverait le moyen de se parfaire. Voilà pourquoi les musiciens, comme les artistes pris dans leur ensemble, veulent coexister, sans prétendre comme les philosophes clôre l'histoire tant passée que future. Les musiciens n'en finiront jamais de penser à l'imperfection et, ce faisant, ne fermeront pas la porte aux autres. Quintessence du monde, la musique n'est peut-être pas la quintessence de la philosophie.

Décidément nous ne pouvons éviter de passer à la boucle supérieure de la spirale et mélancoliques comme désabusés nous devons convenir que la métaphysique du beau s'achève dans un flamboiement qui ne donne pas encore sa conclusion à la philosophie. La profondeur de Schopenhauer ne peut être discutée ; on ne peut lui retirer le mérite d'avoir rompu avec l'esthétique de Leibniz, trop conceptuelle, ou encore avec celle de Kant, si pauvre en son contenu. Schelling, disant que la musique est le rythme originaire de la nature et de l'Univers même[209], semble l'avoir devancé et les interprètes les plus autorisés ont opéré le rapprochement[210]. Mais l'interprétation de l'œuvre d'art, sous d'identiques formules parfois, ne laisse pas d'être très différente. Ainsi Schelling ne veut voir en l'art qu'un sens que le philosophe est appelé à mieux formuler : « La mythologie, dit-il, est la condition nécessaire et la matière première de tout art »[211].

208. Deussen, X, p. 363.
209. SCHELLING, SW (éd. Schröter), Bd. III, p. 389.
210. X. TILLIETTE, *Schelling. Une philosophie en devenir*, T. II, p. 188, note 31.
211. SCHELLING, SW, Bd. III, p. 425.

Avec d'infinies possibilités de modulation, c'était encore la pensée leibnizienne cherchant un sens à l'art lui venant, en fait, de la réflexion ou du discours. Schelling n'était pas si proche de Schopenhauer qu'on le veut bien dire. Le mérite de l'auteur du *Monde* fut, cessant de prétendre à être un *Aufklärer,* de restituer à l'art sa dimension métaphysique et de déterminer son statut.

QUATRIÈME PARTIE

PHÉNOMÉNOLOGIE DE LA VIE ÉTHIQUE

Cette phénoménologie constitue le quatrième et le dernier des moments fondamentaux de la pensée de Schopenhauer. Il a été tenté de suivre les perspectives qui se dégageaient du moment précédent. Les textes prouvent, en effet, qu'il a songé à définir sa philosophie comme un art. Les écrits qui suivent le *Monde,* surtout les *Parerga et Paralipomena,* semblent remettre en cause le rapport de la philosophie et de l'art : « Le philosophe ne doit jamais oublier qu'il pratique un art et non une science » — « Sans doute, cette philosophie en tant qu'art sera très inopportune pour beaucoup de gens. Seulement je pense que l'échec de toute philosophie, en tant que science, c'est-à-dire d'après le principe de raison suffisante, tentée depuis trois mille ans, pourrait suffire à nous faire conclure historiquement qu'on ne la fondera pas par ce moyen » — et encore : « Ma philosophie doit se distinguer de toutes les précédentes, celle de Platon exceptée, en ce qu'elle n'est pas une science, mais un art »[1]. On ne saurait cependant s'autoriser de ces textes d'une indéniable clarté pour jeter un doute sur la nécessité du quatrième moment fondamental, purement philosophique, de l'œuvre de Schopenhauer. Trop nombreux sont, en effet, les documents attestant que, tenté ou non, il n'a pas voulu fondre art et philosophie. Non seulement il avait indiqué les limites de l'art, mais encore lorsqu'il rapprochait art et philosophie, c'était de manière toute négative dans le refus du principe de raison suffisante. Il est permis de penser aussi que ces textes liant art et philosophie étaient dans une certaine mesure polémiques : on sait qu'il

1. SCHOPENHAUER, in Grisebach Ausgabe, 1892, Nachlass, Bd. IV, p. 21.

n'appréciait pas la philosophie universitaire, à ses yeux coupable de barbarie, de suffisance, tout entière appliquée à systématiser sur des concepts aveugles et des intuitions vides. Aussi liant sa philosophie à l'art, il entendait la distinguer de cette pensée creuse[2]. Enfin maintes lettres attestent qu'à son vrai point de vue l'artiste et le philosophe n'étaient point faits pour se confondre, mais pour s'entendre. Ces distinctions rendaient nécessaire l'élaboration d'une doctrine de l'éthique.

§ 43. La Phénoménologie de la vie éthique.

Dans l'œuvre cardinale de Schopenhauer, le quatrième moment déterminant est intitulé comme suit : « Livre quatrième. Le monde comme volonté, second point de vue : *Arrivant à se connaître elle-même, la volonté de vivre s'affirme puis se nie.* Dans les *Parerga et Paralipomena,* les développements consacrés à la vie éthique ne sont pas regroupés sous un titre dogmatique. Schopenhauer a visiblement hésité. Les *Leçons de Berlin* le prouvent encore mieux. Il a d'abord choisi le titre *Ethik.* Puis il l'a barré pour harmoniser l'ensemble : puisqu'il y avait déjà une Métaphysique de la Nature, une Métaphysique du Beau, il était normal de remplacer le titre *Ethik* par celui de *Metaphysik der Sitten* (ou *métaphysique des mœurs* selon la traduction généralement reçue). Mais si l'on considère ce que Schopenhauer appelle « l'intention de mon éthique »[3], on sera enclin à revenir en partie au titre original. Que se propose-t-il en effet ? « Aucune doctrine des devoirs, — pas de principe moral universel — pas de *devoir* inconditionné. »[4]. Le court essai intitulé *Le fondement de la morale* a totalement fourvoyé les interprètes de Schopenhauer, qui se sont imaginé qu'effectivement il y avait un *principe* en un sens quasi-kantien[5]. *Le fondement* ne propose pas, comme on le croit, un principe auquel il faut obéir, mais indique en la pitié le fondement des actions que nous jugeons morales. C'est bien différent on en conviendra.

2. Brockhaus, Bd. V, p. 149 sq.
3. Deussen, X, p. 369.
4. *Ibid.*
5. On n'a pas assez remarqué comment la règle de justice et de morale proposée en cet ouvrage par Schopenhauer était, par opposition aux impératifs kantiens, *négative* et non pas positive Le « *neminem laede* » (*Ueber die Grundlage der Moral,* § 18) n'est en aucun cas un commandement de respect ou d'amour. La sévère critique du kantisme (§ 4 sq.) culmine dans la distinction du principe et du fondement (Brockhaus, Bd. IV, p. 136). Il y a un fondement, mais point de principe au sens kantien.

L'éthique de Schopenhauer veut seulement être un discours philosophique sur la « vie humaine »[6] et la philosophie, ici comme ailleurs, sera *théorique* : son seul problème est de comprendre. « En revanche devenir *pratique,* guider l'action, modeler les caractères, ce sont là les prétentions du vieux temps » — « Nous serions fous si nous comptions sur nos systèmes de morale pour faire des hommes vertueux et nobles »[7]. Ainsi, dans la lente ascension de la spirale, parvenus à la dernière boucle, nous avons pour tâche de *décrire* la vie humaine, donc d'élaborer une phénoménologie de la vie éthique. Il nous sera souvent possible d'aller plus loin et *d'expliquer,* l'explication n'étant d'ailleurs que le simple prolongement de la description. Quant à guider la vie humaine, il y faut entièrement renoncer — avec cette seule correction que la description peut nous conduire, si nous l'effectuons sérieusement, à modifier pour nous-mêmes notre conception de la vie et à découvrir, ce faisant, une autre manière d'exister.

On a voulu voir dans l'affirmation de Schopenhauer, suivant laquelle la chose en soi pouvait être connue comme volonté, un *parricide*[8]. Mais n'est-il pas beaucoup plus grave de voir Schopenhauer renoncer en fait au primat de la raison pratique ? Certes la pensée kantienne ne manque point d'ambiguïtés. D'une part, comme on le sait, Kant ne prétend nullement proposer une nouvelle morale — bien qu'une analyse minutieuse de la *Métaphysique des Mœurs* puisse révéler de graves innovations[9] — et entend se limiter à une *formulation* exacte de la pensée éthique[10]. D'autre part il est évident que cette formulation — quand bien même elle n'ajouterait rien au contenu de l'éthique — ne laisse pas d'être *édifiante*[11] : Schopenhauer se défend de présenter un discours édifiant : « Nous serions fous si nous comptions sur nos systèmes de morale pour faire des hommes vertueux et nobles ». Mais il est bien clair qu'à moins de professer une « non-doctrine » comme Dostoievski[12], tout discours

6. *Monde,* § 53.
7. *Ibid.*
8. A. ROGER, *op. cit.,* p. XXV.
9. Cf. nos introductions à la *Doctrine du droit* et à la *Doctrine de la vertu.*
10. KANT, AK, Bd. V, p. 8.
11. Ce problème de l'édification a retenu la pensée de Chestov. Cf. par exemple, *L'idée de Bien chez Tolstoï et Nietzsche, Le Pouvoir des Clefs,* etc.
12. La non-doctrine n'est pas une docte ignorance. Sur Dostoievski, nous renvoyons à l'ouvrage capital de R. LAUTH, *Die Philosophie Dostoyewskis in systematischer Darstellung,* Münich 1950.

sensé, même s'il traite de l'absurde [13], ne laisse pas d'être édifiant. Aussi la divergence de Kant et de Schopenhauer risque-t-elle de s'évanouir : renoncer au primat de la raison pratique, tout en étant, peut-être à son corps défendant, édifiant, n'est pas une position bien nette. On hésiterait donc à trouver ici le parricide. Toutefois un examen plus approfondi de la raison pratique en son primat permet de l'assurer. Voulant réfuter la « mystique » de Schopenhauer, H. Cohen souligne avec une précision rare son refus. Le « *Sollen* » kantien est la nécessité « d'un vouloir indépendant du désir » [14], et c'est précisément ce que Schopenhauer écarte, ne voulant apercevoir entre la volonté et le désir qu'une différence de degré, non de nature. Dès lors il tombe, selon H. Cohen, dans la psychologie, son éthique se réduit à une simple description psychologique des contenus éthiques et puisque la volonté se trouve remenée au désir, on doit assister à une *naturalisation de toutes les orientations morales.* Il est en ce moment indifférent de parler de psychologie ou de phénoménologie : la rupture avec Kant est claire. L'auteur de la *Critique de la Raison pratique* distingue désir et volonté, Schopenhauer les confond. Voilà l'abandon du primat de la raison pratique, voilà le vrai parricide.

Ainsi ce qui oriente la méditation de Schopenhauer est la *Gleichsetzung,* qui peut se traduire par « équivalence », de la volonté et du désir. Revenant sur ses pas, c'est-à-dire à la Métaphysique de la Nature, qui montrait la volonté comme un effort pour obtenir satisfaction, il écrit, sans équivoque aucune : « Cet effort qui constitue le centre, l'essence de chaque chose, c'est au fond le même, nous l'avons *depuis longtemps* reconnu, qui en nous, manifesté avec la dernière clarté, à la lumière de la pleine conscience, prend le nom de *volonté.* Est-elle arrêtée par quelque obstacle dressé entre elle et son but du moment : voilà la *souffrance.* Si elle atteint ce but, c'est la satisfaction, le bien-être, le *bonheur.* » [15]. Comprise dans l'horizon ouvert par la Métaphysique de la Nature, l'Éthique se transforme entièrement. En effet méditée sous les critères de la souffrance et du bonheur elle renonce à l'a priorité du vouloir pur (*Apriorität des reines Willens*) que vise, selon H. Cohen la doctrine kantienne, et finalement se réduira à un calcul dont ne doit pas

13. Le petit livre intelligent de C. Rosset, *Schopenhauer philosophe de l'absurde* souffre d'une infirmité : les absurdités, aussi nombreuses qu'on voudra, ne fondent pas encore l'Absurde et inversement.

14. H. Cohen, *Kant's Begründung der Ethik* (2e Auflage), p. 141.

15. *Monde,* § 56, Deussen, X, p. 417 sq.

émerger la réalisation du « *Sollen* », mais seulement — et c'est beaucoup ! — le *calme* de l'âme. Le sens de l'éthique schopenhauerienne s'épuisera dans une réflexion phénoménologique sur la valeur de la vie humaine et débouchera sur ce que les interprètes de l'auteur du *Monde* désignent assez légèrement comme la problématique de l'optimisme et du pessimisme, qui, selon Kant, si « *recte interpreteris* », n'a pas de sens dans l'instauration de l'Éthique pure [16]. Le vouloir auquel parviendra Schopenhauer ne sera pas, comme chez Kant ou Fichte, un moment dévoilant par-delà le désir une fonction métaphysique *positive*, mais un vouloir qui se découvrira sans fin, *Zwecklos*. Cela va très loin. Quand H. Cohen écrira : « *Das Sittengesetz ist das Endgesetz* » [17], il indiquera avec une netteté triomphale l'idée repoussée par Schopenhauer : celui-ci nie que la loi morale soit la loi finale et écarte avec vigueur l'idée d'un règne des fins, pierre angulaire de la philosophie pratique de Kant. La fin à laquelle songe Kant est la réalisation de la liberté comme pure indépendance [18] — Schopenhauer rêve à la délivrance des passions. Entre ces deux conceptions, même si l'on parvenait à rapprocher de ci de là certaines formules, c'est un monde qui s'est intercalé.

Il serait injuste de reprocher à Kant d'avoir méconnu la puissance du *désir* — en lui, sous ses trois formes principielles : *Absucht, Ehrsucht, Habsucht* (cupidité, soif d'honneur, soif de domination), il aperçoit un moteur de l'histoire humaine. Toutefois Kant refuse de considérer ces trois moments comme immanents au principe éthique de la vie humaine. Même lorsqu'il reconnaît à ces *motifs* la puissance, par des voies tortueuses, de constituer une « totalité morale extorquée » [19], il n'admet pas que la volonté pure soit le simple prolongement de ces désirs ; elle appartient, selon l'expression chère au maître de Königsberg, à « un tout autre ordre de choses ». Bien plus ! si chez Kant les passions se supprimant (au sens hégélien) dans cette « totalité morale extorquée », servent ainsi le mouvement *pur* de la volonté, en lui permettant de récupérer jusqu'à

16. H. Cohen, *op. cit.*, p. 144.

17. *Ibid.*, p. 270 : « La loi morale est la loi finale ».

18. Sur les réserves que nous faisons envers l'interprétation de H. Cohen, cf. *L'œuvre de Kant*, T. II, ch. I.

19. Kant, *Idée d'une histoire universelle au point de vue cosmopolitique*. Cf. A. Philonenko, *L'idée de progrès chez Kant*, Revue de Métaphysique et de Morale, 1975, *Essais sur la philosophie de la guerre*, 1976.

un certain point l'histoire et la nature [20], rien de cette doctrine n'est vraiment repris chez Schopenhauer. Pour l'auteur du *Monde* les passions distinctes de la volonté, non par nature, mais en degré, ne peuvent se surpasser, mais seulement s'éteindre [21], au même titre que la volonté parvenant à la *délivrance* de tous les besoins. C'est dire que jusque dans l'interprétation fondamentale du désir, Schopenhauer s'est séparé de Kant. *Le silence est la vérité de la pensée de Schopenhauer,* silence en lequel s'abîment toutes les pulsions, toutes les forces de la nature grâce à l'acte ultime de la volonté qui se découvrira sans fin. Reconnaître cette absence radicale de toute finalité éthique, c'est se préparer à mieux cerner l'orientation de la pensée de Schopenhauer : la volonté n'est animée par aucun idéal transcendantal et tend à se confondre avec le désir supérieur, qui est désir de l'absence de désirs, aspiration au *renoncement.* Aussi ne se trouvera-t-il aucun passage à l'histoire, comme celle-ci ne livre aucun passage à l'éthique. A la philosophie kantienne et fichtéenne de l'*effort,* comme travail, tendance vers soi dans le mouvement concret de la « *Geschichte* », va se substituer une calme résignation. L'homme moral de Schopenhauer n'est pas un *héros,* mais un sage. L'héroïsme latent chez Kant, si clairement exprimé par Fichte, n'était concevable que dans la mesure où la loi morale était aussi posée comme fin ultime. Cela impliquait non seulement lutte contre le monde, mais aussi lutte envers soi — l'effort moral devant triompher du pathologique. Mais Schopenhauer ne distingue pas le désir de la volonté, ou, si l'on préfère le pathologique du moral. L'aventure héroïque de la raison pratique devient une fable. Voici donc que, réfléchissant sur le désir, nous retrouvons le « parricide ». Nul post-kantien ne pouvait, sans danger, éliminer le primat de la raison pratique. Schopenhauer était assez intelligent pour le comprendre. Aussi n'a-t-il point voulu l'éviter ; il s'y est même pleinement exposé — après tout il considérait, non sans raison, qu'il n'était pas un « petit kantien ».

§ 44. **Synopsis :** *besoin, égoïsme, ennui, sociabilité.*

Sans doute devrions-nous mieux expliciter l'expression de *phénoménologie de la vie éthique,* tant il est vrai que H. Cohen a pu jeter un trouble dans les esprits en admettant seulement

20. A. PHILONENKO, *Théorie et praxis dans la pensée morale et politique de Kant et de Fichte en 1793.* G. VLACHOS, *La pensée politique de Kant.*

21. On le verra plus loin dans l'analyse de la jalousie.

deux termes : la pure philosophie d'une part, la psychologie d'autre part. La distinction entre la morale et la psychologie peut être énoncée clairement. La morale dit ce qui *doit* être, la psychologie dit ce qui *est*. Entre ces deux extrêmes il semble qu'il y ait une place pour une réflexion sur le phénomène, saisi dans son *sens* en rapport au monde. Certes la phénoménologie de la vie éthique n'est pas le développement de la pure éthique fondée dans le « Sollen ». Mais ce n'est pas non plus une simple psychologie, science des faits, qui n'est autorisée à aucun jugement de valeur. La psychologie en présence de jugements, par exemple, ne peut distinguer un jugement vrai d'un jugement faux : dans l'un et l'autre cas, il s'agit de jugement et un jugement faux n'est pas moins jugement qu'un jugement vrai. Or la phénoménologie de la vie éthique, appuyée sur une métaphysique, qui la conforte en sa visée théorique, possède un critérium ignoré tant par la morale que par la psychologie et que résume cette pensée de Vauvenargues : « Toutes les grandes pensées viennent du cœur ». Sur ce fondement, la phénoménologie de la vie éthique peut tenter de parvenir à une compréhension *sui generis* de la vie humaine. Son but sera de décrire, de plonger dans l'apparence pour la faire apparaître. L'inventeur présumé de l'expression « phénoménologie » est J. H. Lambert, qui la traduit en « doctrine de l'apparence »[22]. *Mutatis mutandis*, Schopenhauer paraît proche de Lambert : la vie éthique est une *apparence*, où se plonge l'homme, guidé par des mots aussi obscurs que le droit, la justice, le mal, la souffrance, etc. L'ambition de l'auteur du *Monde* est ici sans la moindre obscurité ; ce qu'il veut, c'est faire paraître l'apparence dans l'apparence, afin d'assigner à la vie éthique sa vraie fin, qui n'est pas une fin, mais une absence de fin.

« Le fait immédiat pour nous, c'est le besoin tout seul, c'est-à-dire la douleur »[23]. S'il s'incline devant la réalité de la conscience morale, l'auteur du *Monde* ne veut pas entendre parler du « fait unique de la raison pure » de Kant[24]. Le fait sur lequel il convient de méditer est que « ce qui nous est donné immédiatement n'est jamais que le manque, c'est-à-dire la douleur »[25]. Le doyen de l'âme est le désir que Schopenhauer défi-

22. J. H. LAMBERT, *Philosophische Schriften*, Bd. II, p. 215.

23. *Monde*, § 58, Deussen, X, p. 433.

24. KANT, AK, Bd. V, p. 31. Deussen, X, p. 368. Schopenhauer devance Lévy-Brühl soulignant le caractère scandaleux d'un fait de la raison. Cf. *La morale et la science des mœurs*.

25. Deussen, X, p. 433.

nit selon Lucrèce[26] et Cicéron[27]. Puisque les citations ne lui font pas défaut, on nous permettra d'en ajouter une : « La faim ne connaît ni ami, ni famille, ni justice, ni droit ; c'est pourquoi elle est sans remords et sans compassion »[28]. On dira que la faim n'est pas la forme universelle du désir — ce qui est bien possible ; en tous cas elle nous conduira, un jour ou l'autre, dans les eaux noires du remords. Schopenhauer aurait entièrement consenti aux propos de Defoe, auteur de cette maxime. La faim aveugle nourrit, à la longue, le remords, autre fait incontestable que Schopenhauer n'a jamais voulu nier. Tout ne sera donc pas si simple dans la phénoménologie de la vie éthique trouvant dans le désir brutal « le fait immédiat » qui s'exprime comme douleur. Un texte du *Monde* permet de mieux apercevoir l'entrelacement : « Vouloir, s'efforcer... c'est comme une soif inextinguible. Or tout vouloir a pour principe un besoin, un manque, donc une douleur »[29]. Mais on rencontrera dans le remords le désir, paradoxalement tourné vers le passé, de n'avoir pu s'arrêter de boire.

Certes Schopenhauer n'a pas puisé ces idées en la seule littérature. Il sait que la fonction des religions est de reconnaître cette douleur et de l'apaiser. Ainsi saint Augustin parlant de l'amour de Dieu, admet qu'il s'agit toujours et encore d'un besoin inextinguible chez l'homme, menant au recueillement qui lui-même conduit au Créateur, sans que soit exigé que l'on prononce le mot *devoir*. De même Malebranche dira que l'ivrogne aime Dieu, tandis que par le monde trompé, il cherche dans une chose finie le goût de l'infini, trouvant en son gobelet l'image de la mer du vin spirituel, débordant du calice infini ; mais le *manque en l'homme*, ou si l'on préfère, le *désir*, sur lequel, comme saint Augustin, insistera l'auteur de la *Recherche de la vérité*, est bien autre chose que le manque inhérent au « *Sollen* » kantien. Tout cela n'est pas ignoré de Schopenhauer. Dira-t-on avec Fichte que le « *Sollen* » indique en nous un manque *d'essence* ? Il ne faut pas ici jouer sur les mots. Si comme Fichte, Schopenhauer accorde que le manque est manque d'essence, ce n'est point en vue de lever à nouveau le voile sur la Terre du « *Sollen* »[30] — il est plus simple : l'*essence* de notre *existence* est un *manque*.

26. Lucrèce, *De Natura rerum*, III, 1905.
27. Cicéron, *De finibus*, II, 3.
28. D. Defoe, *Robinson Crusoé* (éd. Pléiade), p. 330.
29. *Monde*, § 57.
30. Fichte, G-A, I, Bd. III, p. 379 sq.

Les définitions sont ici plus complexes qu'on ne pourrait le penser à première vue et appelleront des précisions, notamment dans la reprise de la théorie de la liberté et du caractère intelligible. Mais avant tout il faut mettre en lumière l'*incohérence* de l'être tel qu'il apparaît dans une phénoménologie de la vie éthique. Incohérence ne signifie pas inintelligence ; on veut indiquer le fait simple que par sa cohésion à soi, l'être va vers son incohérence : « C'est encore un effort tout pareil, incessant, jamais satisfait, qui fait toute l'existence de la plante, un effort continu, à travers des formes de plus en plus nobles, et aboutissant à la graine, qui est point de départ à son tour ; et cela se répète jusqu'à l'infini. Jamais de but vrai, jamais de satisfaction finale, nulle part un lieu de repos »[31]. On peut bien reprocher à Schopenhauer la naturalisation de l'éthique qu'il opère ici, réunissant en une même pensée le destin comme absence de fin de la plante, de l'animal et de l'homme. C'est la directe conséquence de son rejet du primat de la raison pratique. Mais à ceux qui, comme H. Cohen, lui reprochent de sombrer dans le psychologisme, on pourrait demander avec sérieux s'ils ne nous embarrassent pas plus en affirmant que la morale serait « valable » quand bien même l'homme n'existerait pas[32]. Qu'avons-nous à faire, au nom de la condamnation du psychologisme, de leçons de morale faisant abstraction de notre existence en tant qu'hommes ? Comparant l'homme à la plante Schopenhauer, dévoilant la *Ziellosigkeit*[33], en prépare la définition et ouvre la porte à une éthique non-cartésienne[34]. Dans les Leçons de Berlin, poursuivant cette méditation, Schopenhauer écrit que l'homme est l'être en lequel la volonté s'objective le mieux. Puisque cette volonté est besoin, désir, c'est en l'homme qu'elle se révèlera avec une force incomparable : « De tous les êtres l'homme est celui qui est le plus dans le besoin »[35]. C'est notre définition. Aussi bien la vie n'est-elle qu'un tourment en lequel nous plongeons sans cesse pour échapper à une mort inévitable, satisfaction de tous nos désirs[36].

Par là est fondé l'*égoïsme*. L'égoïsme naît dans l'être-en-souci de mon existence. Sans doute la déduction sèchement déve-

31. *Monde*, § 56, Deussen, X, p. 422.
32. H. Cohen, *op. cit.*, p. 162.
33. On ne traduira pas ce mot qui signifie littéralement : absence de but.
34. Voir plus loin.
35. Deussen, X, p. 425.
36. *Monde*, § 57.

loppée dans le § 61 du *Monde*[37] paraît-elle trop métaphysique. Elle se résume à ceci : le temps et l'espace sont la raison de la multiplicité des phénomènes ; mais cette multiplicité ne regarde pas la chose en soi, qui, comme volonté, est présente dans tous les phénomènes. Quel que soit l'objet phénoménal devant lequel on se verra placé, puisqu'il est objet pour la volonté qui se manifeste en nous, on voudra le posséder. Plus on s'élève dans la série des êtres, plus la conscience s'élargit avec la représentation, ce qui veut dire qu'on voudra posséder plus encore, et dans ce chemin l'égoïsme se fortifie. « Tout individu en tant qu'intelligence est donc réellement et se paraît à lui-même la volonté de vivre tout entière »[38]. Si je ressens en moi la volonté « tout entière », je ne puis que tout vouloir. En somme les mathématiques nous trahissent — dans son domaine en apparence limité (puisque la conscience humaine se saisit dans son intériorité comme la totalité absolue) l'*ego* élève une prétention qui égale celle du monde. Le microcosme veut le macrocosme. Le contenu veut absorber tout le contenant et le pire est qu'il ne redoute pas l'indigestion. C'est qu'il vit en lui l'essence comme *manque* ontologique, manque à jamais insurmontable, bouche que rien ne pourra rassasier, et qui n'en finit pas de cracher son amertume et son désespoir. — Mais la mathématique n'est pas seule à nous trahir ; la physique l'accompagne. Tout être veut irrésistiblement être le « *Mittelpunkt der Welt* »[39], le centre de gravité du monde. La phénoménologie de la vie éthique montre en l'égoïsme cette intention, inhérente à tout être, et qui pour être plus ou moins bien *conçue* ne laisse pas d'être *évidente*. Dans les Leçons de Berlin Schopenhauer parle de « *fürchterliche Offenbarung* » — de révélation terrifiante. Que les mathématiques nous trahissent, cela est une vieille habitude. Mais la *terreur* commence lorsque la philosophie est contrainte d'affirmer une vérité *physiquement* inconcevable : le monde possède autant de centres de gravité qu'il y a d'êtres, plus précisément chaque être se regarde et se comprend comme l'être le plus lourd du monde, autour duquel tout doit graviter. Bref : en chacun de nous se condense *toute* la pesanteur du monde. Avant d'être un équivalent du péché originel, l'égoïsme est le délire ontologique des pesanteurs et des profondeurs. Schopenhauer ne s'exprime pas en pessimiste, mais

37. Comparer avec Deussen, X, p. 454.
38. *Monde*, § 61, Deussen, X, p. 455.
39. Deussen, X, p. 455.

en *philosophe tragique* : tous ces individus, qui pèsent si lourd, sont des gouttes d'eau dans la mer de l'Être[40], et on ne sait que penser lorsque l'on comprend que tous considèrent leur mort comme la fin du monde[41]. Comment l'auteur du *Monde* ne retrouverait-il pas le thème du *combat* : « Cet égoïsme devient l'*Eris*, la guerre entre tous les individus »[42]. « *Bellum omnium contra omnes* » comme dit Hobbes[43]. La tristesse du philosophe est naturellement augmentée par la constatation, si souvent faite, que *l'intelligence* multiplie la force de l'égoïsme. La plus grave faute consisterait à croire qu'en dépit de son absurdité métaphysique l'égoïsme n'est pas intelligent ; c'est tout ce que l'on voudra sauf une sottise, puisque sans l'appui de l'intelligence il ne saurait se déployer. De plus cette fonction de l'intelligence nous enseigne l'incroyable déchirement, la contradiction interne de la volonté qui ne voit, pour se réaliser, si l'on peut parler métaphoriquement, que la lutte de tous contre tous, c'est-à-dire en fin de compte, le combat contre soi. On pensera peut-être, en philosophe, que l'intelligence n'est pas tellement intelligente. Sans doute... Mais il faut se garder de voir en l'égoïsme une opération exceptionnelle. Il est *banal*, affreusement banal. L'exceptionnel n'est pas à rechercher dans la reptation de l'*ego*, qui, aux dépends de l'*alter ego*, veut tout pour soi, tout posséder, tout gouverner. Le rare — qui pourtant demeure assez fréquent — est le souci de prendre plaisir à la souffrance d'autrui. Cela se nomme la *méchanceté*[44]. Prendre plaisir à la souffrance d'autrui, sans viser un quelconque intérêt, même charnel, chercher une douceur, pour ainsi dire esthétique, dans le spectacle de la peine de l'autre et de sa souffrance — cela ouvre un abîme plus profond que la liberté pour le mal. On dira que la méchanceté est l'antithèse de la pitié et entre elles l'égoïsme vulgaire, banal, trouve toute la place pour s'étaler. Tout cela se joue naïvement et la phénoménologie de la vie éthique devra dénoncer ce *jeu* dont on ne sait trop s'il montre à l'œuvre l'imbécillité présente en toute intelligence, ou l'intelligence larvée en toute imbécillité.

On dira que le destin de l'homme ne se résume pas en ce jeu qui fait penser à une balançoire. C'est vrai : les mouvements de l'égoïsme et de la méchanceté semblent parfois suspendus :

40. Deussen, X, p. 455 : « ... diesen Tropfen im Meer ».
41. *Monde*, § 61.
42. *Monde*, § 61.
43. Hobbes, *De Cive*, cap. I.
44. Deussen, X, p. 456.

l'homme *s'ennuie*. L'ennui est la vie au ralenti, sans intérêt et sans appétition. Nous estimons que la pensée de Schopenhauer n'a pas été saisie ici d'une manière tout à fait correcte. Pour l'auteur du *Monde* l'ennui est bien le simple dégoût ou encore cette fâcheuse disposition soulignée par Kant, qui nous permet de fabriquer avec des journées trop longues des années trop courtes. Mais il se trouve autre chose dans la doctrine de Schopenhauer. L'ennui surgit lorsque la satisfaction du besoin est par miracle obtenue[45]. « Le besoin et la souffrance ne nous accordent pas plus tôt un répit, que l'ennui arrive »[46]. L'ennui n'est pas le fait d'une conscience qui ne cesse d'échouer — c'est le fait d'une conscience en apparence heureuse (au moins provisoirement). Voici l'existence assurée, le manque par miracle un moment comblé. Or de ce plein, l'homme ne sait que faire : il a troqué le fardeau du souci *d'exister*, contre le fardeau *d'être* qui, bien que vide, pèse plus lourd sur la conscience. Si le désir dans son flot sanguin exprime la volonté d'exister, l'ennui exprime le vide pesant de l'être. Mais ce vide n'est pas inerte, il n'est pas, comme on le pense sans rigueur, *négation du vouloir vivre* ; tout au contraire : dans le néant de l'intérêt l'ennui soupire et se trouve être *regret de la puissance du désir*. L'être abrite la soif de l'existence. L'ennui est donc tout autre chose que le préliminaire au renoncement éthique ; c'est l'étrange sensation que toute réussite est creuse dans la mesure même où (toujours provisoirement certes) elle suspend la marche forcenée du désir. Aussi faut-il distinguer dans la phénoménologie de l'éthique deux concepts que tout semble rapprocher pour l'homme commun : d'un côté se trouve le *vide* qu'explore l'ennui, de l'autre côté le *néant* en lequel la volonté se niant elle-même trouvera la paix[47]. Que le vide nous déconcerte, c'est là une évidence, mais il ne nous éclaire en aucune manière sur la *Ziellosigkeit*, puisque dans son creux il suggère qu'il y a peut-être encore quelque chose à faire, ce qui s'appelle exister. La conscience ennuyée, semblable à la nature qui a horreur du vide est sans doute une conscience heureuse, mais tout aussi bien une conscience mécontente[48]. « La vie donc, écrit Schopen-

45. *Monde*, § 57, Deussen, X, p. 426 sq.
46. *Monde*, § 57.
47. *Monde*, § 57, Deussen, X, p. 426.
48. V. Jankelevitch, *L'Alternative*, Paris, 1938, p. 162. — Notons que cette dialectique de l'ennui ne recouvre pas exactement celle que propose Pascal en ce sens que l'ennui n'est pas premier dans la vie de la conscience — c'est l'effet d'un miracle.

hauer, oscille comme un pendule, de droite à gauche, de la souffrance à l'ennui ; ce sont là les deux éléments dont elle est faite en somme. De là ce fait bien significatif par son étrangeté même : les hommes ayant placé toutes les souffrances, toutes les douleurs dans l'enfer, pour remplir le ciel n'ont plus trouvé que l'ennui »[49]. Le philosophe dira, dans le même sens, que l'ennui est l'opposé de la famine. La conscience ennuyée souffre d'indigestion et c'est pourquoi l'ennui n'est pas vraiment indolore. Avoir faim est une agréable souffrance parfois ; aussi, en son vide, l'ennui est désir du désir, potentialisation de celui-ci. Cette pensée désespérante ressort avec clarté des textes que Schopenhauer a consacrés à ce thème[50]. On dira en termes kantiens que l'ennui est une grandeur négative. Mais ce qu'il importe de souligner c'est qu'il est trompeur : né du bonheur, il se révèle un mal, il prend l'apparence du désintéressement, alors qu'il obéit toujours à la loi de l'intérêt, il nous conduit à une résignation qui n'en est pas une, et finalement nous donne à regretter d'avoir réussi. L'homme ennuyé n'attend *rien*, si par ce terme de *rien* on entend : attendre *quelque chose* ; mais, en fait, il attend *tout*, ce qui est une manière de dire que ce que l'homme a déjà obtenu n'est rien et que la boulimie de la conscience demeure intacte. Aussi bien la *Sorge*, l'être-en-souci, n'est pas moins puissante dans le plein que dans le vide et dans le fond tout est mélangé. L'égoïsme, avec sa volonté, devient *valeur* pour l'être ennuyé, tandis que le vide douloureux de l'ennui se manifeste comme *contre-valeur*. L'existence a soif de l'être, mais l'être a soif d'existence. On comprend pourquoi la vie est semblable à un pendule. On voit aussi que l'ennui ne sera jamais le marche-pied de la sagesse, que le vide n'est pas le néant... Le cadre en lequel oscille le pendule est, qui s'en étonnera ? le temps. « Tuer le temps », c'est fuir l'ennui, mais l'instant où le désir se trouve par miracle satisfait, donne à penser qu'on a tué le temps pour un instant, dont on attend qu'il passe à son tour. La conclusion très simple est que la souffrance est un pôle de la vie, et que l'autre pôle est l'ennui[51].

L'insociabilité de l'homme s'explique par là. Sans doute Schopenhauer a-t-il affirmé que la constitution de l'État s'explique

49. *Monde*, § 57. — L'allusion à Dante est à peine voilée. Il est permis avec L. Gillet, *Dante* (Paris, 1965), p. 256 sq., de ne point admettre sans réserve cette lecture.

50. Brockhaus, Bd. VI, p. 313.

51. Brockhaus, Bd. VI, p. 627.

par l'égoïsme[52]. C'est en gros la transposition de la thèse kantienne. Mais l'ennui joue sa partition : « Il a assez de force pour amener des êtres qui s'aiment aussi peu que les hommes entre eux, à se rechercher malgré tout ; il est le principe de la sociabilité »[53]. A dire la vérité, l'égoïsme est un principe insuffisant ; ses expressions, le besoin, la faim, ne suffisent nullement pour fonder une famille, un État, une société, et Rousseau disait déjà que le besoin disperse les hommes[54]. Aussi pour comprendre l'instauration de la société civile est-il nécessaire de faire appel à l'ennui, soif bête de distractions. Les volontés humaines se heurtent, mais il se trouve toujours assez de vide pour les amener à se réunir. On ne peut, comme en l'interprétation classique, croire que Schopenhauer s'en est tenu à la doctrine kantienne et qu'il a estimé que l'État se constitue grâce aux corrections que la raison apporte aux visées égoïstes, liées au principe d'individuation. Dans le fait la raison ne ferait rien, elle si semblable aux femmes « qui ne donnent qu'après avoir reçu », si dans ce mouvement de génération de la société l'ennui ne fortifiait l'égoïsme et inversement[55]. Dans l'orientation kantienne l'égoïsme a pu paraître la pièce maîtresse dans la fondation de l'État et il ne manque pas de textes de Schopenhauer pour conforter cette lecture : « Il s'en faut de tout, écrit l'auteur du *Monde*, que l'État soit dirigé contre l'égoïsme, dans le sens général et absolu du mot ; au contraire c'est de l'égoïsme que naît l'État, mais d'un égoïsme bien entendu, procédant méthodiquement, d'un égoïsme qui s'élève au-dessus du point de vue individuel jusqu'à embrasser l'ensemble des individus »[56]. L'État peut atténuer la souffrance de l'individu, satisfaire son égoïsme. Si Schopenhauer s'en était tenu là, sa pensée ne serait pas très originale. Mais il en va tout autrement dès que l'on considère le soubassement de cette construction, constitué par la dialectique étrange de l'ennui et de l'égoïsme. Là est le fondement ontologique et existentiel de la vie sociale aperçue sans mystification. Si pour une bonne partie la société est le lieu du divertissement, auquel accourt l'égoïsme, c'est que le terrain sur lequel elle s'érige est clos, travaillé, labouré par les soins ontologiques de l'ennui[57].

52. *Monde*, § 62, Deussen, X, p. 479. En ce texte des Leçons de Berlin Schopenhauer approuve sans réserves la doctrine de Hobbes.

53. *Monde*, § 57.

54. Rousseau, *Essai sur l'origine des langues*, ch. IX.

55. Au demeurant l'égoïsme est déjà une forme de l'ennui.

56. *Monde*, § 62, Deussen, X, p. 476.

57. S. Goyard-Fabre, dans un excellent article, *Droit naturel et loi civile dans la philosophie de Schopenhauer*, Les Études philosophiques, 1977, a fait le point

§ 45. **Réflexions sur la mort.**

La démarche de Schopenhauer en cette dernière boucle de la spirale va se faire de plus en plus organique — les thèses s'imbriqueront les unes dans les autres et nos divisions méthodiques ou scolaires auront de moins en moins de fermeté. Nous les maintiendrons toutefois par souci de clarté. C'est, dans tous les cas, la mort qui nous invite la première : quand tout s'imbrique, elle demeure le moment terminal de la phénoménologie de la vie éthique :

« Mors ultima rerum linea est »[58].

Comme telle, elle dicte nos actes, inspire nos pensées. Qu'est-elle ? La mort, affirme Schopenhauer, n'existe pas. Sans doute l'individu émerge du néant, reçoit la vie comme un don (*Geschenk*)[59], puis s'en retourne au néant. Mais il s'agit là d'un mouvement purement phénoménal, puisque le temps n'est qu'une forme de la représentation, et que, par conséquent, « naissance et mort appartiennent au phénomène du vouloir, c'est-à-dire à la vie »[60]. « Naissance, mort, ces mots n'ont de sens que par rapport à l'apparence visible revêtue par la volonté »[61]. La peur de la mort qui dicte tous nos actes est en elle-même une absurdité. Ce n'est pas tant, comme l'a dit, parce que si longtemps que nous sommes là elle n'est pas, et que lorsque nous ne sommes plus, elle ne peut être là. Sans voir en cette maxime un sophisme, Schopenhauer ne veut pas s'appuyer vraiment sur elle. Et il n'est pas dans sa manière de nier l'évidence : « *Nullum animal ad vitam prodit, sine metu mortis* »[62]. La vérité n'est pas ici de nature morale d'abord — c'est la détermination *métaphysique* qui importe en priorité. Or la mort ne concerne ni la volonté, ni la chose en soi, ni le sujet connaissant, ni même le spectateur des phénomènes[63]. Schopenhauer *déréalise*

sur la pensée juridique et politique de Schopenhauer. Elle a relevé le caractère négatif (p. 453) des maximes du philosophe. Nous regrettons que place n'ait point été faite à l'ennui.

58. HORACE.

59. *Monde*, § 54, Deussen, X, p. 371.

60. *Monde*, § 53.

61. *Ibid.*

62. SÉNÈQUE, Ép. 121. « Nul animal ne fait son chemin en la vie sans la crainte de la mort ».

63. C'est sur ce seul fondement de la théorie de la mort que Chestov a prétendu que Schopenhauer s'était ingénié à en volatiliser la portée. Cf. A PHILONENKO, *Chestov ou la lutte contre la raison*, Revue de Métaphysique et de Morale, 1968.

métaphysiquement la mort. Aussi donne-t-il une interprétation fort discutable, mais non dénuée d'intérêt, de l'art païen qui ornait les sarcophages des images de la vie, et pas seulement des belles images en lesquelles la vie se présente souriante, ni même d'images reflétant la force de l'amour, mais encore « des groupes même licencieux, jusqu'à des accouplements entre chèvres et satyres »[64]. L'intention de cet art, pense-t-il, « était de détourner nos yeux de la mort du défunt... et de nous inciter avec insistance à considérer la vie immortelle de la nature ».

A ce premier argument tout métaphysique, Schopenhauer en ajoute un éthique. Qu'est-ce que l'homme ? C'est une horloge qui suit bêtement le cours du temps : « une fois monté, cela marche sans savoir pourquoi »[65]. L'horloge sonne les heures (entendez : accomplit cette série d'actes stupides pour lesquels les hommes tantôt se décernent des médailles et tantôt se font des procès). Mais les notes du carillon s'envolent. Un individu, un visage humain, sa destinée, cela n'est qu'un rêve très court de l'esprit infini de la nature[66]. Son ressort dévidé, l'horloge s'arrête et ne dit plus rien : elle s'en est retournée parmi les choses en leur évident non-sens. Voilà pourquoi le seul aspect d'un cadavre nous rend si brusquement sérieux. Cette page de Schopenhauer montre bien clairement que Tolstoï en l'interprétant ne vit qu'un aspect du problème : certes Schopenhauer discrédite la mort métaphysiquement, mais il la discrédite ensuite moralement en discréditant la vie. Il est faux de dire que la mort est la fin de quoi que ce soit, puisque la vie ou plutôt la pathographie qui l'illustre n'est rien de significatif. Si la mort devait posséder non pas une « crédibilité », mais une fonction finale, il faudrait que ce qui la précède possède une fin et que par une nécessaire induction l'histoire possède un sens. On ne saurait découvrir une opposition plus forte à la pensée de Schopenhauer ailleurs que chez Michelet. Lorsqu'il commente l'assassinat de Louis d'Orléans, il s'écrit : « Admirable vertu de la mort ! Seule elle révèle la vie. L'homme vivant n'est vu de chacun que par un côté, selon qu'il le sert ou le gêne. Meurt-il, on le voit alors sous mille aspects nouveaux... Chaque homme est une humanité, une histoire universelle... »[67]. Dans le *Journal* de juillet-septembre 1839, Michelet, éprouvé par la dispari-

64. *Monde,* § 53.
65. *Monde,* § 58.
66. « Jedes Individuum, jedes Menschengesicht und dessen Lebenslauf ist nur ein kurzer Traum mehr des unendlichen Naturgeistes. »
67. J. MICHELET, *Œuvres complètes* (éd. P. Viallaneix). T. V, pp. 351-352.

tion de Pauline, écrivait déjà : « Quelle révélation que la mort ! Elle dévoile tout à coup le bien qui était caché dans l'homme »[68]. « J'aime la mort » dira-t-il. Et, en effet, sans elle nulle histoire, sans elle aucun point de vue spéculatif délivré de la puissance de l'intérêt, sans elle totale incompréhension de l'homme. Mais Schopenhauer écarte avec rudesse cette vision romantique : l'homme n'est pas une *humanité,* encore moins une *histoire universelle* — il n'est qu'un rêve, en sa brièveté déconcertant, de l'esprit infini de la nature. Si la vie est le déroulement d'un ressort, d'une horloge, qui a peut-être le mérite d'être inconscient, créditer la mort d'une fonction révélatrice confine à l'absurde. Qui imaginera de le faire après s'être rendu compte sérieusement que la vie n'a aucune valeur ? Pourquoi ne pas s'en tenir à cette simple vérité : le phénomène disparaît avec la même simplicité qu'il met à apparaître.

Cette thèse nous introduit à deux ordres de considérations. En ce qui touche le premier ordre la pensée de Schopenhauer a été discrète. Elle était à notre sens embarrassée par la théorie kantienne de l'assimilation[69]. Mais qu'il en ait eu conscience ou non, Schopenhauer rejoignait un thème de la pensée russe. Mourir n'est pas seulement perdre conscience à jamais ; c'est aussi vivre. Les *diminutifs* de la mort, c'est-à-dire ses petits pas, sont internes, immanents, fonctions de l'existence. Vivre est perdre son énergie, se vider soi-même aussi bien dans la respiration ou le souffle qui laisse s'échapper quelques moments de la substance[70] que dans le rejet des excréments[71]. La mort n'est pas seulement l'événement brutal qui trancherait le cours d'une vie substantielle, mais aussi, comme diminutif, cette perpétuelle amputation opérée du dedans. Lors même que l'homme tente de se com-poser, il se dé-compose. C'est insidieux certes : les muscles, l'activité intellectuelle, les fonctions végétatives même s'atrophient. Les mains se couvrent de taches de vieillesse, sans qu'on puisse dire quand et comment cela commença. La pensée russe a toujours été attentive à cette figuration de la mort qui pousse au-dedans de nous et nous fait regarder autrement ce qui est au dehors de nous[72]. C'est sans doute la corde la plus

68. J. MICHELET, *Journal* (éd. Viallaneix), T. I, p. 309.
69. *Critique de la faculté de juger,* § 64.
70. *Monde,* § 54.
71. Deussen, X, p. 373.
72. L. TOLSTOI, *La mort d'Ivan Illicht.* La description de la transformation des couleurs, qui virent au gris ou au terne, est un exemple, parmi tant d'autres, de ce cheminement de la mort.

sensible dans le violon de la mélancolie. Or le cartésien ne peut rien entendre à cela. Cette lente invasion sinueuse qui peu à peu se multiplie par elle-même ne rentre pas dans la catégorie des idées claires et distinctes. Pour Descartes, comme le montre avec la dernière évidence, l'article VI du *Traité des Passions*, la mort est l'effet de la corruption d'une partie de la « machine ». Cette corruption doit être pensée dans une perspective technique : en somme c'est une pièce « qui lâche », comme un ressort en une montre. Aussi bien si nous étions assez bons médecins pour être des ingénieurs ou des techniciens, il nous serait possible de remplacer ou de réparer l'organe (la « pièce ») défaillant, et, ce faisant, de remettre en route la « machine » qui décidément ne serait pas distincte de la montre, qui est l'automate par excellence[73]. Semblable corruption — puisque idéalement elle peut être surmontée — relève de l'accident et pour tout dire vient du *dehors*. On est loin de la pensée défendue par Schopenhauer. Veut-on s'élever à la métaphysique, le cheminement de la mort devient encore plus obscur à l'esprit cartésien. Dieu, selon Descartes, re-crée le monde à chaque instant suivant son bon vouloir. C'est dire que mon *passé* ne garantit en rien mon présent, qui en est totalement indépendant, tout de même que mon présent n'assure en rien mon avenir. Je mourrai à l'instant où Dieu aura décidé de ne plus me soutenir dans l'être — et la mort est totale *extériorité*. Elle ne vient pas au terme d'un chemin toujours assez long pour susciter la souffrance ; elle survient. Bichat, qu'admirait Schopenhauer, avait rompu avec le cartésianisme en comprenant que toute *activité* organique ne pouvait être dissociée d'une régression. « De sorte, écrivait-il, que toute manifestation d'un phénomène dans l'être vivant est nécessairement liée à une destruction organique ; et c'est ce que j'ai voulu exprimer, lorsque, sous une forme paradoxale, j'ai dit ailleurs : la vie c'est la mort »[74]. Mais si juste que fût cette pensée, elle ne pénétrait pas le *pathos* de la pensée germanique et slave. On se plaçait sur le plan de la science, Schopenhauer méditait sur l'existence. Ce dernier accorderait qu'il raisonnait en psychologue. C'est vrai. Mais la psychologie, ici soutenue par la phénoménologie, est

73. Kant dans la *Critique de la faculté de juger*, § 65, a définitivement distingué l'automate, la montre et l'organisme.

74. C. Bernard, *Leçons sur les phénomènes de vie communs aux animaux et aux végétaux*, présentées par G. Canguilhem, Paris, 1966. Le texte cité de Bichat est en ces Leçons.

instructive. Quel homme prend le deuil de ses excrétions ?[75]. Dans le miroir des âges l'œil perd sa vivacité, sans qu'on se décide pour autant à porter l'habit noir. Mais pour le philosophe la mort, comme puissance qui nous impose enfin un abandon total, n'est pas différente en nature de ses diminutifs. Est-ce un paradoxe ? La question mérite d'être posée. Voici d'une part la mort qui s'est avancée à petits pas, d'autre part la mort brusque flambée de tous ces moments déjà asséchés. Ou se trouve la différence ? Elle n'est pas dans la chose même comme on le veut croire, mais dans notre esprit, très longtemps inattentif et soudain pris de terreur. La mort va vers son explosion, soigneusement préparée — mais, nous, « pauvres bêtes », seul l'éclair final nous afflige. Qu'on ne parle pas en ceci de la *cohérence* de l'homme, car s'il se montre « idiot », c'est vraiment en cette affaire. On pourrait rédiger des registres pesants pour tenter de consigner le nom de tous les hommes qui ont contemplé avec satisfaction leur premier cheveu blanc, estimant qu'enfin ils avaient fait un pas vers la sagesse, sans pour autant cesser de s'interroger sur cette âpre question : n'auraient-ils point plus de « prestige » aux yeux des jeunes filles, coiffés d'un casque argenté ? On dira que celui qui est amputé d'une dent, par exemple, éprouve le sourd malaise de vieillir ; mais l'impression est fugitive et la morale après tout peu évidente pour l'homme empirique.

Le second ordre de considérations à davantage retenu Schopenhauer. Mort, peur du vide éternel, d'un vide qui est l'ennui, « la céleste éternullité » comme dit excellemment Laforgue. Que redoutons-nous au tréfonds de nous-même ? C'est de disparaître sans doute, mais c'est surtout en cette disparition d'être plongés dans un vide où nous cesserions d'exister par cela seul que rien ne saurait plus nous intéresser. Dans cette crainte l'homme montre le fond de son cœur ; ce qu'il veut c'est la permanence de son *ego* comme foyer d'intérêts. Ce qu'il redoute c'est l'évanouissement de l'*ego* comme lieu géométrique des passions, imaginant non sans raison, qu'un sujet arraché à la terre, avec ses douleurs et ses joies trop rares, ne peut plus prétendre être *quelque* chose ou, si l'on préfère, *quelqu'un*. On trouve ici le négatif photographique de la vraie philosophie qui dans la négation de la volonté, abandonne aussi bien le *quelqu'un* que le *quelque chose*. Mais pour l'homme empirique, s'il ne reste que l'ennui, cela signifie qu'il sera plus que mort. Quand Schopen-

75. *Monde*, § 54.

hauer déclare satiriquement que les hommes n'ont pu donner de sens au monde céleste qu'en se servant de l'incolore palette de l'ennui, il porte un jugement profond : l'homme a peur de la mort parce qu'il a peur de s'ennuyer et, comme on le dit si bien, de s'ennuyer à mort. Telle est la triste mélodie qui en son chemin souterrain appuie la phénoménologie de la vie éthique dans ce second ordre de réflexions.

Il s'agit de montrer l'inconséquence de l'homme. Aussi posera-t-on la question à l'envers[76]. On ne demandera pas ce que je deviendrai, mais ce que *j'étais* avant que de *naître*. Parce que, en saine logique, on peut s'ennuyer à mort aussi bien *avant* qu'*après*. Cette question n'est pas moins troublante que celle qui consiste à savoir ce qu'il adviendra de moi après la mort. Or ici l'homme se montre encore une fois inconséquent, au moins autant, si ce n'est plus, que dans son insouciance lorsqu'il gravit le chemin tracé par les diminutifs de la mort. C'est un fait : ce néant dont je suis un jour sorti, il ne me tourmente guère[77]. Si je l'acceptais, il me serait d'un grand réconfort en me montrant que « le fait de ne plus être ne peut pas plus nous atteindre que le fait de n'avoir pas été »[78]. Je serais logique — donc prêt au destin. Et je pourrais me consoler de tout le temps ou je ne serai plus, par l'imagination de tout le temps où je n'étais pas[79]. Qui donc toutefois a rêvé sérieusement — puisque pour une fois le rêve et le sérieux se confortent — à cet ennui mortel qui a précédé ma naissance ? Et comment puis-je ne pas être horrifié par ce néant qui me précède, autant que par le néant qui m'attend ? Serait-ce donc la soif d'existence (*Durst nach Daseyn*)[80], enseignée par la vie, qui justifierait cette terreur du néant ? Toutes les analyses de Schopenhauer convergent ici. Pour le philosophe l'expérience tragique de la vie aurait dû éveiller « une aspiration infinie vers le paradis perdu du non-être ». Mais cette vie si trouble, si mesquine, si absurde enseigne à l'homme tout le contraire : elle dicte en nous la crainte de la mort, au lieu de délivrer l'être humain de la *Sorge,* de l'être-en-souci. On appelle ceci la confusion des rôles et l'homme a peur de la mort, parce que dans son souci, il regarde *devant* et bien rarement *derrière*. Mais le philosophe

76. *Monde,* Supl. XLI.

77. Saint Augustin s'est pourtant posé la question : « Quid ante hanc etiam, dulcedo mea, deus meus ? Fuine alicubi aut aliquis ? » *Confessions, I,* VI, 9.

78. *Monde,* Supl. XLI.

79. Deussen, X, p. 378.

80. Brockhaus, Bd. III, p. 533.

ne doit pas se laisser prendre à ce piège, qui est, au fond, celui tendu par la Volonté de vivre. Son destin est clair : il lui faut s'exercer à la mort dans un sens qui n'est pas entièrement platonicien — prenons une image, il doit gratter l'instrument de la mort comme un *vulgaire* instrument de musique. C'est ce que fit Voltaire, et Schopenhauer aime à en citer deux passages : « On aime la vie ; mais le néant ne laisse pas d'avoir du bon »[81]. — « Je ne sais pas ce que c'est que la vie éternelle, mais celle-ci est une mauvaise plaisanterie »[82].

Il n'entre pas dans notre projet de représenter les arguments de Schopenhauer en ce qu'ils ont de plus connu. Nous voudrions en indiquer l'étrangeté. A longueur de pages l'auteur du *Monde* nous explique que seul meurt l'individu, non l'espèce[83]. Mais un point semble avoir échappé aux commentateurs les plus pénétrants. Schopenhauer, comme on l'a vu dans la Métaphysique du Beau, semble admettre que si les espèces sont des Idées, l'homme doit être considéré « d'une certaine façon comme une Idée ». Que dans le règne végétal, animal, la mort ne soit rien, qu'elle traduise au fond l'infini de la Nature, jamais lasse de se répéter, qu'aux yeux d'un observateur naissance et mort ne soient que *vibrations*, semblables à l'arc-en-ciel qui surmonte une chute d'eau[84] tandis que la volonté, racine des phénomènes, demeure *ce qui est*, telle est la vérité énoncée par la doctrine. Aussi peut-elle affirmer : *Natura non constristatur*[85]. On voit le sort de l'homme : « Il faut déduire la nécessité de la mort d'abord du fait que l'homme est simple phénomène, et non chose en soi »[86]. Mais la doctrine va se heurter à un écueil qu'elle a, elle-même, mis à nu. C'est qu'il faut considérer l'homme « en quelque sorte comme une Idée ». Or les Idées ne meurent pas. L'aporie serait insoluble s'il était interdit de recourir à la pensée platonicienne. Le texte qui donne naissance à la difficulté mérite d'être à nouveau cité : « *Jeder Mensch also ist eine besonders bestimmte und karakterisierte Erscheinung des Willens, ja gewissermaassen als eine eigene Idee anzusehn* »[87]. C'est le

81. VOLTAIRE, *Lettre à Madame la Marquise du Deffand* (1. XI. 1769).
82. VOLTAIRE, *Lettre à Monsieur le Comte d'Argenthal* (27. VII. 1768).
83. Deussen, X, p. 372, *Monde*, § 54 et Supl. XLI, Brockhaus, Bd. VI, p. 306.
84. *Monde*, Supl. XLI.
85. *Monde*, § 54, Deussen, X, p. 372.
86. Brockhaus, Bd. VI, p. 306.
87. En libre traduction : « Tout homme est une manifestation particulièrement déterminée et caractéristique de la Volonté, à considérer donc en quelque sorte comme une Idée spécifique. » Deussen, X, p. 111.

mot « *gewissermaassen* » qui signifie, « en quelque sorte », « d'une certaine manière » qui peut sauver la théorie de Schopenhauer dont on peut dire en un sens qu'elle est platonicienne. Lorsque dans le *Phédon* Platon s'interroge sur l'immortalité de l'âme, il conclut qu'en la rigueur philosophique elle ne peut être dite immortelle, n'étant pas une Idée, mais qu'on peut *espérer* en son immortalité, puisqu'elle *ressemble* aux Idées qui sont indubitablement immortelles [88]. La *ressemblance* découverte par Platon rejoint le « en quelque sorte » de Schopenhauer. Il n'est sans doute pas très surprenant que Schopenhauer ne se soit pas appuyé directement sur Platon et sur le *Phédon*. L'interprétation du platonisme à son époque lui fermait bien des portes. Il est, en revanche, plus surprenant, comme on le verra, qu'il ne se soit pas fondé sur cette apparente aporie pour expliquer la conscience de la mort, qu'il enracine, sans grande originalité, dans la capacité de réfléchir de l'homme [89]. L'interprète observera donc qu'il ne trouve pas là cette surprenante capacité de lecture du cœur humain auquel l'auteur du *Monde* l'a habitué. Mais il serait convenable cependant d'être prudent. « Seul l'homme, affirme Schopenhauer, a sous *forme abstraite* cette certitude qu'il mourra, et s'en va la promenant avec lui ». Cette certitude est un don de l'intelligence et il est fragile. Qu'est-ce donc que la pensée abstraite de ma mort devant un bon verre d'eau fraîche ou — point de jaloux ! — un verre de vin dont la seule couleur nous réjouit ? Ce n'est pas grand-chose, tout au plus une pensée abstraite qu'on met sous le bras, comme tout ce qui est abstrait. Aussi « nul homme n'est vraiment troublé de cette pensée d'une mort certaine et jamais éloignée ». Rien de plus vulgaire selon Schopenhauer — ici commence à réapparaître le discours de ce maître du cœur humain — que d'oublier la mort. Quand Spinoza proclame : « *nos sentimus experimurque aeternos esse* » [90], il disserte comme l'homme vulgaire, qui, en effet, peut bien se sentir éternel, puisqu'il a mis la pensée de la mort sous son bras. En outre cette « expérience » mal comprise est tout simplement le reflet de la Volonté qui ne cesse de s'affirmer. D'un côté donc l'idée abstraite de ma mort (réflexion), de l'autre côté le sentiment concret de mon éternité

88. Nos réflexions seront soutenues par l'admirable texte de M. Gueroult, *La méditation de l'âme sur l'âme dans le Phédon*, Revue de Métaphysique et de Morale, 1936.

89. *Monde*, § 54.

90. *Monde*, Supl. XLI.

(Volonté), telle est l'équation ou plutôt l'inadéquation — inadéquation parce que la réflexion comme l'intelligence tombent du côté du phénomène, tandis que la Volonté, la chose en soi, est éternité — en laquelle la pensée classique s'est perdue.

La difficulté est claire : à force de déréaliser la mort et de lui arracher sa couronne mythique, non seulement Schopenhauer peut sembler se contredire[91], mais aussi et surtout il déracine l'angoisse. On assiste alors au paradoxe inouï d'une *philosophie tragique* dont le but le plus clair est l'éliminer le *pessimisme*. Paradoxe ou profonde vérité ? On regrettera que Schopenhauer, sans être pour autant obligé de transformer ses perspectives, n'ait pas fait unc place plus grande à l'angoisse. Car enfin ! Être d'une certaine manière une Idée sans l'être vraiment et dès lors se savoir mortel, toucher presqu'à l'éternité, sans jamais l'atteindre, c'est le dur destin de l'homme. On concevra aisément qu'en une orientation littéraire le thème aurait du être retenu et même amplifié. Mais nous tentons de penser philosophiquement et nous trouvons que le disciple de Platon tisse une toile bien différente. L'auteur des *Dialogues* trouve en la ressemblance de notre âme avec l'Idée la source d'une *belle espérance*. Dans son calme, Schopenhauer s'efforce de barrer la route à la *noire angoisse,* enfantée par le « en quelque sorte » qui me définit comme étant *presque* une Idée, non une Idée.

Alors ? Quiconque est poète — et Schopenhauer ne chasse pas les poètes comme le fait Platon —, s'il sait *écrire,* ressentira la force spirituelle pour remédier à ce tragique destin. Certes le remède ne sera pas puissant : mais de cette Idée que je suis en quelque sorte, si deux beaux vers sont extraits, une image naîtra qui transgressera la mort. A la vérité tous les hommes sont en ce sens poètes : qui n'a pas eu le souci, un jour, une heure, gravant ses initiales sur un arbre, dressant une pierre, de faire « en sorte » que le « en quelque sorte » soit exorcisé ? Si l'homme n'était que le phénomène de l'humanité, comme ce lion est le phénomène de la léonité, cet écart par rapport à soi, cette coïncidence toujours voulue, mais jamais trouvée — qui, au demeurant ouvre en l'homme une tombe avant la tombe, je veux dire le cœur où il enfouit ses secrets — et qui s'explicitent dans l'angoisse seraient inintelligibles. Ce

91. On voit mal comment accorder la formule reprise de Sénèque : « *Nullum animal ad vitam prodit, sine metu mortis* » et l'assertion du § 54 du *Monde* : « L'animal... vit sans redouter (furchtlos) l'anéantissement (Vernichtung), sans souci, soutenu par le sentiment qu'il a de ne faire qu'un avec la nature et, comme elle, d'être impérissable », Brockhaus, Bd. II, pp. 331-332.

serait du Kierkegaard si Schopenhauer déréalisant la mort s'était laissé aller à ridiculiser les souffrances de l'existence. Il note seulement que si la souffrance peut parfois tromper, la mort ne trompe jamais[92].

Schopenhauer présente un exemple tout à fait imaginaire : « Soit un homme qui aurait comme incorporé à son caractère les vérités déjà exposées ici, et qui pourtant n'aurait été conduit ni par son expérience personnelle, ni par des réflexions suffisamment profondes, jusqu'à reconnaître que la perpétuité des souffrances est l'essence même de la vie, qui au contraire se plairait à vivre... », qui saurait qu'exister est manifester la volonté dans le présent — cet homme aurait aussi peu « à craindre la mort que le soleil a à craindre la nuit. « Cette fiction donne à penser que la crainte de la mort n'est pas si abstraite qu'on le veut bien dire et le verre de vin fini, un goût aussi amer qu'étrange nous enseigne que quelque chose est passé et que nous avons accompli un pas en avant vers l'abîme. La crainte de la mort ne peut disparaître, en dehors de toute considération philosophique, religieuse et morale, que dans l'éclatant mouvement de l'*angoisse surmontée*. Schopenhauer ici évoque Krischna, Xerxès et le *Prométhée* de Gœthe. Qui ne connaît le passage célèbre des *Histoires* où Hérodote nous rapporte comment Xerxès voulant voir son armée tout entière assemblée frémit d'abord de bonheur, puis sombra en larmes, songeant que de toute cette multitude « pas un homme ne sera en vie dans cent ans »[93]. Après une brève méditation sur la mort qui peut être « le plus désirable des refuges », l'âme se retrouve et le texte d'Hérodote nous replonge dans la décision de la guerre[94]. Le *Prométhée* de Gœthe n'est pas moins clair :

> « Ici sera mon séjour ; ici je ferai des hommes
> A mon image :
> Je les ferai pour la souffrance, pour les larmes,
> Pour la joie et pour le plaisir,
> Et je les ferai à ne te pas respecter
> Comme moi ! »[95]

La vie pour la vie, dans ses souffrances et ses joies illusoires est le triomphe de la volonté dans l'angoisse surmontée. Par-delà

92. *Monde*, § 54.
93. Hérodote, *Histoires*, VII, 46.
94. Même mouvement dans le *Bhagavad-Gitâ* selon Schopenhauer, *Monde*, § 54.
95. Goethe, *Prometheus*, 49-55.

la crainte de la mort reconnue *a contrario,* c'est l'affirmation complète de la volonté de vivre et peut-être aussi de sa négation, puisque le calme règne en l'esprit. Mais il vaudrait mieux dire qu'il y a trois ou quatre étages comme chez Spinoza il existe trois ou quatre degrés de la connaissance ; au plus bas : l'homme tranquille qui se croit éternel, puis l'angoisse devant la mort, l'angoisse surmontée dans la volonté de vivre qui s'affirme, la négation de la volonté par elle-même enfin. La difficulté de l'interprétation de la notion de mort chez Schopenhauer, tient sans doute en ce qu'elle ne s'est pas déployée systématiquement à tous les niveaux, et aussi au fait qu'on n'aperçoit pas les enchaînements, ni le lieu où tous ces niveaux pourraient jouer ensemble. Par là s'explique néanmoins son souci de frapper le point le plus sensible et le plus propre, par transposition, à éclairer les différents moments : le moi.

C'est dans le supplément du *Monde* consacré à la mort[96] qu'on trouve les formules les plus pénétrantes. Le « moi », tel que le découvre la phénoménologie de la vie éthique « est le point noir de la conscience, tout ainsi que dans le tissu du nerf optique c'est précisément le point d'insertion du nerf optique qui est aveugle ». Le moi, par définition, est aveugle, aveugle comme l'œil tout entier dans la mesure où l'œil ne se voit pas. Si le moi pouvait se voir, il découvrirait qu'il n'est que nuit et dès lors que lui importerait de descendre dans la nuit. De plus il verrait que sa phénoménalité fait de lui une émanation de la volonté portant en elle « la possibilité d'individualités sans nombre ». Le caractère intelligent et nerveux de la comparaison ne doit pas cependant, en dépit de la pénétration de Schopenhauer, faire croire qu'il est en ceci original. C'est, en effet, un des thèmes de la mystique que la nullité du moi. On citera un passage d'une lettre de Fénelon adressée à Madame de Maintenon : « Le *moi* trop humain, dont je vous ai parlé si souvent, est encore une idole que vous n'avez point brisée. Vous voulez aller à Dieu de tout votre cœur, mais non par la perte du *moi* ; au contraire vous cherchez le *moi* en Dieu »[97]. C'est saint François de Sales qui pousse l'humilité jusqu'à l'indifférence envers son salut : « Si Dieu venait à moi,

96. *Monde,* Supl. XLI.

97. Cf. *Recueil des lettres de Madame de Maintenon,* T. V, p. 127. Le mot *idole* qui implique idolâtrie possède sous la plume de Fénelon un sens extrêmement fort. Bossuet n'en donnait pas une définition moins vigoureuse, cf. *Œuvres complètes* (éd. Lachat), T. XXIV, p. 516. Voir aussi Pascal, *Pensées,* éd. Brunschvicg, n° 783.

j'irais aussi à lui ; s'il ne voulait pas venir à moi, je m'en tiendrais là et n'irais pas à lui »[98]. Le salut consiste en la destruction par la mort de l'idole qu'est le moi. Rien de neuf, par conséquent, sera-t-on tenté de dire.

Mais on trouve une autre formule — plus platonicienne théoriquement — : « Désirer l'immortalité de l'individualité, c'est à vrai dire, vouloir perpétuer une erreur à l'infini ; car au fond chaque individualité n'est qu'une erreur particulière, un faux pas, une illusion qui ferait mieux de ne pas être... ». L'auteur du *Monde* développe cette idée en une fiction très empirique : quel que soit l'univers, le monde, la planète où nous pourrions envisager de transporter l'homme, il emporterait dans ses bagages la dialectique de la souffrance et de l'ennui qui finit toujours par enlever la victoire. C'est aussi bien, ne craignons pas de le redire, parce que l'individu humain n'est pas une Idée, mais une Idée *pour ainsi dire*. Ce qui détruit les prétentions du moi à l'immortalité ce ne sont pas seulement les passions inassouvies, l'égoïsme stupide, c'est aussi et surtout cet écart de soi à soi, la coïncidence impossible, la tragédie d'un phénomène qui s'élève *presque* à l'Idée « jointe à elle-même dans l'unicité de la forme », et qui dans ce « presque » trouve la source de sa déréliction. Un des contre-sens les plus répandus sur la doctrine de Schopenhauer consiste à ne rechercher dans son combat contre le moi que les arguments que propose la psychologie vulgaire, voyant en celui-ci un bloc de souffrances, de mauvaises passions, pour tout dire un moment animal. Schopenhauer n'ignore pas ces arguments et les utilise. Mais sa pensée profonde est ailleurs. Quand il déclare que l'individualité est un faux pas, « une erreur particulière », il ne faut pas croire qu'il pense seulement à l'écart entre ce phénomène (tel le lion) et l'Idée (la léonité). Il suggère un rapport plus secret et plus intime. Par rapport à l'Idée déterminée dont il est la manifestation, à cette Idée qui est sienne, l'homme, en tant qu'individu, est un dérapage, un faux pas qui constitue le moi au point de vue de la phénoménologie de la vie éthique. Cette dialectique de l'in-cohérence inévitable fonde bien plus profondément, au point de vue éthique, la nécessité de la mort que tous les autres arguments. Ce lion est une *esquisse* de son espèce ou de l'Idée du lion, mais l'homme est une *Idée trahie*. On conviendra que ce n'est pas la même chose. Aussi pour le

98. St François de Sales, *Entretiens spirituels*, XXIe Entretien. In *Œuvres* (Pléiade), p. 1646.

lion la mort, qu'il ne redoute pas, est dans l'ordre des choses ; pour l'homme qui voudrait coïncider avec son Idée, elle est un scandale moral. Comment un être qui est « en quelque sorte une Idée », une Idée qui lui est propre et qu'il ne partage avec aucun de ses semblables, peut-il sans douleur, accepter paisiblement la mort qui l'angoisse et s'impose à lui en raison d'une incohérence métaphysique dont il n'est aucunement responsable ? Les Idées, pas plus chez Schopenhauer que chez Platon, ne souffrent l'approximation et c'est pourquoi elles sont éternelles. Mais l'homme n'est une Idée que d'une certaine façon — il ressemble aux Idées, comme chez Platon l'âme est apparentée aux Idées. Chez Platon on trouve en cette pensée l'espérance de l'immortalité. Chez Schopenhauer l'homme n'étant une Idée que « *gewissermaassen* » est tout aussi bien une erreur particulière, qui doit disparaître. Et la nécessité de la mort se manifeste. Il est naturel, métaphysiquement parlant, que l'homme proteste ou même se révolte : il se regarde tout au plus comme une erreur *minime*, un faux pas qui n'est pas encore la chute, mais qui le constitue comme moi mortel. C'est vraiment affreux : *mourir pour presque rien*, parce que l'on n'est pas une Idée, mais seulement semblable aux Idées. Est-il chose plus injuste, plus absurde : le *presque rien* est le fondement de la sentence qui me condamne en *totalité*. Dans cette atmosphère électrique le seul moyen qui nous soutiendra, le renoncement à la volonté de vivre, s'imposera ; mais on voit qu'entre la théorie de la négation de la volonté et la pratique, la doctrine aura d'elle-même creusé un fossé malaisé à franchir.

La déréalisation de la mort, du point de vue métaphysique, ne pouvait s'achever sans une réflexion sur le temps du moi. « Le présent, écrit Schopenhauer, est la seule chose qui toujours existe, toujours stable, inébranlable »[99]. Le présent ignore la mort ; c'est le *nunc stans* des scolastiques — passé et avenir sont des fantômes. En *dehors* du présent, il n'y a rien. Le temps peut moralement et métaphysiquement être comparé à un cercle sans fin qui tourne sur lui-même. Le demi-cercle qui va descendant serait le passé, la moitié qui remonte l'avenir ; « en haut est un point indivisible, le point de contact avec la tangente ». « Le temps ressemble encore à un courant irrésistible, et le présent à un écueil, contre lequel le flot se brise, mais sans l'emporter ». C'est la troisième hypothèse du *Parménide*[100]. Dans

99. *Monde*, § 54.
100. J. Wahl, Le *Parménide de Platon.*

ce présent perpétuel la volonté s'objective et celui qui s'y accrocherait ferme, verrait la crainte de la mort sombrer dans l'abîme : « Nous n'avons à nous occuper ni du passé qui a précédé la vie, ni de l'avenir après la mort ». Un homme totalement immergé dans le présent devrait vivre comme en l'éternité et ce ne serait pas parce qu'il pourraît s'appuyer sur le sentiment confus qui le pousse à sentir et à expérimenter qu'il est éternel, mais bien différemment parce qu'en ce présent, en lequel tout re-pose, qui est *Ruhe,* il se sentirait uni à toutes choses [101].

Mais, on le sait, l'homme aime l'histoire et ne cesse de faire des histoires à propos de tout. C'est cela même qui va falsifier l'authenticité du *nunc stans.* Au lieu de vivre dans le présent l'homme regarde sa montre, pas à chaque instant, mais bien assez pour susciter la crainte de la mort et ouvrir les portes au règne de la folie. Il veut le temps comme un enfant veut des bonbons ; au lieu de trouver son éternité dans le pur présent, sans se demander d'où il vient et où il va, il s'élance vers des fins chimériques et, ce faisant, transforme le temps en histoire, qu'il veut *réelle.* Si donc du point de vue de la métaphysique le problème de la mort repose sur la méconnaissance de l'idéalité des phénomènes — c'est l'aspect toujours développé par les interprètes de Schopenhauer — au point de vue de la phénoménologie de la vie éthique c'est la chimérique *réalisation* du temps dans l'histoire, qui autorise la mort à danser avec tant d'ardeur [102].

§ 46. *Operari sequitur esse.*

On a vu qu'un des niveaux de la conscience humaine en présence de la mort était la volonté surmontant l'angoisse. Le

101. *Monde,* § 54.

102. Bien des rapprochements avec Nietzsche seraient ici bienvenus. Dans le droit fil de la pensée schopenhauerienne, Nietzsche affirme : « Nous sommes devenus plus pauvres d'*un* intérêt : l'« après-la-mort » qui ne nous regarde plus » (Werke (Schlechta), Bd. I, p. 1061). Toutefois il ne s'élèvera pas comme Schopenhauer à la négation du vouloir-vivre. Il ne voudra pas dépasser le niveau de la volonté héroïque. Place sera faite au héros tragique (comme si la tragédie n'avait de sens qu'avec des héros !), qui, sans illusions, aura pour seul souci de s'affirmer en la volonté de puissance. On pouvait certes découvrir chez Schopenhauer l'idée d'être pleinement, sans regarder en arrière, ni même en avant. Mais Schopenhauer y voyait un sens *sauvage,* préludant à la vraie philosophie, sans se confondre avec elle. Nietzsche a transformé la sauvagerie en *grandeur,* idée fort équivoque comme l'a montré E. Fink (La *philosophie de Nietzsche,* éd. de Minuit), sans trop se soucier du problème métaphysique et phénoménologique (au sens éthique) de la liberté.

philosophe se trouve, face à cet héroïsme, contraint de reprendre à nouveau la théorie de la liberté. Lorsque Schopenhauer retrouve cette problématique — déjà bien orientée par la détermination du caractère intelligible dans la Métaphysique de la Nature — il est soucieux. On en voit la preuve dans le fait que la dernière édition du *Monde* fait appel au mémoire sur *La liberté de la volonté* de 1840, au § 10 du *Fondement de la Morale* de 1840 également et renvoie au supplément XIX, III. Dans les Leçons de Berlin il y consacre de nombreuses pages [103]. Ce souci est aussi manifeste que curieux. En effet, Schopenhauer était persuadé, dès la première édition du *Monde*, d'avoir résolu définitivement le problème : la solution réside en la distinction du caractère empirique, soumis comme tous les phénomènes au principe de raison, donc à la nécessité, que l'auteur du *Monde* confondait parfois avec le déterminisme [104], et du caractère intelligible, être profond de l'homme [105], intemporel et comme la volonté *grundlos*. Il n'a pas voulu s'attribuer le mérite d'avoir découvert cette heureuse issue : « Je ne veux pas ici refaire l'exposition qu'a donnée Kant ; elle est de main de maître, et je préfère la supposer connue » [106]. Dans le mémoire sur *La liberté de la volonté* il cite Kant avec un luxe de détails et de précisions étonnant [107]. Mais, sentant peut-être qu'il est en présence d'un nœud gordien et sans doute moins assuré qu'il ne le laisse paraître, outre Kant il veut de nombreux prédécesseurs. Il fait appel à Spinoza — bien malencontreusement à notre sens —, à Hobbes et à Voltaire. Le patriarche de Ferney dans son livre intitulé *le Philosophe ignorant* liait liberté et nécessité tandis qu'il écrivait : « Archimède est également nécessité de rester dans sa chambre, quand on l'y enferme, et quand il est si fortement occupé d'un problème, qu'il ne reçoit pas l'idée de sortir » [108]. Voltaire était plus proche de Schopenhauer tandis qu'il affirmait dans *Le principe d'action* : « Une boule qui en pousse une autre, un chien de chasse qui court nécessairement et volontairement après un cerf, ce cerf, qui franchit un fossé immense avec non moins de nécessité et de volonté : tout cela n'est pas plus invinciblement déterminé

103. Deussen, X, p. 387 sq.
104. Même faute chez Kant.
105. *Monde*, § 55.
106. *Ibid.*
107. Brockhaus, Bd. IV, p. 81 sq.
108. Voltaire, Mélanges (Pléiade), p. 888.

que nous le sommes à tout ce que nous faisons »[109]. Même les poètes ont vu clair. C'est ainsi que dans *Measure for Measure,* Shakespeare faisant supplier Angelo par Isabelle pour la grâce de son frère exprime notre véritable condition :

Angelo : I will not do it.
Isabelle : But can you if you would ?
Angelo : Look, what I *will* not, that I *cannot* do[110].

Schopenhauer a donc voulu de nombreux alliés. Ce n'est pas que le destin théorique de sa philosophie l'inquiète ; il sait au demeurant fort bien qu'il semble y avoir de la contradiction entre l'idée de caractère intelligible, qui est personnel, et la thèse suivant laquelle l'individualité n'a de sens que dans le cadre du principe de raison et du temps comme *principium individuationis.* Il a rencontré la difficulté à tous les niveaux, et en particulier dans l'analyse des rapports de l'art et de l'homme[111]. C'est l'enjeu éthique qui le rend soucieux, et qu'il s'agisse de volonté héroïque ou de toute autre forme de la liberté qui se puisse concevoir, le vrai capital problème est celui du rôle de la conscience dans l'opération humaine. Dans la philosophie classique, Schopenhauer découvre le renversement le plus redoutable. Les classiques fondent la liberté sur la conscience, qui comprend d'une part la volonté et d'autre part l'entendement. Puis par un mouvement aveugle ils confèrent à l'intelligence le rôle essentiel, à la volonté celui d'exécutant[111]. Aussi mettent-ils les choses à l'envers selon l'auteur du *Monde* puisqu'ils font de la connaissance le *Prius.* Le grand responsable est à l'âge classique Descartes. Schopenhauer ne prend pas toutes les peines que l'érudition moderne exige pour lire l'auteur du *Discours de la Méthode.* Il en relève cette assertion : « Nous sommes aussi tellement assurés de la liberté et de l'indifférence qui est en nous, qu'il n'y a rien que nous connaissions plus clairement »[112]. Aux yeux de Schopenhauer — qui en tant qu'érudit ne méconnaît pas vraiment la grandeur reconnue par Descartes à la liberté — cette thèse entraîne les plus graves confusions.

109. VOLTAIRE, *Le Principe d'action,* ch. 13 in *Mélanges de philosophie,* 1781, vol. XX, p. 255.

110. *Measure for Measure,* Acte II, sc. 2. La traduction de la Pléiade (Shakespeare, *Œuvres complètes,* vol. II, p. 331) est gravement fautive. Cf. Brockhaus, Bd. IV, p. 87, Deussen, X, p. 395.

111. Cf. ici, § 40.

112. Brockhaus, Bd. IV, p. 15 ; DESCARTES, *Principes,* I, art. 41, A-T. IX, 2, p. 42. Schopenhauer cite la version latine.

Qu'énonce-t-elle pour lui ? D'abord l'indifférence de la volonté qui ne contient pas en elle-même son principe d'action. Ensuite l'idée que la vraie boussole des actions de l'homme est l'intelligence, c'est-à-dire le jugement, qui soupesant les motifs sera conduit à préférer tantôt celui-ci, tantôt celui-là. Que la volonté s'affirme héroïquement est une chose tout à fait stupide. Mais pour les classiques et particulièrement le Descartes lu par Schopenhauer, cette stupidité a été masquée dans l'exacte mesure où l'on a pensé que l'intelligence était le facteur de la détermination de la volonté. Comment dire à l'intelligence qu'elle n'est pas intelligente ? Alors cette littérale occultation de la stupidité de la volonté héroïque devait rendre mille fois plus difficile le passage à la volonté se niant elle-même. L'enjeu apparaît donc avec clarté. Schopenhauer résume ainsi la pensée cartésienne : la conscience pourrait dire : « Je peux faire ce que je veux »[113]. Ce qui se peut traduire : « Je peux être n'importe quoi ». Donc, à sa venue dans le monde, l'homme serait un zéro moral, qui voudrait ceci, ayant pensé que c'était bon, ensuite se dirigeant en sens inverse et ainsi de suite. Dans une telle théorie on ne saurait qu'aboutir à un émiettement complet de la personne. L'existentialisme d'un Sartre croyant devoir plutôt affirmer : « Je suis ce que j'ai fait », se borne à conjuguer la thèse cartésienne au passé et ne recule pas devant le fait qu'en une telle perspective il est difficile, en raison des incessants changements, de découvrir ne serait-ce qu'une simple esquisse d'unité.

Le plus simple regard sincère, le plus empirique, nous enseigne toutefois qu'il en va autrement. S'il est vrai qu'une « évidence » de la conscience est le libre-arbitre, c'en est une tout aussi forte, bien que contraire, que jusque dans l'appréhension de ce libre-arbitre l'homme n'est pas un zéro moral : il possède un *style*, une manière d'être dira l'homme ignorant des disputes philosophiques, un caractère dira Schopenhauer. Même en supposant que le libre-arbitre est une évidence de la conscience, elle n'est pas vécue par chacun suivant le même style. Cela paraîtra sans doute consternant pour les « petits cartésiens », mais l'évidence du style n'est pas moins forte que l'évidence du libre-arbitre qu'elle contredit toutefois. Schopenhauer ne discutera pas formellement la *croyance* en la liberté d'indifférence. Ce n'est pas son genre que de « philosopher contre l'expérience » comme dit Malebranche. Il y verra une

113. Brockhaus, Bd. IV, p. 16.

illusion[114] qu'en bon élève de Kant il se gardera de réduire à un *nihil negativum*[115].

La résolution de cette illusion s'opère en deux temps — d'une part l'explication métaphysique, d'autre part l'explication phénoménologique qui formera l'objet du paragraphe suivant.

Nous avons déjà touché plus haut à l'explication métaphysique ; elle consiste, pour l'essentiel, à rétablir en sa priorité l'opération de la volonté en son rapport à la connaissance. Guidé par le principe de raison suffisante l'intellect interprète en termes de possibilité ontique la décision ; il suit les méandres qui semblent conduire, sous l'effet de la délibération, la volonté empirique à s'arrêter en tel point, le jugement étant fixé[116]. L'intellect est *d'abord* compréhension du mouvement de la volonté dans le temps et à travers les apparentes indécisions, il finit par entrevoir l'acte d'une puissance native et originelle qui apporte un terme ; cette puissance, qui ne peut appartenir à la volonté, toujours prête à aller dans un sens ou dans un autre, c'est l'intellect lui-même. Dans sa réflexion sur la volonté l'intellect finit par se découvrir lui-même et il s'en tient là. Au reste comment reprocherait-on à l'intellect, soumis au principe de raison suffisante et qui ne connaît que le caractère empirique, qui s'égrène acte par acte[117], d'aboutir à cette conclusion ? Mais si on ne peut faire reproche à l'intellect de suivre une telle démarche, on peut faire observer qu'il nous entraîne en une dramatique erreur, car il se donne pour une puissance *active*, alors qu'il n'a été que le spectateur de la comédie. Bien plus ! l'intellect doit être un spectateur

114. *Monde*, § 55.

115. Ceci nous conduit à une remarque comique. Descartes déclare : « Il suffit de bien juger pour bien faire ». A bien y regarder ce principe énoncé dans le *Discours de la Méthode* est un principe pénal douteux, puisque le crime, si l'on s'en tient à la pensée que Descartes a voulu exprimer, n'est en somme qu'une erreur. L'accusation devra donc se déplacer de la volonté à l'intelligence (Brockhaus, Bd. IV, p. 100) et tourne au ridicule, car on ne peut pas, suivant le code pénal et criminel, punir un homme parce qu'il a le malheur d'être idiot. Dans le même sens les juges devraient se juger eux-mêmes, ce qui sous ce rapport ne laisserait pas d'être embarrassant. Si le crime est une bévue, il s'évanouit, comme ma responsabilité dans le cas où le pied m'ayant manqué, j'ai précipité une personne à terre, lui occasionnant des blessures. Qui dira qu'un pied est par soi coupable ? (*Monde*, Supl. XIX, VIII). Et peut-on mettre un pied en prison ? Cette absurdité qui selon Schopenhauer dérive directement de la doctrine cartésienne, explique comment la justice erre tandis qu'elle fonde ses jugements sur les mesures de l'intelligence du coupable, croyant que la culpabilité est une fonction directe de l'intelligence ou de la débilité mentale.

116. *Monde*, § 55. Deussen, X, p. 390 sq.

117. *Monde*, § 55.

passif : s'il doit comprendre les motifs, les peser équitablement, il ne doit pas, dominé par quelque intérêt, intervenir en la décision. Il peut la *comprendre,* il ne peut la *prendre*[118]. Aussi bien au théorème cartésien : « Il suffit de bien juger pour bien faire » — qui, incontestablement, signifie une fallacieuse ingérence de l'intelligence dans l'opération de la liberté comme décision — il faut substituer le théorème suivant : « Pour comprendre la volonté, il faut penser ». « L'intellect, dit Schopenhauer, ne peut ici qu'une chose : éclaircir la nature des motifs de tous les côtés et jusque dans les recoins »[119]. Dès lors la volonté n'est plus, pour ainsi dire, occultée par l'intellect qui reçoit une fonction dont on verra qu'elle est très honorable. Sans doute cette première démarche dans la résolution de l'illusion pourrait relever de la phénoménologie, mais ce qui suivra montrera clairement qu'elle découle plutôt de la métaphysique, bien que les deux orientations se confondent souvent. Sa justification est toutefois sans discussion de nature ontologique. Comme toute la doctrine nous a préparés à le comprendre, l'être de l'homme, son *esse,* est la volonté, ramassée, en ce qui le concerne, dans le caractère intelligible, lui-même hors du temps ; et c'est de cette racine métaphysique que s'ensuit l'*operari,* les actes que nous voyons dans le temps. *Operari sequitur esse.* L'acte découle de l'être et non l'être de l'acte comme le veut déjà Fichte avant l'existentialisme. C'est de ce bloc indivis de l'*esse* que surgissent dans le temps des actions, des hésitations, qui peuvent, en effet, servir de fondement à l'illusion du libre-arbitre. Descartes, trop peu sensible à l'évidence du style dont la tonalité unique s'explique par l'*esse* métaphysiquement saisi, a en fait substitué la diversité empirique à l'unité transcendante, imaginant que l'homme aurait toujours pu agir autrement, « agir une fois d'une façon, une fois de l'autre »[120]. Ignorant les leçons de la vraie métaphysique, il a suggéré que l'homme était un zéro moral, une feuille blanche où, en chaque occasion de la vie, les possibilités seraient tantôt inscrites dans la colonne de l'actif, tantôt en celle du passif : et le sujet de cette comptabilité serait l'entendement dans son impersonnalité. On voit bien dès lors pourquoi Schopenhauer repousse avec profondeur pareille conception. Ce n'est pas avant l'action, mais après, que le livre des comptes est établi par une intelligence qui ressemble fort à un greffier. L'intellect calcule l'acte, mais une fois qu'il est accompli. Bergson et avant

118. *Monde,* § 55.
119. *Monde,* § 55, Brockhaus, Bd. IV, p. 174 sq, Deussen, X, p. 398.
120. *Monde,* § 55.

lui Tolstoï retiendront la leçon et se garderont du mouvement rétrograde du vrai [121].

Mais un argument métaphysique, plus fondamental, s'ajoute. Est-il besoin de dire qu'il se trouve de notables divergences entre la volonté et l'intellect ? Donc — pensée classique — l'intellect considère la chose comme *bonne* et juge en conséquence qu'il faut la vouloir. Mais — Métaphysique de Schopenhauer — nous voulons d'abord, et nous jugeons notre décision bonne (ou non) ensuite. Dans le premier cas la volonté doit être conforme à la connaissance ; dans le second, la connaissance vient après la volonté et a pour tâche non de préparer la décision, mais de méditer. La dispute mène très loin. Dans le premier cas, où la connaissance est déterminante, la pensée classique n'aperçoit pas qu'elle couve une ambition humaine insensée : « L'homme... serait son propre ouvrage, fait de ses mains, à la lumière de la connaissance » [122]. Il faudrait donc compléter la formule cartésienne : « Il suffit de bien juger pour bien faire » en écrivant qu'à la lumière de la pensée « il suffit de bien *faire* pour bien *être* ». Plus simplement : *esse sequitur operari* [123]. Schopenhauer pense tout le contraire, n'apercevant pas comment de l'acte, de l'*operari* peut naître une *essence*. Il y a pourtant quelque vérité à dire que l'homme est sa propre œuvre, si l'on veut entendre par là qu'il se constitue métaphysiquement dans l'acte transcendant de sa volonté : « Et moi je dis : il est son œuvre à lui-même, et *avant toute connaissance* ; la connaissance vient ensuite éclairer le travail fait » [124]. Il précise avec netteté : « L'homme n'a donc pas à délibérer s'il deviendra tel ou tel, ni s'il deviendra autre qu'il n'est ; il est ce qu'il est une fois pour toutes » [125]. Toutes les doctrines existentielles, à commencer par celle du premier Fichte, qui nous représentent l'homme comme un *néant* ou une existence nue, qui tend vers son essence en la construisant dans le travail [126], sont vigoureusement repoussées. Schopenhauer les résume ironiquement : « D'après cette philosophie, l'homme n'aurait qu'à délibérer sur la façon d'être qui lui plairait le plus et celle-là deviendrait la sienne ».

121. A. Philonenko, *Essais sur la philosophie de la guerre*, voir en particulier le texte intitulé *Histoire et Religion chez Tolstoï*.

122. *Monde*, § 55.

123. Il va de soi qu'on ne prétend pas ici donner un aperçu correct de la pensée cartésienne. Mais on peut relever que l'explication proposée par la lecture de Schopenhauer permet d'élucider le singulier rapport entre Descartes et Sartre.

124. *Monde*, § 55.

125. *Ibid.*

126. Fichte, G-A, Werke, I, Bd. IV.

Schopenhauer a entrevu non seulement les richesses de sa théorie, mais aussi ses difficultés. Richesses : il a parfaitement mis en lumière l'évidence du style, donnée tout à la fois métaphysique et phénoménologique. En toutes nos démarches il se trouve une allure, une mélodie, qui annonce l'observateur le moins averti une manière d'être primordiale, une évidence irrécusable. Attaché comme il l'était à la musique, Schopenhauer ne pouvait qu'être sensible à cette *aura* toute musicale qui nous définit. Nous savons bien que c'est ainsi que nous sommes donnés à nous-mêmes dans nos gestes les plus rares comme dans nos réactions organiques et primaires. Schopenhauer a donc porté d'un cœur léger la croix des interprètes de la philosophie transcendantale : le caractère intelligible. L. Brunschvicg a écrit, quelque part, que « le caractère intelligible est la mort de la bonne volonté ». Et sans doute si l'*operari* dérive de mon *esse*, on voit malaisément quelle place trouver pour la *bonne volonté*. La réflexion est peut-être juste si elle concerne Kant. Le lecteur de Schopenhauer, qui sait que la doctrine du *Monde* n'est pas une philosophie de l'action, sera plus réticent quand on lui demandera de faire le même reproche à cet auteur. La liberté pour Schopenhauer ne consiste pas en un pouvoir de faire ou de ne pas faire, mais à être une *personne*, un *style*. C'est une idée profonde : que serait la liberté si nous étions en tous points semblables à des automates ? Certes Schopenhauer ne veut pas se dédire : l'homme est un produit industriel — mais qui, rentré en soi-même, découvre que par un certain côté au moins il est unique. Que faire d'une liberté qui ne m'apporterait une quelconque spécificité que dans la mesure où, pour des raisons sans raison, j'ai agi dans le monde autrement que l'autre ? Je serais alors sans doute un *moi*, mais tout entier constitué par une convergence arbitraire d'actes extérieurs, et qui aurait bien pu être autre. Schopenhauer semble de nouveau s'être opposé à Kant : la volonté, expression du caractère intelligible, n'est autre chose que le désir. Mais ce désir n'est pas impersonnel ; surgissant de l'homme en tant qu'il est « en quelque sorte » une Idée, il ne laisse pas de posséder une couleur intime et se trouve dans tous les cas opposé à une raison pratique anonyme. La bonne volonté, qui chez Kant dérive de la raison pratique, souffre de l'impersonnalité de cette dernière [127]. Aussi lorsqu'on cherche à dévoiler

127. Fichte dans l'*Anweisung zum seelige Leben* a bien vu la difficulté soulevée par l'impersonnalité de la raison pratique kantienne. Il explique donc que chaque homme occupe une place dans l'histoire et individualise son être moral de ce fait. Cf. A. PHILONENKO, *La liberté humaine dans la philosophie de Fichte*, Conclusion.

l'ipséité chez Kant on est fort embarrassé. En dépit de la révolution qu'il opère en assimilant le vouloir et le pouvoir[128], Kant ne s'est pas entièrement dégagé de la pensée cartésienne. Parler de bonne volonté c'est reprendre la théorie du registre où s'inscrivent à l'actif les bons choix et au passif les mauvais. La vérité est que Kant n'a rien su faire de la notion de caractère intelligible — et c'est pour cette raison qu'elle constitue une croix dans l'interprétation de sa philosophie. Pour Schopenhauer il en va autrement : il transforme radicalement la fonction de la connaissance et de l'intellect. Loin d'être cette puissance nue qui balance entre le oui et le non, avant de déterminer la volonté, elle se verra confier une tâche aussi difficile qu'exaltante : apprendre à la volonté quelle est son essence et, par exemple, lui montrer son aveuglement ou sa fausse prétention à être non seulement plus que le désir, mais aussi à en différer par nature. On voit ici, avec clarté, pourquoi le IVe livre du *Monde* est rédigé d'un point de vue *spéculatif*. Au fond ce que Schopenhauer attend de la connaissance, ce n'est point qu'elle prédétermine la volonté, mais qu'elle agisse comme un pouvoir susceptible de nous *désabuser*.

§ 47. Le regret et le remords.

On voit que les arguments métaphysiques ne manquent pas de solidité. Mais en ce problème de l'*esse* et de l'*operari* les arguments phénoménologiques sont plus pénétrants. Nous en retiendrons deux : d'une part la réflexion sur le regret, d'autre part la méditation sur le remords. Certes regret et remords sont souvent confondus et Kant, par exemple, a pu les prendre l'un pour l'autre. Une analyse phénoménologique, montrant combien ces notions sont distinctes, apportera une précieuse contribution au déracinement de la théorie classique du libre-arbitre.

Qu'est-ce que *regretter ?* « L'origine du regret, écrit Schopenhauer, n'est jamais dans un changement de la volonté, il n'en est point de tels, mais dans un changement de la pensée »[129]. Ce que j'ai voulu, je le veux encore et je le voudrai toujours, si je suis bien cet *esse*, ce moi au style ineffaçable. Je ne puis donc condamner mon vouloir dans le regret. Mon jugement portera plutôt sur les lumières que je croyais posséder et sur le résultat de l'acte. Regretter, ce n'est pas tellement souffrir d'avoir été conduit en la route de la *faute*, mais être affligé d'avoir emprunté les chemins de l'*erreur* guidé par de « fausses notions ».

128. Deussen, X, p. 392.
129. *Monde*, § 55, Deussen, X, p. 400.

Le regret n'accuse donc pas tellement la volonté que le savoir. L'homme qui regrette sait fort bien que sa volonté était ferme et ne peut la mettre en question ; en revanche les *moyens* qui ont servi la volonté, et surtout les intellectuels, et qui ont tout gâché, sont les vrais coupables. L'essence du regret s'inscrit dans la disconvenance entre la volonté immuable d'une part et les moyens de l'accomplir d'autre part. « L'origine du regret, dit Schopenhauer, c'est donc toujours un redressement des notions, jamais un changement dans la volonté, changement du reste impossible »[130].

Il ne faudrait pas croire cependant que le regret résulte toujours de la seule insuffisance des notions : « Il s'applique aussi à la valeur morale des actes »[131]. Le propos mérite quelque attention. *Das eigentlich Ethische*[132], l'élément éthique proprement dit, est encore du côté du *moyen*. Dans un acte qui se traduira par un résultat déterminé — ou indéterminé s'il s'agit d'un gâchis — il n'y a pas seulement les notions à prendre en considération ; le regard doit se porter sur le sujet de l'action. Or comme « personne empirique » je me connais mal. Aussi se peut-il faire que je force mon égoïsme plus qu'il ne le faut, que j'exagère mes besoins ou me montre trop hâtif... etc. ; inversement il peut bien m'arriver de paraître trop bienveillant envers l'autre et de me mentir à moi-même : « Nous ne mettons jamais tant d'art à mentir et à flagorner que lorsqu'il s'agit de nous duper nous-mêmes »[133]. Se montrer plus égoïste qu'on ne l'est en vérité, ou plus confiant envers autrui qu'on le voudrait, c'est la même chose.

De là suivent des conséquences fondamentales. La première est la confirmation sur le plan phénoménologique des conclusions métaphysiques. L'homme est une volonté qui est tout, sauf impersonnelle et anonyme. La page blanche en laquelle à la volonté comme liberté d'indifférence viendraient s'ajouter les délibérations de l'intellect dans la rédaction de l'acte est un pur mythe. Loin de déterminer la volonté, l'intellect est le serviteur, sans grande imagination, qui cherche à aménager les conditions de possibilité de la réalistion d'un choix métempirique, depuis toujours arrêté. Certes il peut y avoir faute, mais c'est d'erreur qu'on entend parler[134] et l'expression populaire : « Comment

130. *Monde,* § 55, Deussen, X, p. 401.
131. *Monde,* § 55, Deussen, X, p. 400.
132. Deussen, X, p. 400.
133. *Monde,* § 55.
134. Deussen, X, p. 401.

ai-je pu être si bête ! » dit la vérité. L'opposition avec la doctrine kantienne et son triste axiome : « Fais ce que tu dois, advienne que pourra » est manifeste. Paradoxalement Schopenhauer semble se rapprocher de la philosophie cartésienne qui bannit le regret. Expliquant, en gros, que le regret naît de l'erreur, Descartes conseille de ne point trop s'y livrer, puisque l'homme ne revient jamais sur ses pas [135]. Mais l'opposition de Schopenhauer à Descartes reste entière. Comme on peut le voir en la *Méditation* quatrième, le savoir n'est pas pour Descartes un simple moyen d'exécution de la décision de la volonté : le savoir est pour l'auteur du *Discours de la Méthode* un principe d'orientation de la pensée et un facteur de la décision. Rien de tel chez Schopenhauer comme on l'a vu. En outre condamnant le regret, pour sa bêtise — la bêtise étant la seule chose qui donne une idée de l'infini comme le suggérait aimablement Renan — il ne se veut aucunement stoïcien, comme le Descartes du *Traité des passions* conseillant de tourner la page. D'abord la page se tournera toute seule, ensuite la volonté m'est plus intérieure que toute notion et je ne puis envisager de la changer. Enfin quand bien même le regret serait, par la compréhension des faux pas, une douleur que peut nous procurer l'erreur élevée, pour ainsi dire, au carré, cela ne modifierait pas d'un iota l'essentiel : regretter est une erreur transcendante consistant à croire qu'en cette vie empirique, avec un peu plus d'attention, l'homme serait capable de découvrir la vérité. Réfutant ainsi Descartes, l'argumentation phénoménologique rejoint ici la métaphysique. La vérité est étrangère au monde phénoménal dans le domaine moral. Ce monde peut certes « balbutier » à la rigueur la vérité. Mais quand on dit : « à la rigueur », cela signifie qu'il n'y a pas de rigueur. On voit la portée de cette réflexion. Elle signifie que dans *le monde empirique* où nous vivons, il n'est point d'être, ni de personne qui n'éprouve de regret. Les regrets sont semblables aux furies qui nous rappellent nos insuffisances, nos faiblesses, nos lacunes et surtout le brouillard intellectuel qui fonde notre *inadéquation* par rapport à notre caractère intelligible. Nous ne sommes pas adéquats à nous-mêmes, car nous sommes des sujets empiriques qu'énivre l'obscurité de nos « notions ». L'intelligence nous conduit à l'intelligence de notre être métempirique : à force de supputer, de réfléchir sur ce que nous voulons et sur la manière dont nous devrons nous servir, nous étendons une zone d'ombre

135. DESCARTES, *Traité des passions*, art. 146.

entre nous-mêmes et nous-mênes[136]. Sujet nouménal, je veux ceci — sujet phénoménal, je le veux aussi. Mais l'intelligence s'y prend tellement bien quelle suscite des difficultés insurmontables, enchevêtre nos notions, prépare le regret, sans se douter un seul instant qu'elle est le premier obstacle et la première difficulté[137].

Schopenhauer a bien senti que sa doctrine pouvait paraître paradoxale. La pensée classique, dans la théorie de la liberté, veut que la volonté se décide à la lumière des notions que lui procure l'intelligence qui trouve là son apothéose. Mais l'auteur du *Monde* ne voit en l'intelligence que la fontaine des regrets, comme si l'intelligence était le plus sûr des moyens par lesquels nous réussissons à nous trahir. Il fonde cette théorie non-cartésienne sur la disjonction du caractère intelligible et du caractère empirique. Toujours constante, puisque relevant de l'intelligible, la volonté sera trahie dans la phénoménalité où les actes s'étirent dans une durée qui autorise l'intelligence à creuser l'inadéquation. En elle-même, mais c'est une simple image, la volonté est semblable à un éclair métempirique — cet éclair, cette unité pure se délayent dans le *temps* de l'action, composé de réflexions ineptes et d'audaces mal calculées. La démonstration phénoménologique, certes confortée par la fondation métaphysique, pourrait se passer de celle-ci, en ce sens que c'est elle qui à la fin pourrait dans l'ordre des raisons en apparaître comme le fondement idéel (*Ideal-Grund*).

La situation de l'homme apparaît alors comme *tragique.* Qu'est-ce que sa volonté ? — c'est un *destin* (*operari sequitur esse*). Mais, sur cette Terre, ma destinée est d'être infidèle à mon destin. Bien comprise la théorie du libre-arbitre signifiait que l'homme pouvait forger son destin. Ses choix, ses actes, ses refus étaient autant de pierres apprêtées pour la construction de son mausolée. En un mot l'homme construisait son essence. La doctrine de Schopenhauer est radicalement opposée : j'ai un destin, une essence. Mais je ne cesse de passer à côté de moi-même. Comment pourrais-je l'éviter puisque le regret est par nature égoïste. Regretter n'est en rien une pensée altruiste. Je regrette de n'avoir pas réussi ce que je voulais, sans jamais regretter de l'avoir voulu. L'intelligence qui apporte au regret les *connaissances* nécessaires à la compréhension du gâchis, sert, en

136. On trouve ici une saisissante rencontre avec la pensée bergsonienne, telle qu'elle s'exprime dans *Les données immédiates de la conscience.*
137. *Monde,* § 55.

vérité l'égoïsme[138]. Dans le même temps, toujours creusant l'inadéquation de l'homme à lui-même, elle minimise les erreurs et les fautes, donnant à croire que la prochaine fois on réussira, comme on l'a pensé le plus égoïstement du monde. Avec cela il est clair que la vie humaine devient un impénétrable maquis où le regret épouse allègrement le secret, tant et si bien que l'homme devient étranger à lui-même. Le regret est en somme la roulette russe de l'existence, puisque soutenu par l'intelligence il se trouve que l'homme n'aura pas peur paradoxalement du prochain coup. Aussi l'intelligence, dont la théorie du libre-arbitre fait en l'homme ce qui est le plus humain, est à la vérité ce qu'il y a de moins humain moralement. Comment ne pas voir qu'elle creuse entre ma volonté et mes actes l'irréparable fossé psychologique du *mal-fait ?* Comme si dans la rigueur métaphysique il y avait du *mal-fait* et du *bien fait !* Si l'on voulait persister à dire que l'intelligence est ce qu'il y a de plus humain, il faudrait renverser toute la perspective de la philosophie classique, en disant que l'intelligence est la puissance du *déficit,* celle qui fait apparaître l'incertitude, les questions, les regrets enfin. Ce serait la faculté la plus humaine dans l'exacte mesure où Dieu ne saurait posséder cette faculté diminutive. La *Genèse* nous enseigne que Dieu ayant créé le monde *jugea* que son œuvre était bonne ; l'intelligence humaine, quand elle est brave fille, nous permet seulement d'entrevoir que l'acte n'était pas aussi bon que nous le pensions. Schopenhauer résume toutes ces réflexions en écrivant : « La vie de chacun de nous, à l'embrasser dans son ensemble d'un coup d'œil, à n'en considérer que les traits marquants est une véritable *tragédie* ; mais quand il faut, pas à pas, l'épuiser en détail, elle prend la tournure d'une comédie. Chaque jour apporte son travail, son souci ; chaque instant sa duperie nouvelle, chaque semaine son désir, sa crainte ; chaque heure, ses désappointements, car le hasard est là, toujours aux aguets, pour faire quelque malice, pures scènes *comiques* que tout cela »[139]. Le *comique,* les sottises de l'intelligence, constitue la différentielle qu'explicite le *pessimisme.* Le *tragique* est la sommation des sottises dans une intégrale. Plus simplement : la différentielle de la vie humaine est le cocasse, qui à force de se répéter engendre le pessimisme. L'intégrale, la vue d'ensemble, donne naissance à la philosophie de la tragédie. Encore plus simplemennt : le comique est la différentielle du tragique.

138. Deussen, X, p. 401.
139. *Monde,* § 58.

On voit combien l'intelligence sonne faux. La phénoménologie de la vie éthique le montre avec évidence, et en cela propose qu'on se dirige vers une éthique non-cartésienne. Lorsqu'elle se penche sur le remords, elle se montre encore plus convaincante. « Le remords inspiré par la faute, écrit Schopenhauer, est bien différent du regret ; c'est un chagrin qui vient de la connaissance qu'on prend de sa propre nature en soi, c'est-à-dire considérée en tant que volonté. Il suppose la vue claire qu'on n'a pas cessé d'être cette même volonté. »[140] Le regret est ontique : il porte sur des actes (l'*operari*) sans jamais remettre en cause la volonté. Il en est autrement du remords dont la portée est ontologique et qui ne s'applique qu'à l'*esse*. Que le remords surgisse à partir d'un trouble secret devant les actes, c'est là chose fort possible. Mais en ce trouble vient à grandir le profond sentiment de douleur d'*être* cette volonté. Ce sentiment est à sa manière une connaissance, mais qui comprise et vécue se traduit, selon la phénoménologie de la vie éthique, dans une *passion ontologique* : le dégoût que j'éprouve d'être cet être, c'est-à-dire cette volonté. C'est bien une connaissance, mais l'intelligence ne contribue en rien à la faire naître ou à la fortifier. Ce dégoût, il est vrai, est plus puissant que l'intelligence, puisque tandis qu'il met en question mon être en tant qu'être, il déchire le voile de la Maya et me donne à méditer une grande idée : il est faux qu'être *un* être ne pose aucune question. Il n'est plus question de la relative valeur de mes actes et de la dialectique du regret. Ce qui est en question c'est l'*ego* lui-même — du même coup la signification du monde se transforme, le jour de l'histoire devient une profonde nuit et l'existence phénoménale est dénudée de sa grandeur illusoire.

Si Schopenhauer n'a pas, à notre sens, suffisamment consacré de pages au remords, il a néanmoins permis, avec une clarté sans égale, de réfléchir sur notre être. La toile de fond de la réflexion est une transformation de l'interrogation métaphysique. Dans le dégoût que j'éprouve envers moi je suis d'abord *étonné*. La philosophie, dit-on, commence avec l'étonnement et Schopenhauer n'en disconvient pas. Mais il veut voir en cet étonnement sur mon être, en ce dégoût inexprimable une infinie tristesse. Quoi ? je suis cette volonté ? Le remords crée une douloureuse intimité à l'intérieur du moi, surpris, étonné d'exister. Sur cette toile de fond va s'esquisser, bien naturellement, la plus violente attaque contre le cartésianisme. Descartes n'ignore

140. *Monde*, § 55.

pas ce qu'est le regret, même s'il se trompe sur son authentique signification. Le regret, en somme un numéro d'équilibre aveugle sur lui-même, est sans doute une discussion portant sur les *attributs* de l'*ego* ; mais il ne touche jamais à ce dernier. C'est à tel point vrai, qu'en une de ses lettres les plus fameuses [141] Descartes minimise les dialectiques du regret. Il envisage un acte de liberté qui nous détournerait du vrai et du bien, laissant la porte grande ouverte aux regrets, mais nous procurant la joie de nous affirmer en notre personne [142]. Les actes sont ce qu'ils sont — la personne, l'*ego* c'est bien autre chose. Le spectateur parlera d'une liberté puissamment tragique, puisqu'il voit l'*ego* se détourner des valeurs. Mais la vraie pensée de Descartes est que l'*ego* est la valeur des valeurs, qui tient sa vérité d'elle-même et non du dehors, que les aléas de la vie rendent si confus. La pensée de Schopenhauer se montre entièrement opposée à celle de Descartes [143]. Ce dernier nous assure, tandis qu'il contemple la liberté se diriger vers le mal pour s'éprouver elle-même comme liberté, qu'au-delà de tout critère comme de tout acte, on peut *jouir de soi* en s'élevant jusqu'au point miraculeux où l'*ego* se reconnaît comme valeur métaphysique. Chose qu'on admettra *délectable*. Selon Schopenhauer, le remords qui, par delà les actes, remonte à travers le dégoût est la pensée amère que *mon moi ne vaut rien*. On peut imaginer l'impossible (à défaut de pouvoir le penser) : on supposera donc que mes actes ne sont pas frappés d'une accablante nullité — le dégoût, qui m'enseigne que ma personne ne vaut rien, ne sera nullement entamé. Être un être, cette volonté, est, si l'on y réfléchit bien, moins une source de joie que de malheur. On dira que le dégoût est encore une conscience de l'*ego*. Certes, mais le contraste entre Descartes et Schopenhauer deviendra encore plus vif. Chez Descartes l'*ego* révèle le monde, en dissipant le doute et permet d'expliquer le sens des valeurs jusqu'à la liberté, avec laquelle il ne laisse pas de se confondre finalement, s'éprouvant dès lors comme la valeur des valeurs [144]. Chez Schopenhauer le remords fonctionne *à sa manière* comme un

141. Descartes, A Mesland, 9 février 1645, A-T, T. IV, p. 173.

142. Sur l'interprétation de ce moment de la pensée cartésienne, on consultera le livre célèbre de F. Alquié, *La découverte métaphysique de l'homme chez Descartes*, p. 289.

143. Nous laissons de côté la philosophie ironique de Schlegel, où l'*ego* pratique une gymnastique dévalorisante.

144. Il va de soi que la théologie cartésienne n'est pas ici prise en considération.

ego cogito, puisqu'il est dit qu'il s'agit d'une connaissance — *Schmerz ueber die Erkenntnis seiner selbst an sich, d. h. als Wille* [145] — mais, loin d'opérer comme un principe de construction, il introduit tous les doutes imaginables sur la valeur de la vie et sur le sens du monde. L'analyse du regret nous montrait déjà l'anti-cartésianisme de Schopenhauer ; quelques réflexions sur le remords nous font passer d'une critique des idées claires et distinctes à un rejet du noyau de la pensée morale cartésienne. L'*ego* auquel on s'accroche si âprement et si naïvement ne *vaut* rien. La phénoménologie de la vie éthique doit être la messagère d'une éthique non-cartésienne.

Il est très vrai que la pensée philosophique et morale n'a pas attendu Schopenhauer pour attacher au remords une grande importance. Sans aller très loin il suffit de se reporter à Kant, qui pour établir le caractère absolu du devoir affirme dans la *Critique de la Raison pratique* que le « criminel le plus endurci » n'est pas sourd à la voix du remords. Mais pour Schopenhauer Kant a confondu regret et remords, dans la mesure où sa réflexion concerne bien plus les actes que la personne. En outre l'originalité de Schopenhauer procède e l'orientation *ontologique* qu'il décèle dans le remords au sein même de son analyse phénoménologique : le remords est remords d'*être*. Pour autant que le remords est connaissance, il est cette conscience qui loin de précéder la liberté ou la volonté vient uniquement après. Ainsi se trouve sapée en son fondement toute théorie de la liberté comme indifférence se réglant sur le savoir, et détruite la prétendue cohérence du monde au point de vue moral.

Ainsi la discussion métaphysique et l'interrogation phénoménologique se rejoignent-elles en se complétant réciproquement. La conséquence la plus évidente est que l'opération de la connaissance et même du jugement ne doit pas m'engager en une action visant à me rendre maître et possesseur de la nature, mais bien plutôt à me retirer. C'est l'éthique non-cartésienne du renoncement qui émerge. Venant après la décision, le savoir éthique instaure tous les doutes qu'on peut formuler sur la valeur de l'existence, et à l'origine de ce trouble métaphysique on découvre le remords qui, nous assurant que notre moi ne vaut rien, peut bien nous conduir à penser que le monde ne vaut pas mieux. C'est le *désabusement*. On comprendra que Schopenhauer

145. Brockhaus, Bd. II, p. 350. « C'est un chagrin qui vient de la connaissance qu'on prend de sa propre nature en soi, c'est-à-dire connsidérée en tant que volonté ».

cite Calderon : « Le premier crime de l'homme, c'est d'être né » [146]. Dans le remords, c'est au fond de ce grand crime (« delito mayor ») dont je m'afflige. Ici s'esquisse la philosophie de la tragédie déterminée comme *abandon* — non pas : *renversement* — des valeurs. Il n'entre pas dans l'intention de Schopenhauer d'ériger de nouvelles valeurs : c'est au renoncement qu'il veut nous conduire. Une confusion doit d'ailleurs être dénoncée si nous voulons comprendre comment le remords introduit au renoncement. Ce n'est pas un simple sentiment, comme on peut le penser, c'est aussi une pensée abstraite. Qui oserait parler de remords et prêter à l'être qui en est rongé une condition telle qu'il se trouve comme l'animal englué dans le présent ? [147]. Il n'est point de remords sans prévision. Encore faut-il préciser qu'il ne s'agit pas de la prévision des événements mêmes, mais de la conviction abstraite de leur nullité éthique. Aussi Schopenhauer veut-il que le sentiment du remords soit aussi une pensée : « La cause de notre douleur, comme de notre joie, écrit-il, est ainsi le plus souvent hors du présent, de l'actuel : elle réside dans des pensées abstraites : ce sont elles, ces pensées, qui souvent nous accablent de leur poids et nous infligent ces tortures, auprès desquelles toutes les souffrances de la nature animale sont bien peu de choses » [148]. C'est donc toujours la pensée qui sépare l'homme de l'animal, mais c'est une pensée qui fait souffrir, car elle abrite le remords comme dégoût d'être, et ainsi lestée, la pensée peut peser sur le cœur avec force.

Comment ne pas songer ici à Pascal ? Sans doute une analyse comparative menée à terme serait condamnée à l'échec. Le *malaise d'être* pascalien, justifié par le péché originel, est très loin du malaise d'exister dont Schopenhauer nous entretient dans sa réflexion sur le remords. La conception pascalienne du *salut* est, tout de même, absolument distincte de celle que propose Schopenhauer, qui veut qu'on aspire au néant. Mais il est trop évident toutefois qu'un moment leur est commun : le *divertissement*. Pascal et Schopenhauer savent bien tous les deux la *difficulté* que rencontre l'homme dès qu'il veut résider auprès de soi. Pour Schopenhauer le Soi est littéralement une torture née de l'abîme. L'homme en agissant, « en tentant sa chance », croyant comme la philosophie classique qu'il suffit de bien juger pour bien faire et se consoler, veut se délivrer de ce tourment sans

146. *Monde*, § 51.
147. *Monde*, § 55.
148. *Monde*, § 55.

nom. Ce n'est pas très subtil et cependant fort prisé. Selon Schopenhauer — que Pascal n'aurait peut-être pas entièrement suivi, puisqu'il croit à l'histoire sainte — le divertissement supérieur est l'histoire en laquelle, oublieux d'eux-mêmes, les hommes imaginent être capables de faire quelque chose. Par exemple, comme Tamerlan, une montagne de crânes. Mais l'homme a beau s'échiner, l'histoire, lieu *magique* du divertissement est un perpétuel recommencement. Les sottises de Tamerlan ne sont ni les premières, ni, hélas !, les dernières. La seule différence est que Tamerlan ne portait pas les mêmes habits que ses prédécesseurs ou ses successeurs. On en revient donc toujours à la définition de l'histoire : « *Eadem, sed aliter* ». Que l'on emprunte ce chemin ou cet autre, à condition d'être philosophe, on aboutira à la négation de l'histoire ou plus exactement de sa valeur et de son sens. Nous avions déjà pu apercevoir la profondeur parfaitement creuse de l'histoire en la ramenant à un calcul d'intérêts sordides dont le succès était douteux. Voici que se manifeste, dans le divertissement qu'elle compose, son « éternullité ». La pensée répugnante à laquelle nous avions dû céder se voit rejointe par un idéal de renoncement, d'abnégation, qui émerge avec nécessité de la claire critique du concept classique de la liberté [149]. Le bon peuple ne croira pas Schopenhauer : on lui assure « *ex cathedra* » que la raison est dans l'histoire.

§ 48. Connais-toi toi-même !

Mais Schopenhauer a parlé aussi d'un *caractère acquis* et sa pensée a souvent été déformée. Pour tenter de bien la comprendre il faut considérer comme des piliers inébranlables d'une part le caractère intelligible et d'autre part le caractère empirique, fidèle reflet du premier dans le monde phénoménal. Ces deux caractères, que la métaphysique de Schopenhauer nous oblige à saisir comme immuables, nous donnent à penser que « l'homme... devrait se montrer toujours pareil, conséquent et n'avoir pas besoin, à force d'expérience et de réflexion d'un caractère artificiel » [150]. Cependant c'est là une erreur. Certes l'homme ne peut pas se faire, et quoiqu'il arrive il demeurera

149. Notons que les remarques acerbes de Pascal sur la politique complètent admirablement le tableau brossé par Schopenhauer.

150. Nous suivons la traduction de A. Burdeau. Mais le mot « artificiel » peut choquer, voire même mener à de sérieux contre-sens. Le texte allemand dit : « ... *sich künstlich einen Charakter zu erwerben* » (Brockhaus, Bd. II, p. 357). Cela signifie : acquérir par l'art (réflexions, expériences, épreuves) un caractère qui n'est pas naturel, mais acquis.

le même. Mais dans la mesure où l'homme n'est pas seulement un exemplaire d'une Idée, mais une Idée en quelque sorte, il lui incombe une tâche : se connaître en tant qu'il est cet homme. On peut s'exprimer plus simplement : l'homme est porteur de toutes les virtualités de l'espèce humaine : « Il trouve en soi les germes de tous les désirs et de toutes les facultés humaines. » Il lui faut donc savoir quelle est la dose de ces diverses virtualités qui constitue son caractère, sa personnalité propre, son style. Il faut se connaître et c'est une chose qui demande plus de soins que de se contempler dans un miroir.

Mais surtout la compréhension de notre style n'est pas pour nous une affaire évidente, tant nous sommes convaincus que des facultés impersonnelles, comme la volonté et l'entendement selon Descartes, dictent notre manière d'être. Comment avec de l'impersonnel faire du personnel ? Recourir à notre essence métaphysique nous semble impossible. Descartes s'interdit, avec raison, de pénétrer dans le conseil de Dieu et du même coup doit renoncer à saisir la coloration particulière que le Créateur a voulu donner à notre être. Kant nous enseigne que notre être en soi nous est inconnu et Schopenhauer ne lui donne pas tort. Et pourtant le style est une évidence indiscutable. On voit la difficulté : la philosophie nous ferme la route vers nous-mêmes. Comme nous ne sommes pas à une contradiction près, sachant qu'un homme est celui-là et non pas tel autre, en dépit des embarras de la métaphysique (ou peut-être à cause d'eux) nous entreprenons de bon cœur de former l'homme à notre idée en employant les ressources de la morale (mais qu'est-ce que la morale ?), de la prière, de la générosité et enfin, comme toujours, nous en venons à la menace (comme si la menace toute physique pouvait résoudre une aporie métaphysique !). Le grand but de la pédagogie commune est finalement d'amener l'homme à « quitter sa manière d'être »[151]. On échoue bien sûr. Mais nous sommes héritiers de Descartes : si l'homme ne quitte pas sa manière d'être, c'est qu'il est insensible à la raison, que sa volonté est faible et pour tout dire qu'il est trop lâche pour être libre. On voit sans peine comment la doctrine classique du libre arbitre peut se rétablir. Nous croyons sincèrement que le froid jugement de l'entendement pourrait rédiger le texte de l'existence. En tout cela il y a un drame : cette croyance en la raison, en tout ce qui est impersonnel, sert bien moins à se connaître qu'à ouvrir les portes au despotisme. Schopenhauer

151. *Monde*, § 55.

n'a pas voulu de cela : « Puisque l'homme en sa totalité, écrit-il, n'est que le phénomène de sa volonté, il n'est rien de plus absurde que de vouloir être autre que ce que l'on est en partant de la réflexion »[152]. Toute la métaphysique classique avec une exception peut-être : la philosophie leibnizienne — est tombée dans le piège.

« *Werde was du bist* » écrit Goethe. Deviens ce que tu es ! Schopenhauer entend de la manière suivante cette maxime. Au sens strict elle n'a aucun sens. En effet c'est un impératif catégorique et laisse supposer que l'homme pourrait bien ne pas devenir ce qu'il est. Or la doctrine du caractère intelligible montre que de toute manière, quoi qu'il fasse, l'homme deviendra ce qu'il est. Mais il existe un sens plus juste : devenir ce qu'on est, c'est se *comprendre,* se connaître, mais non suivant les critères d'un savoir aussi rigide que les mathématiques. Il faut parvenir à l'*intuition* de soi, pour pouvoir *sentir* ce que sont les autres. Nous usons du terme *intuition* pour signifier qu'il ne s'agit pas d'une connaissance discursive au sens kantien. La terminologie de Schopenhauer pourrait tromper ici puisqu'il parle d'une « connaissance abstraite ». En fait s'il s'exprime ainsi, c'est que la compréhension de soi visée n'est pas particulière, mais générale, en ce sens qu'elle n'est pas soumise à « l'influence de notre humeur passagère ». Les Leçons de Berlin ne sont pas terminologiquement plus claires : « Aussi le vouloir ni le pouvoir à eux seuls ne suffisent : il faut *savoir* ce qu'on veut et saisir aussi ce qu'on peut »[153]. Mais dans le fait il s'agit plutôt d'une intuition ou d'une *Anerkennung* (reconnaissance) de soi par soi. En aucune façon la doctrine ne prétend que le « savoir » doit dicter son chemin à la volonté. La volonté est toujours déjà là et ce qu'il faut est simple : on doit, autant que possible, parvenir à la clarté sur cette volonté qui, pour parler comme Malebranche, est d'une certaine manière « en nous sans nous ».

Dès lors dans l'essentialisme de Schopenhauer (*Operari sequitur esse*) on trouve à un degré singulièrement relevé l'idée que l'existence révèle l'essence dans la perspective idéelle de la constitution du caractère acquis. Sans doute dans la perspective réelle ou métaphysique, l'essence précède l'existence et en ce sens nous sommes donnés à nous-mêmes. Mais cette donation exige qu'on y pense, qu'on l'éclaire. Il n'est pas question

152. Deussen, X, p. 416.
153. Deussen, X, p. 415, *Monde,* § 55.

de se comprendre comme un pur système physique que la mathématique tente de résumer en une équation. Il faut savoir et comprendre ce que l'on peut, c'est-à-dire parvenir à se soumettre lucidement à son essence, avec assez de modestie pour admettre qu'il ne s'agit que d'une essence parmi beaucoup d'autres. — L'application éthique est immédiate et profonde. Suivant un chemin déjà emprunté par Leibniz, bien qu'il y soit parvenu par des démarches toutes différentes, Schopenhauer condamne la *jalousie,* qui gouverne bien souvent notre rapport à autrui. La connaissance du caractère acquis, dit-il dans les Leçons de Berlin, est la connaissance la *plus complète possible* de l'individualité [154]. Ce n'est pas une *connaissance absolue,* mais elle suffira à déraciner la jalousie. Si je sais qui je suis, je comprendrai qu'il est absurde d'envier la fortune [155], la richesse, la beauté d'autrui et même sa place au théâtre : car lui, c'est lui, et moi c'est moi. « Il n'est assurément rien de plus absurde que d'aller se mettre en tête d'être un autre que soi-même » [156]. La source de la démarche de Schopenhauer ne pouvait, à la lettre, être celle de Leibniz, puisque l'auteur du *Monde* s'appuyait sur la théorie kantienne de l'espace et du temps, éléments du *principium individuationis.* Mais le fait est que sa démarche rejoint celle de Leibniz, qui voyait en la jalousie une absurdité puisque tout être est un être. Rien de plus superficiel selon l'auteur de la *Monadologie* que de jalouser ou envier Alexandre. Si ce dernier est roi — ce qui excite ma jalousie — c'est pour une raison qui est la même que celle qui détermine la couleur de ses yeux, l'âge final qui sera le sien, etc. La jalousie serait plus philosophique si elle comprenait qu'on ne peut pas envier un seul détail ; c'est l'ensemble qu'il faut envier. Jalouser la qualité de roi est un calcul borné de la passion. C'est le tout qu'il faut envier puisque *praedicatum inest subjecto.* La raison, ce faisant, se rendra à l'évidence : jalouser Alexandre, c'est, chose absurde, vouloir être Alexandre de la tête aux pieds. Le principe des indiscernables assure que c'est une chose impossible et par conséquent délirante [157].

154. Deussen, X, p. 415.

155. Le terme doit être entendu au sens antique, cf. DANTE, *La Divine Comédie,* Inferno, ch. VII.

156. *Monde,* § 55.

157. A. PHILONENKO, *Étude leibnizienne, La loi de continuité et le principe des indiscernables,* Revue de Métaphysique et de Morale, 1968. — La réfutation de la jalousie possède un arrière-plan politique : si je dois accepter ma condition et mon être, l'idée de révolte n'a plus de sens.

Il serait vain, naviguant entre la pensée leibnizienne et la doctrine kantienne, de tenter une élucidation systématique de la réflexion de Schopenhauer. Car il parle les deux langages. D'une part s'appuyant sur l'*individuation* il est kantien. D'autre part se fondant sur l'*individualité*, il se retrouve disciple de Leibniz. Il ne paraît pas avoir senti la moindre gêne, tant il est vrai qu'individuation (localisation) et individualité (monade) font bon ménage dans la notion de style qui lui est chère.

Sans doute serait-ce une erreur de croire que la formule : « Connais-toi toi-même », impliquée dans la notion de caractère *acquis*, constitue un impératif catégorique comme chez Platon. D'une part cette connaissance de soi ne peut servir de fondement à aucun commandement. Comme les raisons qui nous viennent après, elle peut seulement me conduire à m'accepter sans trop me lamenter. D'autre part s'il s'agissait de transformer mon style, la connaissance que j'en ai serait toujours insuffisante à cet effet. Aussi Schopenhauer ne voit-il aucune raison qui puisse l'inciter à remettre en question sa thèse fondamentale qui veut que ce soit la volonté qui détermine l'action et non le jugement élaboré par l'intellect. Il n'est donc pas disciple de Platon qui affirme qu'on ne saurait faire le mal si on le *connaissait*. Plus modestement et plus justement il entend que la connaissance de soi, pour autant qu'elle est possible, introduise à une philosophie de la *réserve*. Se connaître, c'est dans le fond faire des réserves sur soi. A partir de là on peut espérer voir surgir en la conduite humaine une certaine pondération.

§ 49. *Amor fati.*

Le lecteur de Schopenhauer peut discerner en ce point l'acte de naissance d'une idée qui était promise à une immense fortune. Ce que je suis, il faut que je le subisse et, disons-le encore une fois, on ne transformera pas l'*esse* par le médium de la connaissance ; on le subira simplement avec un peu moins de chagrin. Mais pour parvenir à ce résultat, qui n'est pas si mince qu'on le croit, il faudra que je cherche par l'intelligence, en ce qu'elle peut avoir d'intuitif, à faire partiellement au moins la conquête de moi-même. C'est une douloureuse dialectique. Dans l'en-soi je suis parfaitement cohérent avec moi-même et le despotisme avec lequel la volonté se dirige vers son objet l'atteste. En revanche dans l'ordre du pour-soi — réflexion sur mon être dans le monde —, bien que je devine en moi un style, je ne laisse pas d'être incohérent. Dans le regard que je porte sur mes actes une lumière voilée scintille, qui exprime mon étonnement d'être ce que je suis. La pensée classique finit par interpréter cet étonnement en termes de *regret*, car croyant que la pensée dicte l'acte, elle explique ce sentiment en affirmant que plus de réflexion, plus de sagesse, plus de raison, aurait permis d'éviter tel défaut, principe de l'inadéquation, dont on voudrait dériver l'étonnement [158]. La pensée de Schopenhauer se meut, on le voit assez, en direction inverse. Se connaître — réduire cet étonnement — ne consistera jamais à transformer l'élan aveugle et obscur de la volonté, mais à l'éclairer. De là un véritable *amor fati* qui d'une part est à l'aube de la pensée moderne voulant qu'on s'accepte, et d'autre part justifie que dans la perspective du *savoir* nous allions de l'*existence* à l'*essence*, de l'*operari* à l'*esse* [159].

Ce mouvement de l'existence à l'essence est la vraie constitution du concept de caractère *acquis*. Mais il ne faudrait pas en conclure, comme beaucoup l'on fait, que l'existence précède purement et simplement l'essence. Ce n'est exact que pour cette démarche bien singulière et seulement propre à l'homme, qui le conduit à dévoiler dans une certaine mesure son *esse*, qui précède et détermine ses actes. Cette conquête se résume à posséder ce que le monde appelle un caractère [160], une adhérence à soi qui nous fait paraître cohérents, peut-être plus cohérents que nous ne sommes. Cette conquête est pourtant bien modeste : se posséder, c'est d'abord avant tout connaître ses limites et doser à peu près justement ce qu'il y a d'humain en soi ; dans tous les cas cesser l'ignoble trafic de fausse monnaie, auquel on se livre si volontiers, en monnayant auprès des autres des facultés qu'au fond on ne possède pas. La pensée ne se fondera plus dès lors sur un calcul échevelé des virtualités qui pourraient nous assurer la domination de la nature. Car il apparaît clairement que ne pas se connaître c'est le principe de la *tricherie*, qui dans son aveuglement ou sa prétention mène médiatement ou immédiatement son adepte à *perdre* [161]. La philosophie de la réserve se poursuit naturellement donc dans une philosophie générale de l'*économie*. Le meilleur moyen d'éviter les pertes est de se connaître.

158. *Monde*, § 55.

159. Estimant, sans s'en apercevoir, que l'entendement (qu'on prenne si l'on désire un autre mot, peu importe) détermine notre existence, on ne s'étonnera pas que l'existentialisme ait réalisé ce mouvement, transformant l'*Ideal-Grund* en *Real-Grund*.

160. *Monde*, § 55. Deussen, X, pp. 418-419.

161. *Monde*, § 55.

Le caractère *acquis* (qui par définition n'est pas donné) repose sur cette philosophie de l'économie morale. Peut-être n'est-ce point le souci de la vérité qui peut nous engager en cette voie. Peut-être est-ce plutôt la constatation *massive* que nous échouons, que nous sommes trompés par le monde, alors que nous imaginons posséder toutes les qualités et n'être jamais à court de ressources. L'homme pense qu'il peut tout faire et le monde ne se prive pas de lui infliger de « rudes échecs »[162]. Cela nous donne d'abord à penser que nous sommes un être, non l'Être. Nos réussites dans leur fragilité et leur nature partielle ne font que confirmer cette pensée. Ainsi l'origine de la réflexion qui constitue le caractère acquis est la cruelle expérience du monde qui nous enseigne que *tout* n'est pas acquis. La leçon est claire : conformément au principe d'économie, qui nous *conseille* de nous accepter nous-mêmes et de nous concentrer en nous-mêmes, il nous sera possible d'éviter cette « grande douleur » qui se manifeste lorsque nous nous trouvons « à court de forces dans le moment où l'on en a besoin »[163]. L'épreuve est donc une sûre pédagogie pour l'homme réfléchi ; il se connaîtra mieux lui-même et s'il n'obtiendra pas la satisfaction qui naît du devoir accompli, il obtiendra une *Zufriendenheit*[164], une satisfaction dans le consentement de soi à soi, dont le mérite le plus évident est de nous interdire de faire plus de sottises que notre destin ne nous contraint de faire. L'*amor fati* est donc en quelque sorte une traduction du principe d'économie.

Toutefois, né de la douloureuse expérience du monde, le caractère acquis va posséder une signification métaphysique. Soit un échec ou un malheur : « Ce qui nous chagrine dans un malheur, ce n'est pas tant le malheur que la pensée de telle ou telle circonstance qui, changée, eût pu nous l'épargner »[165]. Une grande leçon se présente ici pour qui, pénétré par la connaissance qu'il a acquise de son caractère, obtient un *calmant*. Je comprends la *nécessité* d'être ce que je suis. Mais qu'est-ce que la nécessité ? La nécessité est, bien comprise, *déréalisation*. Cela peut à première vue paraître illogique ; notion compacte et solide la nécessité peut prendre pour symbole la pierre, dont elle retient non seulement la dureté et l'altérité, mais aussi la surdité comme l'incapacité de s'exprimer. Dans sa rigueur incon-

162. *Monde*, § 55.
163. *Monde*, § 55, Deussen, X, p. 146.
164. Deussen, X, p. 416.
165. *Monde*, § 55.

testable, dans son inflexibilité, la nécessité n'est en fait que contingence et arbitraire. Indiscutable elle sombre en dessous du langage. C'est exactement le statut du rêve. Nous ne pouvons pas enrayer la nécessité et il ne nous est pas plus possible, tandis qu'ils se déroulent, de corriger nos rêves. C'est en ce sens que la nécessité est une fonction de déréalisation ; je ne peux agir sur elle — je ne peux pas plus modifier une image d'un songe. Au point de vue de l'action humaine la nécessité et le rêve peuvent être subsumés sous la catégorie du *décor*, un décor qui est ce qu'il est. Le réel est tout autre — il est ce sur quoi je peux agir. Le javelot que je lance ne me tombera pas sur la tête. Mais dans le rêve cette éventualité ne saurait être exclue et la nécessité comprend des aspects encore plus désopilants. Dépasser la nécessité ne consisterait pas à y introduire une goutte de liberté comme on le croit toujours, mais d'abord à insérer en son texte le réel, qui autorise l'action et par conséquent la liberté. Mais ce dépassement est sans doute surtout une brillante illusion. Le philosophe constate que la nécessité possède sa logique et le rêve la sienne, et l'un et l'autre interdisent l'action. Que l'on puisse finir par connaître les rêves ne change rien : nous resterons toujours, quand nous y sommes soumis, incapables d'en infléchir le destin. Celui qui rêve ne peut jamais volontairement revenir en arrière et encore moins trouver un enchaînement rationnel permettant de modifier la suite des images. On appelle cela l'*incohérence* des rêves. C'est bien plutôt leur *nécessité* qu'il faut voir ici. Pour le rêveur la dialectique se résume à une expression populaire et profonde : « C'est comme ça, parce que c'est comme ça ». La nécessité du monde, comme celle de notre être, n'est pas tellement différente. L'élaboration du caractère acquis est une conscience de la nécessité, très semblable à la connaissance que nous pouvons acquérir *après coup* de nos rêves. Dans les deux cas la domination du « C'est comme ça, parce que c'est comme ça » se révèle également despotique[166]. Aussi la nécessité qui constitue ma personne se rapproche-t-elle d'une manière éminente de la nécessité du rêve. La compréhension lente et sérieuse qui forge le caractère acquis donne à penser que la vie n'est qu'un rêve et sans doute un mauvais rêve. Mais dans cette pénétration de la nécessité comme déréalisation, la connaissance du caractère acquis sert, comme le dit Schopenhauer, de *calmant*. Le monde après tout ressemble trop moralement au rêve pour que je m'en soucie.

166. *Monde*, § 55.

Le malheur sera dès lors compris en une autre perspective. Nous n'y verrons plus le résultat contingent et fâcheux d'une erreur de l'entendement, mais une farce, de mauvais goût certes, née de la phénoménalité de l'existence. *Nous perdrons l'espoir, mais nous parviendrons au renoncement.* La pensée classique a toujours admis que nous nous consolions de nos rêves, en raison de leur fatalité absurde. Schopenhauer nous enseigne qu'on peut aussi se consoler de l'existence, qui à y regarder avec une toute petite attention, n'est pas moins fatale et absurde. « Le consolateur, dit-il, c'est le fatalisme »[167]. C'est donc un calmant puissant que nous administre la connaissance du caractère acquis, un anesthésique assez fort pour dévoiler la fatalité despotique de l'existence comme n'étant en somme qu'un mauvais rêve qui passera comme passent les rêves.

Il faut être juste. Le moins philosophe des hommes pratique cet *amor fati.* On accepte la couleur de ses yeux, on finit par se résigner à une certaine laideur, on s'accommode à la fin de sa pauvreté intellectuelle et l'on s'arrange avec sa misère. Les hommes, à des degrés très divers, possèdent un caractère acquis, qui est adhésion à soi. La chose est certes pénible à dire, mais il est vrai que chacun finit par *épouser* ses infirmités. C'est sans doute un triste mariage, mais il est à ce point général que la thérie schopenhauerienne du caractère acquis se trouve confortée. Il faut toutefois préciser que ces mariages ne sont pas universellement reconnus. Quand il s'agit des miséreux « ceux qui sont plus heureux ne comprennent pas qu'on supporte un pareil état »[168]. On pourrait ajouter inversement que les malheureux ne comprennent pas les sentiments d'ennui, de morosité, ni la frénésie dans le luxe de ceux qui sont heureux. Cette incompréhension n'est pas fille de la pitié. Il s'agit uniquement du *malentendu* qui engendre à la fin les révolutions, les guerres stupides, toutes ces choses qui en somme constituent l'histoire. Que l'on finisse par s'accepter — plus ou moins bien d'ailleurs, alors qu'on y est bien obligé — n'a jamais eu pour conséquence directe qu'on *accepte l'autre.* Ce n'est pas un paradoxe. Tout le monde sait sourdement que la vie est un mauvais rêve. Donc tout le monde sait qu'il faut s'accepter soi-même et chacun devine que dans la mesure où il y parviendra, il obtiendra un calmant. Mais voilà : si, par force — peut-on changer la couleur de ses yeux ? — on se calme soi-même, on

167. *Ibid.*
168. *Monde,* § 55.

ne se calme pas pour autant au sujet d'autrui. Par là s'explique la volonté de changer le monde, tant il est vrai que si l'on peut se marier avec ses infirmités, c'est une toute autre affaire que d'épouser celles d'autrui. On veut le guérir : par la raison, la prière et finalement la menace — comme toujours. Entre *se comprendre et s'accepter* d'une part et *comprendre et accepter l'autre* d'autre part, il y a un abîme qui restitue à ce mauvais songe qu'est la vie une pseudo-réalité. Il faut donc devenir philosophe, tenter de s'accepter soi-même totalement et, ce faisant, potentialiser, comme disent les médecins, le calmant offert par le caractère acquis. Il ne faut pas craindre de doubler le calmant et de forcer la dose : c'est la bonne manière de s'engager dans la voie du renoncement fondamental.

§ 50. **Le voyage à l'intérieur de nous-même. Philosophie de la tragédie.**

A force de prendre ce calmant, on comprendra que la volonté est une puissance *maligne* au sens médical. Il ne s'agit pas seulement de la théorie, mais de la pragmatique de l'existence. Dans *A la Recherche du temps perdu* Proust rejoint Schopenhauer. Il est question d'un voyage dans la région de Balbec. L'imagination et la raison ergotent sur la décision ; mais elle est déjà prise par la volonté, qui voulant le voyage a déjà acheté les tickets. Nous voulons avant de réfléchir, d'une manière obscure et impénétrable, mais despotique. Cela constitue la malignité de la volonté, dont il ne faut pas seulement dire qu'elle agit en nous sans nous, mais aussi « malgré nous ». L'importance de la dialectique du caractère acquis s'approfondit encore : c'est une invitation à voyager à l'intérieur de nous-mêmes, non certes dans l'espoir d'infléchir l'orientation de la volonté, mais dans la modeste prétention d'intuitionner le sens de notre être. Une fine distinction apparaît alors : en adhérant à notre être dans ce voyage qui nous rend plus intérieurs à nous-mêmes, nous pouvons ne pas renoncer à conquérir une certaine distance par rapport à nous, en cessant d'être simple acteur, ou plutôt pure marionnette, pour devenir aussi un spectateur. La volonté ne perdra rien de sa magie, mais elle sera forcée d'être claire en son obscurité, et tandis qu'à la faible lueur de l'intuition son visage nocturne sera cerné, nous parviendrons à rompre tant soit peu avec elle. La philosophie a toujours su qu'elle devait être une science non seulement du clair et du distinct, mais aussi du confus. Toute la philosophie classique cherche le confus du côté de la sensation — chez Descartes, Spinoza, Malebranche, Leibniz — Schopenhauer le découvre du côté de la volonté. Les métaphores : puissance maligne (comme une tumeur), lumière noire, noyau d'ombre, sont toutes propres à caractériser la volonté qui dicte nos pas. C'est une grande erreur de voir en Schopenhauer, comme le veut Lukàcs, un irrationnaliste. Ce n'est pas la philosophie qui dans la doctrine du caractère acquis se manifeste comme un effort qui est œuvre de *pensée,* qu'on doit qualifier d'irrationnaliste. L'irrationnel, mais aussi le *malheur,* est que la pensée vienne toujours après et que la volonté soit toujours déjà là. La tristesse métaphysique consiste à reconnaître ce qui est, tout en sachant qu'on ne peut pas plus le transformer *positivement* qu'on ne peut changer la forme de ses mains.

Ceux qui, à juste titre, ont vu en Schopenhauer le précurseur de Freud, qui comme l'auteur du *Monde* croit que le désir et la volonté, principes moteurs de la vie humaine, sont choses nocturnes, enfouies dans le cœur de l'homme, doivent distinguer. L'œuvre de Freud repose sur un postulat tout classique qui remonte à Descartes. La psychanalyse suppose que la *clarté* de la pensée finira bien par *réformer* le vouloir. Dans la mesure où mes pulsions, mes tendances secrètes apparaîtront dans la *lumière* de l'entendement, je parviendrai à les dominer, ce qui signifie simplement que la *connaissance* de soi finira par l'emporter [169]. Schopenhauer n'a pas jugé cohérente une telle *médecine* et le sens de son œuvre s'épuise en l'affirmation que l'homme doit savoir qu'il est dominé par un vouloir — ou un destin — nébuleux et obscur. Aussi la *medicina mentis* qu'il propose est aussi singulière qu'étrange : voyager à l'intérieur de nous-mêmes pour devenir étrangers à nous-mêmes. C'est l'opposé de toute psychanalyse, qui certes nous invite à voyager au-dedans de notre âme, non pas pour y devenir étranger, mais pour l'habiter avec sûreté. Il demeure que le voyage métaphysique ouvre encore un peu plus les portes du *renoncement.* Qui niera que devenant étrangers à nous-mêmes, nous n'absorbions, au point de vue de l'existence, un calmant décisif ? Si l'on devait résumer l'opposition de Schopenhauer et de Freud, il conviendrait de dire que l'homme schopenhauerien est un *malade métaphysique,* tandis que le malade de Freud est simplement un *homme malade.* On peut sans doute guérir l'homme malade, par l'ana-

169. La doctrine de Spinoza repose sur ce postulat, plus fortement encore que celles de Descartes ou de Malebranche.

lyse ou toute autre méthode. On ne guérit pas une maladie métaphysique, on peut seulement administrer un calmant. Cette constatation éprouvante forme la colonne vertébrale de *la philosophie de la tragédie.*

A chaque moment de l'analyse de la phénoménologie de la vie éthique, qu'il s'agisse de reconnaître que la vie n'a pas de fin, que l'histoire est un tissu de contre-sens et de mort, etc., la tragédie s'annonce. Dans le voyage intérieur qui nous rendra seulement étrangers à nous-mêmes, on découvre l'exacte définition de la tragédie : *c'est la scission de la vie et de la conscience,* tombant l'une en dehors de l'autre. Il n'est pas de plus grande tragédie que de devoir conclure au terme d'un tel voyage, qu'il ne nous reste plus qu'à devenir le *spectateur impassible* d'une vie dont nous sommes malgré nous les *acteurs.* Il apparaît dès lors que s'accepter soi-même est bien autre chose que s'affirmer — s'accepter est, en fait, consentir à se subir, et dans tous les cas se détacher de soi dans la mesure où l'on devient, non pas son bourreau, mais son spectateur. Sur ce fondement le pessimisme pourra se déployer, mais il ne faudra jamais oublier, pour user d'une image qui vaut ce qu'elle vaut, que la tragédie est la *mélodie,* tandis que le pessimisme n'est que l'*harmonie.*

§ 51. « Je pense donc je suis » — « Je souffre donc je suis ».

La réflexion de Schopenhauer devient de plus en plus organique et s'approfondit en se creusant. Les redites, déjà nombreuses, vont se multiplier. Certes il traite de l'État[170], du mensonge[171], mais chacun de ces moments n'a d'autre fonction que de reconduire à l'essentiel. Quitte à nous répéter nous nous y tiendrons.

L'exposition, même si elle paraît tendre vers une morale, demeure toujours une phénoménologie de la vie éthique qui n'oublie jamais son enracinement métaphysique. L'anti-cartésianisme de Schopenhauer éclate à chaque page. Il se refuse obstinément à édifier une morale provisoire ou définitive que gouverneraient la volonté et l'entendement cartésiens. Toute l'analyse du thème du caractère acquis nous a bien assez appris que la vie éthique n'était pas l'affaire d'une raison impersonnelle : « *Operari sequitur esse* ». Ce que raison et réflexion peuvent accomplir c'est, *dans une certaine mesure,* de m'éclairer sur

170. *Monde,* § 62. Deussen, X, p. 475.
171. Deussen, X, p. 471. De la vertu de l'encre sympathique.

mon *esse*. Quant à le déterminer, elles en sont bien incapables. Décrire l'homme dans sa vie éthique, dans cette description le conduire à nier sa volonté, c'est toute la morale — si c'est une morale — que Schopenhauer entend proposer. « Une morale non fondée (*ohne Begründung*), celle qui consiste à « faire la morale aux gens », ne peut avoir d'action, parce qu'elle ne donne pas de motifs. Mais par ailleurs, une morale qui en donne ne peut agir qu'en se servant de l'égoïsme ; or, ce qui sort d'une pareille source n'a aucune valeur morale. Il s'ensuit qu'on ne peut attendre de la morale, ni en général de la connaissance abstraite, la formation d'aucune vertu authentique ; elle ne peut naître que de l'intuition, qui reconnaît en un étranger le même être qui réside en nous »[172].

Sans le voyage intérieur qui nous rend étrangers à nous-mêmes, une telle affirmation serait impossible. Grâce à cet itinéraire souterrain qui nous rend justes envers nous-mêmes, précisément parce que devenant spectateur ou lecteur de notre vie, nous avons acquis une mystérieuse distance qu'on peut appeler *sagesse*, les prétentions moralisantes s'effondrent et nous voyons trop bien qu'elles sont le plus souvent sans fondement, simples émanations de l'égoïsme. Certes nous vivons ainsi une tragédie. Elle nous place devant un problème simple : considérer la vie, cette « vie dont il s'agit de vouloir ou de ne pas vouloir ; car c'est là le grand problème »[173]. Plus philosophiquement et sans s'appuyer sur la seule philosophie de Schopenhauer, la liberté de la volonté connue (ou du moins supposée connue), doit-elle être un *motif* ou un *calmant* ? Descartes opte pour le motif et Schopenhauer pour le calmant, l'auteur du *Discours de la Méthode* veut que la volonté s'affirme et l'auteur du *Monde* désire qu'elle se nie. Pour assurer sa réponse, Schopenhauer ne va plus se fonder sur la seule considération de la tragédie. C'est aux parties les plus vivantes de son système qu'il fera appel : « Je demande, écrit-il, au lecteur de bien se remettre en mémoire les idées par où nous avons clos le second livre »[174]. La phénoménologie de la vie éthique tentera donc de s'appuyer sur la Métaphysique de la Nature.

On sait quel enseignement nous procura celle-ci. Ce fut, pour

172. *Monde*, § 66. Brockhaus, Bd. II, p. 434. La traduction de Burdeau : « Une morale non fondée en raison » est fautive. Le mot *raison* n'est pas dans le texte allemand qui dit simplement : « *Eine Moral ohne Begründung* ».
173. *Monde*, § 56, Deussen, X, p. 420.
174. *Monde*, § 56.

l'essentiel, la mise à jour de la volonté comme *désir d'être*[175]. Dans la pesanteur nous avons ainsi aperçu un « effort interminable » vers la chute. Schopenhauer cite donc de nouveau Jakob Boehme : « Pas de corps qui n'ait une affinité, je veux dire une tendance, et comme dirait Jakob Boehme, un désir, une passion »[176]. Le monde est le théâtre du désir qu'on peut aussi bien nommer volonté, puisqu'il n'est point d'être qui ne cherche, fût-ce de la plus obscure manière, sa *réalisation*. Deux enseignements méritent d'être dégagés, le premier métaphysique, le second éthique. — Métaphysiquement le monde est imparfait au sens strict d'*imperfectum* ; il est de part en part inachevé et n'est qu'une tendance à l'achèvement. Il n'existe pas d'être qui soit d'abord un être (*ens*) si par être on veut entendre la chose achevée, « parfaite » — l'être est originairement désir de soi. Ici, au sein de la vision tragique, l'écriture pessimiste devient lisible, tant il est vrai que désirer est *souffrir* d'un *manque* d'être : « Jamais de but vrai, jamais de satisfaction finale, nulle part un lieu de repos »[177]. Si le monde est une pièce à la Gozzi[178], il faut maintenant préciser que l'acteur immuable, qui se trouve être aussi l'auteur, est la volonté qui *rêve* d'être et recommencera mille et mille fois son effort pour revenir toujours à son point de départ. Veut-on assigner au monde un noyau, un moment irréductible, compact, l'homme ennuyé comprendra malgré lui que ce noyau est du vide, et le philosophe saura qu'il ne s'agit que du néant. L'essence morale intime du monde est l'*insatisfaction*. Tout étant est en quête de son être, qu'il s'agisse du cristal se concentrant jusqu'à éclater, de la plante tournée vers une lumière qui ne sera jamais totale ou enfin de l'homme qui parcourt en zigzags la ligne droite de son existence. Entre l'étant (Daseyn) et l'être (Seyn), à chaque effort nouveau se creuse un abîme plus profond qu'on ne l'imaginait l'instant d'avant. Aussi le bien-être (Wohlseyn) recule chaque fois qu'on croit l'atteindre dans un horizon plus lointain, nous conduisant à penser amèrement qu'en cette vie il n'est point de finistère. La pensée classique n'a sans doute pas ignoré cette dialectique ; c'est elle qui est au fondement du Pari de Pascal et elle a inspiré Malebranche. Mais la pensée classique limite cette dialectique à la sphère de l'homme — le

175. Deussen, X, pp. 420-421.
176. *Monde*, § 56.
177. *Ibid.*
178. *Monde*, § 35.

reste est parfait, *perfectum.* Saint François d'Assise, qui connaît la faiblesse du cœur humain, son creux et son vide, se garde bien de dire que les oiseaux du ciel et les lys des champs sont *tourmentés* par le désir : l'oiseau est immédiatement et totalement oiseau, frère dont l'insouciance biblique, qui lui épargne de *songer* au lendemain, repose toute entière sur sa perfection. En revanche, par un paradoxe qui forme le cœur de la doctrine chrétienne, l'homme coupable (et victime) du péché originel se fait défaut à soi-même. Schopenhauer écarte cette perspective : il n'est point d'étant qui ne soit en quête de son être, entendu comme perfection, et l'homme plus capable d'erreur qu'aucun étant sera *le plus angoissé et le plus tourmenté.* En ceci réside l'enseignement de la Métaphysique de la Nature : il nous permet d'entrevoir l'inanité des discours « moralisateurs » et de pressentir l'apothéose de la douleur en l'homme.

La seconde réflexion plus éthique que métaphysique se rattache à cette conclusion : au fur et à mesure que dans l'échelle des êtres la clarté de l'entendement — mais aussi les possibilités d'erreur ! — se fait plus vive, la *douleur* de n'être pas, comme étant, son être, devient plus acérée. Bien que sensibles, les plantes ne possèdent pas une sensibilité réfléchie et quand nous croyons qu'une plante ne souffre pas, nous avons sans doute raison. Mais si nous nous élevons dans la hiérarchie des êtres, nous verrons la douleur conquérir la noblesse qu'on accorde à l'évidence. Ne disons rien des animaux les plus infimes, ni des insectes en lesquels la faculté de souffrir nous paraît évanescente. « Il faut arriver aux vertébrés, avec leur système nerveux complet pour voir grandir la souffrance et *du même pas que l'intelligence* »[179]. Le texte le plus clair de Schopenhauer est le suivant : « Ainsi, selon que la connaissance s'éclaire, que la conscience s'élève, la misère va aussi croissant ; c'est dans l'homme qu'elle atteint son plus haut degré, et là encore elle s'élève d'autant plus que l'individu a la vue plus claire, qu'il est plus intelligent : c'est celui en qui réside le génie, qui souffre le plus. C'est en ce sens, en l'entendant du degré même de l'intelligence, non du pur savoir abstrait, que je comprends et que j'admets le mot du Koheleth : « *Qui auget scientiam, auget et dolorem* »[180]. Conscience et souffrance se réciproquent et il faut dire : « Je souffre, donc je suis »[181].

179. *Monde*, § 56, Deussen, X, p. 422.

180. *Monde*, § 56. *Ecclésiaste*, I, 18.

181. On pourrait aussi dire : « Je suis, donc je souffre ». Quand Descartes en la *Méditation* deuxième écrit : « ego sum, ego existo » il avance une formule réversible. Celle qu'on peut prêter à Schopenhauer l'est aussi.

Ainsi, comme on pouvait le prévoir depuis longtemps, le *Cogito* tombe dans le registre de l'affectivité. Il serait séduisant de voir en Malebranche un prédécesseur de Schopenhauer — n'a-t-il pas substitué au « Je pense, donc je suis », le « Je sens donc je suis »[182] ? Mais il convient d'observer tout d'abord que Descartes comprenait sous le mot de *pensée* non seulement l'opération intellectuelle pure, mais aussi l'acte d'imaginer comme de sentir. De plus, loin de penser tomber dans l'affectivité, Malebranche, reprenant la théorie des animaux-machines, fait de l'affectivité un sentiment finalement intellectuel réservé à l'homme seul. Enfin la théorie des animaux-machines exclut la douleur et le malheur du monde entier, sauf du cœur et de l'esprit de l'homme[183]. Aussi bien la correction malebranchiste ne pouvait-elle servir à ériger une philosophie cosmique de la tragédie. C'est en revanche la démarche de Schopenhauer de nous conduire depuis le plus bas degré de l'étant jusqu'à l'homme, en lequel le *Cogito* devient un « Je souffre, donc je suis », — assertion qui m'assure en même temps de mon existence et des critiques qu'on adresse à la valeur de cette même existence. Si donc l'homme se distingue des autres êtres, il ne le doit pas seulement à ses capacités intellectuelles et techniques. C'est surtout parce qu'il est l'étant en lequel le vide marié au non sens donne une libre carrière à la souffrance. En un sens, mais très précis, l'homme demeure le roi de la terre : c'est en lui, en effet, que la vanité et la légèreté du monde s'expriment par la voix de la souffrance. Aussi l'homme conserve-t-il quelque supériorité : il est le mieux situé pour élaborer un discours qui déchire les voiles de la Maya, et à la fin découvrir le Néant. La fonction métaphysique du *Cogito* cartésien est dès lors entièrement inversée. Chez Descartes, le *Cogito*, premier principe de la démarche philosophique, garantit finalement l'existence du monde — chez Schopenhauer la conscience de la souffrance, qui est conscience de soi, va aboutir suivant la phénoménologie de la vie éthique à étendre au monde le néant qui se trouve en moi. Le fil d'or, pour parler comme Bergson, est décidément distinct chez les deux philosophes.

182. Cf. M. Gueroult, *Malebranche*, vol. I. F. Alquié, *Le cartésianisme de Malebranche*.

183. C'est une grande erreur que de négliger ce point. La théorie des animaux-machines sert à réserver le malheur et la douleur à l'homme et Malebranche écrivant : « Je sens, donc je suis » a, en fait, privé l'animal de toute conscience affective. On voit bien comment cela pouvait servir son apologétique : seul coupable, il était juste que l'homme fût seul à souffrir.

Sans doute Schopenhauer veut-il demeurer un idéaliste. Mais l'idéalité du monde ne relève plus tellement de la théorie de la connaissance ; c'est la douleur, sans raisons, opaque, mais partout présente, qui justifie l'affirmation de l'idéalité du monde. Ce pouvoir d'idéalisation ne se lit bien qu'en l'éthique, et l'on pourrait dire que Schopenhauer demeure fidèle à Kant et à Fichte qui estiment que la dimension métaphysique de l'Être ne se dégage qu'à partir de la réflexion morale. Mais de si nombreuses corrections devraient être apportées que ce rapprochement se révèlerait vain. La philosophie de Kant et de Fichte est fondée sur l'idée que la liberté possède un sens. Schopenhauer part de la douleur en elle-même absurde et mère des absurdités, dont la plus étincelante est peut-être comprise dans le « Je souffre, donc je suis », principe de dislocation de tous les existants dans leur être en tant qu'être. Ce qu'on ne niera pas, en revanche, est le fait que la souffrance peut conquérir une valeur ontologique dans la mesure où elle s'enracine dans l'éthique. C'est le moral de l'absurdité de la souffrance qui l'élève à l'ontologie et ce n'est, en aucune façon, un quelconque primat ontologique de l'absurdité qui lui permettrait de se prolonger en éthique. Schopenhauer résume tout ce débat fort simplement : « La souffrance est le fond de toute vie »[184]. Il aurait pu dire aussi : Pleurer, c'est commencer de penser.

§ 52. **Du pessimisme.**

Nous consacrerons volontairement quelques très courtes réflexions au pessimisme de Schopenhauer : avant d'être, en effet un philosophe pessimiste, c'est un profond connaisseur de la tragédie. Mais on ne peut pas dissimuler que l'affirmation : « La souffrance est le fond de toute vie » relève du pessimisme. Dans les paragraphes qui suivent le § 56 du *Monde* Schopenhauer a écrit des pages merveilleuses dans l'illustration du pessimisme. Mais à les lire attentivement on se verra contraint de reconnaître que la beauté du style nous saisit plus que l'originalité de la pensée. La véritable originalité de Schopenhauer, qui consiste à découvrir dans la tragédie la fondation du pessimisme, n'apparaît pas. Il dit, après Shakespeare, que sur les talons d'un malheur accourt un autre malheur. « Les efforts incessants de l'homme pour chasser la douleur n'aboutissent qu'à la faire changer de face »[185]. Qu'est-ce donc que le bonheur ? Une éphé-

184. *Monde*, § 56.
185. *Monde*, § 57, Deussen, X, p. 428.

mère suspension de la souffrance, qui dans l'illusion qu'elle procure, nous conduit par une dialectique qui n'est que trop compréhensible, à pleurer sur nous-mêmes et notre vie plus qu'il ne le faut. L'auteur du *Monde,* comme s'il avait voulu montrer qu'en fait l'originalité de sa pensée n'était pas là, cite des auteurs fort nombreux : Horace, Lucrèce, Dante, Shakespeare, Gœthe, sans oublier Homère et Platon. La pensée pessimiste n'est pas née avec lui ; il en est conscient. S'il indique quelques grands noms, il sait fort bien que le « bottin » du pessimisme est très épais. De poètes obscurs en poètes inconnus, d'écrivains médiocres en écrivains que plus personne ne s'avise de lire, les pages du recueil comprenant les noms des pessimistes se multiplient, et enfin le volume devient si pesant qu'il nous tombe des mains.

Ce qui demeure original peut-être est le projet philosophique de Schopenhauer. On sait que Kant ne prétendait pas construire la physique, donnée irrécusable, satisfaisant entièrement à la question *Quid facti* ? mais répondre à une question bien différente : montrer comment la physique, reconnue en sa réalité, était possible. A cette question formulée dans le *Quid juris,* Kant entendait répondre en décrivant la possibilité de cette science, c'est-à-dire en dévoilant son *essence,* qui justifiait son existence [186]. La démarche de Schopenhauer est similaire. Que la souffrance existe est un *fait* (de là le pessimisme) ; la tâche du philosophe consistera donc à expliquer l'essence ou la possibilité de ce fait. Ce sera la tâche transcendantale que Schopenhauer peut, à ce niveau de la spirale, résoudre aisément : « *l'essence* (*Wesen*) qui rend possible la souffrance est la volonté ».

« La vie n'admet point de félicité vraie, elle est foncièrement une souffrance aux aspects divers, un état de malheur radical » [187]. Une double preuve peut être apportée. D'une part on peut démontrer la vérité de cette thèse par des considérations sur l'histoire humaine. Schopenhauer précise toutefois que ce serait « un chapitre sans fin ». D'autre part on peut se placer à un point de vue où l'on peut « découvrir par des raisons toutes générales et *a priori* les racines profondes par où la douleur tient à l'essence de la vie (*Wesen des Lebens*), ce qui la rend inévitable. » [188]. Dans la réflexion sur cette seconde démarche on ne relèvera pas seulement le caractère *a priori* de l'analyse, mais aussi comment elle se constitue comme interrogation sur

186. Cf. mon *Œuvre de Kant,* T. I.
187. *Monde,* § 59.
188. *Monde,* § 59.

l'essence (*Wesen*) de la vie. La pertinence transcendantale de cette seconde démarche ne saurait être contestée. On ne l'a pas suffisamment vu, parce que dans ces pages, Schopenhauer s'est montré non seulement un phénoménologue de la vie éthique, mais aussi un psychologue, manifestant ainsi le très vif souci du concret qui l'habite. On a pu penser aussi qu'il sombrait dans un empirisme vulgaire. Mais il suffisait de comprendre que les deux démonstrations étaient liées, pour entendre qu'il ne s'est pas moins attaché à l'expérience qu'à l'essence.

On peut résumer la pensée kantienne en disant que le « Je pense qui accompagne toutes mes représentations » est l'essence transcendantale de l'expérience. Chez Schopenhauer c'est la douleur, comme essence transcendantale, qui accompagne chaque moment de mon existence : « Réussissez-vous... à chasser la douleur sous telle forme, elle revient sous mille autres figures, changeant avec l'âge et les circonstances : elle se fait désir charnel, amour passionné, jalousie, envie, haine, inquiétude, ambition, avarice, maladie et tant d'autres maux, tant d'autres »[189]. *Mutatis mutandis* : l'*idéalisme transcendantal* s'épuise dans la philosophie de la tragédie et le *réalisme empirique* est le pessimisme.

Dans le fond la devise de la douleur est celle de l'histoire : *Eadem, sed aliter*. Je souffre d'amour, bientôt j'aurai mal aux dents : ce n'est pas la même chose, c'est toujours aussi douloureux. L'histoire n'a d'autre sens que le changement des vêtements. C'est dire que la philosophie de l'histoire est, pour parler comme Carlyle, une « philosophie des habits ». Au point de vue du pessimisme ou du réalisme empirique la douleur n'est pas distincte de l'histoire. C'est pourquoi Schopenhauer refuse d'écrire ce « chapitre sans fin » dont la sèche conclusion serait le « Je souffre, donc je suis ». Pour écrire ce chapitre il faudrait commencer par lire Hérodote : « Celui qui a lu Hérodote a étudié assez l'histoire pour en faire la philosophie ; car il y trouve déjà tout ce qui constitue l'histoire postérieure du monde : agitations, actions, souffrances et destinée de la race humaine, telles qu'elles ressortent des qualités en question et de la constitution physique du globe. »[190]. Tite-Live, Tacite, Suétone nous permettraient d'écrire des sections différentes de ce chapitre sans fin ; mais pour le philosophe il ne s'y trouverait rien de nouveau et on l'accuserait de donner dans « une

189. *Monde*, § 57.
190. *Monde*, Supl. XXXVIII.

pure déclamation sur notre triste destin... on l'accuserait là-dessus de partialité, sous prétexte que tous les traits de la peinture seraient des faits particuliers »[191]. Voilà pourquoi le chapitre sans fin ne sera pas rédigé, sans que le soutien qu'apporte l'idéalisme transcendantal de la philosophie de la tragédie au réalisme empirique du pessimisme soit, le moins du monde, ébranlé.

On s'explique mieux l'épanouissement de la conscience tragique fondement du pessimisme, et l'originalité de Schopenhauer dans l'idéalisme allemand s'affirme encore plus nettement. Entre tous les grands, Kant, Fichte, Schelling, Hegel, il est le seul qui ait refusé d'intégrer — d'une manière ou d'une autre — l'histoire en son système. Il n'est pas incorrect de dire qu'il a agi avec prudence, montrant d'abord que l'histoire n'était pas une science au sens de *Wissenschaft*, ni un progrès et concluant qu'elle est pure répétition pour les yeux de l'âme. S'est-il intéressé à la pensée hégélienne montrant dans l'histoire l'itinéraire *sensé* de l'Esprit ? On peut en douter. On sait qu'il tenait Hegel pour un charlatan. Pour lui l'histoire, loin d'être une philosophie, au sens de Hegel ou même de Fichte[192], n'était qu'une poésie désolante, faite non pas de pieds, mais de croche-pieds. C'était dans l'idéologie allemande une vraie révolution que d'affirmer que l'histoire n'est qu'une succession de faits, qui sont autant de défaites.

C'est cela qui constituait le pessimisme de Schopenhauer.

§ 53. L'éthique non-cartésienne.

D'un point de vue supérieur deux conceptions s'enchevêtrent désormais dans la pensée de Schopenhauer. La première est ce que nous nommerons un panthéisme de la douleur, que l'individu non philosophe comprend plus ou moins bien, mais qu'il éprouve assurément. La seconde est la compréhension philosophique que le monde est un néant axiologique. Ce qui assure la circulation entre ces deux conceptions c'est, bien entendu, la souffrance, mais aussi l'effritement toujours plus accentué de l'*ego*. Presque au terme de la spirale la pensée de Schopenhauer semble suivre les nombreux méandres d'une rivière. Mais chacun d'eux doit être considéré comme un fil de glace qui s'unissant avec d'au-

191. *Monde*, § 59.

192. Klaus Hammacher, *Comment Fichte accède à l'histoire*. Archives de philosophie, 1962.

tres formera une aiguille, elle-même destinée à se coaliser avec d'autres dans un bloc de glace absolument rigide.

On donnera un exemple de la difficulté que rencontre dès lors l'interprétation. Achevant le *Monde* Schopenhauer cite les mystiques : Maître Eckard, Angelus Silesius, Tauler, Luther, Fénelon — et bien d'autres. Parmi ces derniers nous rencontrons Madame Guyon. L'auteur du *Monde* cite un passage de ses œuvres spirituelles bien remarquable : « Midi de la Gloire, jour où il n'y a plus de nuit, vie qui ne craint plus la mort dans la mort même, parce que la mort a vaincu la mort, et que celui qui a souffert la première mort ne goûtera plus la seconde mort »[193]. Il est évident qu'on ne peut saisir l'intention de Schopenhauer, apôtre du néant, qu'en écrivant en miroir le texte : « Minuit de la Gloire, nuit où il n'y a plus de jour, mort qui ne craint plus la vie dans la vie même ; parce que la vie a vaincu la vie, et que celui qui a souffert la première vie ne goûtera plus la seconde vie »[194]. La doctrine de Schopenhauer culmine dans l'apothéose, non de la lumière, mais de la nuit, non dans la sanctification de la vie, mais dans le silence divin de la volonté parvenue à sa négation et le vrai triomphe de l'Être est celui du Néant.

Il faudra donc lire et interpréter avec autant de prudence que d'audace — c'est la condition pour parvenir au plus profond de la pensée de Schopenhauer. On a expliqué comment la douleur est le fond de toute vie[195]. C'est précisément ce que nous désirons nommer le panthéisme de la douleur. Que l'on puisse affirmer, en conséquence, que par rapport à l'intellectualisme de Descartes, le « Je souffre, donc je suis » se donne comme fondement d'une philosophie de l'affectivité[196], rien ne nous semble plus juste — mais nous savons derechef que nous accomplissons un pas dans le chemin où l'on aspire au néant. Mais il convient d'éprouver cette formule. Il est clair que la souffrance n'est pas un élément simple et nous l'interrogerons dans son affirmation la plus voilée. Ne pourrai-je dire, dans le même registre de la conscience affective : « *J'aime, donc j'existe* » ?

193. *Vie de Madame Guyon,* II, 13.

194. Cette transcription est d'autant plus légitime que sous l'influence de la pensée indienne, Schopenhauer considère la renaissance, ou seconde vie, comme une seconde mort.

195. *Monde,* § 56.

196. F. ALQUIÉ, *La conscience affective.* F. Alquié trouve en l'impuissance cartésienne à se tenir dans les limites du simple savoir, tandis qu'elle se dépasse vers Dieu, le signe de la présence de la conscience affective. Cf. p. 125.

Quand deux êtres s'unissent d'amour ne se garantissent-ils pas l'un à l'autre la vérité de leur existence dans la joie ? Comment voir *a priori* les dures souffrances qu'ils se préparent ? Schopenhauer dans la Métaphysique de l'amour ne fait pas le détail, s'appuyant aussi bien sur les enseignements de la Métaphysique de la Nature que sur les leçons de l'expérience : « Les mariages d'amour sont conclus dans l'intérêt de l'espèce et non des individus »[197]. Et encore : « Ce ravissement plein d'ivresse qui saisit l'homme à l'aspect d'une femme dont la beauté est conforme à ses désirs et qui fait briller à ses yeux l'union avec cet être comme le *comble du bonheur*, c'est bien le sens de l'espèce »[198]. — « Ici donc comme, dans tout instinct, la vérité a pris la forme d'une illusion pour agir sur la volonté » — « L'amour n'est qu'un instinct déguisé » — « Les amants parlent en termes pathétiques de l'harmonie de leurs *âmes* ; mais cette harmonie n'est autre chose... que cette convenance de leurs *natures* capables d'assurer la perfection de l'être à engendrer : cette convenance présente sans nul doute beaucoup plus d'importance que cette harmonie des âmes, qui, souvent peu après le mariage, dégénère en une criante discordance ». Nous sommes bien victimes de l'illusion tandis que nous interprétons la *convenance de nos natures* en *harmonie de nos âmes* et comme l'illusion ne dure pas toujours, à l'entente des sexes succède inévitablement le malentendu des âmes. Schopenhauer se situe ici dans la lignée des grands moralistes, avec cet avantage qu'appuyé sur une métaphysique, il peut, croit-il, voir légitimement en l'amour une illusion tragique qui constitue tout à la fois la grande affaire des mortels et leur supplice poignant, s'il est vrai que les sourires et les charmes — pour ne rien dire d'autre — sont autant de coups d'épée de la Volonté de vivre. La philosophie aperçoit dans l'amour la triste opération de la Volonté de vivre, qui ne cessant d'alimenter la plus vive douleur du cœur humain, conduit inexorablement au « Je souffre, donc je suis. »

Ainsi le plus superficiel examen nous montre que la vérité intérieure du « J'aime, donc j'existe » est ce nouveau *Cogito* qui s'explicite dans la souffrance. Au demeurant le passage de la formule de l'amour à celle de la souffrance est *direct*. Il existe des tragédies et l'amour se voit bien obligé de se reconnaître dans la douleur : « De même, pour un amant passionné, la

197. *Monde*, Supl. XLIV.
198. *Ibid.* — de même pour tous les textes cités.

perte de sa bien-aimée, enlevée par un rival ou par la mort, est une douleur qui *surpasse les autres* ; c'est qu'elle est de nature *transcendante* et qu'elle ne l'atteint pas seulement en tant qu'individu, mais aussi dans son *essentia aeterna,* dans la vie de l'espèce, dont la volonté spéciale et l'ordre le faisaient agir. »[199]. La jalousie — dont nous avons pu déjà souligner la sottise — est un mal terrible d'une part parce que l'*ego* voit s'opposer à lui la Volonté de vivre et que d'autre part, il a beau se sonder, il verra toujours en sa personne un vase bien trop petit pour contenir les flots de colère et de rage qui détruisent son cœur. Le génie de l'espèce apparaît en toute sa fourberie : « Cupidon, en dépit de son aspect enfantin, note Schopenhauer, est un Dieu hostile, cruel, et par suite décrié, un démon capricieux et despotique, et malgré tout maître des dieux et des hommes ». Ses attributs donnent, en effet, à réfléchir : des flèches meurtrières, la cécité et des ailes, voilà ses attributs. Les dernières indiquent l'inconstance, inconstance qui ne commence qu'avec la désillusion, elle-même suite de la jouissance ». Aveugle, Cupidon ne manque jamais son but et perce les cœurs où et comment il le veut, et sombre génie de l'espèce, passée la jouissance, il prête aux esprits des ailes afin qu'ils volent et se cognent partout.

La pensée tragique se formule ici avec une redoutable simplicité et révèle la *diabolicité* de la volonté de vivre. Que l'amour ne soit qu'un masque ou un piège, occultant le panthéisme de la douleur, il suffit de tirer un peu le rideau pour s'en apercevoir. Nous avions vu comment, réfléchissant sur l'histoire de la philosophie, Schopenhauer doutait qu'on puisse comprendre l'*alter ego.* Il affirmait qu'au fond on ne connaît bien que soi-même[200]. Il s'agissait de pensées, il est maintenant question d'existence et la doctrine ne varie pas. Quand deux amants s'épousent par amour, ce n'est sans doute pas par charité. Et puis après tout ils doivent avoir le sentiment de le vouloir. Mais les années passent et avec elles la transparence des âmes. Ils croyaient lire leurs plus secrètes pensées — les voici installés dans une intimité plus que banale. Le pur verre de la conscience s'est embué. Pourquoi pleure-t-elle ? Elle ne veut pas le dire, ne sachant pas d'ailleurs toujours bien précisément ce qu'elle a, mais sachant que tout passe. Ainsi naît la solitude. Elle dit : « Ce n'est rien », mais ce *rien* est *tout.*

199. *Monde,* Supl. XLIV.
200. Brockhaus, Bd. VI, p. 7.

Voici la conscience en elle-même murée et dans la profondeur de la douleur, sous le voile tutélaire de la banalité, l'*ego* se recroqueville. On ne trouve pas dans la pensée de Schopenhauer une perte de l'innocence et de la transparence semblable à celle imaginée par Rousseau[201]. Tout simplement, aveugle, le génie de l'espèce s'est détourné : le couple est brisé et il ne reste que deux monades abandonnées à la souffrance comme fond de toute vie. On devrait nommer cet état la *fausse extase* de la conscience vers le rien. En somme elle n'a rien compris et jamais la profondeur n'a pu paraître aussi creuse.

Quelques réflexions auront ainsi suffi pour détruire tout ce qui nous semble former le vrai bonheur de l'existence. La Volonté de vivre dépasse les individus en les utilisant comme purs moyens et les laissant derrière elle institue une monadologie involontaire. On découvre ici une idée qui n'a jamais cessé d'accompagner Schopenhauer — comme le prouvent les textes sur la métaphysique de l'amour — mais qui ne se laisse pas exprimer aisément. Puisque nous sommes renvoyés au panthéisme de la douleur, et que toute vie n'est plus qu'une *pathographie,* à elle-même plus obscure que claire, le *Cogito* ne peut plus être, comme le voulait Descartes, le point fixe et immobile autour duquel s'ordonne. Hormis la certitude de notre mort, l'avenir nous est fermé ; et regarder en arrière ne nous conduit qu'à la confusion, au faux, faux comme une fausse note. Cela s'appelle la banalité. Elle consiste à être un *centre* dans la mesure où la fine pointe de l'existence, loin d'être le lieu d'une géométrie métaphysique où tout se dispose, n'est plus qu'un moment déterminé par les influences excentriques. A la philosophie cartésienne, que Hegel même n'avait pas abandonnée, se substitue une philosophie qui veut bien voir dans le cœur humain une *référence,* un *ego* affectif, mais qui n'est qu'un vide où allègrement et sans préséance s'engouffrent les richesses, les amours, les déceptions, les haines. L'*ego* n'est plus un principe de clarté et d'orientation : il est un brouillard. Une éthique cartésienne n'est plus pensable.

Mais pour mieux saisir la pensée de Schopenhauer dans ses réflexions sur l'amour, il faut être non seulement moraliste, mais encore philosophe. Quand Madame de Schomberg s'extasie sur une pensée de La Rochefoucauld et trouve bien juste qu'on écrive : « L'esprit est toujours la dupe du cœur »[202], son rai-

201. J. Starobinski, *Jean-Jacques Rousseau, La transparence et l'obstacle.*
202. Extrait des *Portefeuilles de Vallant.*

sonnement strictement « moraliste » n'atteint pas la hauteur où réside la pensée de l'auteur du *Monde.* Certes Schopenhauer veut retracer le sceau de la vie avec le stylet de la souffrance. Mais ce n'est pas son unique intention : il veut à ce point énerver le *Cogito,* déjà ramené au « Je souffre », qu'on puisse l'ériger en principe de la non-philosophie [203]. *Magie de la volonté* ! Sans doute Schopenhauer n'est-il pas totalement original quand il parle de l'amour. Mais pourquoi faudrait-il que la vraie philosophie soit originale à chaque page ? S'il devait en être ainsi le mot d'originalité ne conviendrait pas — c'est d'excentricité qu'il faudrait parler. La métaphysique de l'amour nous enseigne que loin d'être délivré et situé en lui-même par cette passion funeste, l'homme est bien plutôt arraché à son socle et projeté en dehors de soi. La pensée classique chez Descartes comme chez Pascal s'est montrée soucieuse du problème du *centre.* Ainsi l'auteur du *Discours de la Méthode* dégage l'idée de deux centres : le premier, idéel au sens de *Ideal-Grund,* est le centre fini mais clair constitué par le *Cogito* et ce centre fini correspond à un second, réel au sens de *Real-Grund,* qui est Dieu lui-même [204]. Mais Schopenhauer, lu dans le sens le plus relâché, nous enseigne tout autre chose : dans le meilleur des cas l'*ego* s'effondre et se dilue dans la souffrance et dans l'affectivité, et quand il croit en l'amour trouver quelque fixité, qui pourrait servir de référence cartésienne, il se perd en fait dans le brouillard et dans la brume. L'amour qui orne notre morne vie comme un diamant étincelant, n'est qu'un instinct aveugle : « Ici donc comme dans tout instinct, la vérité a pris la forme d'une illusion pour agir sur ma volonté » [205].

A ce point la pensée de Schopenhauer pourra paraître difficile si on ne l'exprime pas aussi bien du point de vue de la philosophie que de la conscience commune. C'est elle qu'il faut laisser parler la première : elle nous dira, à la fin, qu'elle est perdue, noyée, connaissant sans doute son point fixe, la mort, mais ne sachant où le situer [206]. Plus sérieusement questionnée elle dira que la mort est le vide, en quoi elle a certes raison

203. Le concept de non-philosophie relevé ici chez Schopenhauer est bien différent de celui que Fichte, aiguillonné par Jacobi, propose, cf. A. PHILONENKO, *La liberté humaine dans la philosophie de Fichte.*

204. Nous ne pouvons ici développer cette dialectique ; nous l'indiquons seulement.

205. *Monde,* Supl. XLIV.

206. MASSILLON, *Œuvres complètes,* Paris, 1823, T. V : « Ce point de vue fixe et certain » (l'heure de ma mort), p. 161.

de son point de vue, sans oser s'avouer que le brouillard qui compose sa vie n'est pas moins vide. La pensée philosophique de la tragédie pourra poursuivre en indiquant ce tête-à-tête du vide avec le vide, vide de la vie — vide de la mort et elle pourra suggérer en ce creux métaphysique que du discours inconsistant du Soi avec lui-même, ne subsiste qu'un sentiment du *vague*, ultime débris du *Cogito* cartésien. A ce niveau pleurer n'est plus seulement commencer à penser, mais avoir pitié de soi. C'est ce qui explique la genèse de nos plus merveilleuses illusions. On pleure en écoutant l'histoire de Roméo et Juliette, lisant *La Nouvelle Héloïse* on devient sérieux et l'on se fait méditatif en participant aux souffrances du jeune Werther.

Cependant la réflexion philosophique devra faire un pas de plus. Ainsi un sentiment vague s'est substitué au *Cogito*. Un brouillard s'est levé, qui ne m'enseigne pas seulement que la vie est une pathographie et la souffrance le fond de toute existence, mais qui aussi *efface les limites de mon moi*. Voici que, dupe de l'espèce, dans les larmes de pitié que je verse sur moi, je renonce aux remparts orgueilleux du *Cogito*. Précisément parce que je comprends que je n'étais qu'un jouet, alors que je me croyais un sujet, le sentiment du vague déborde en moi et je découvre que mon être-au-monde est une partie aussi indécise qu'évidente du monde et de la nature tout entière. Il faut reprendre les vers de Byron :

> « Are not the mountains, waves and skies a part
> Of me and of my soul, as I of them » ?[207].

Dans mon délaissement j'appartiens à l'Être comme lui à moi. L'éthique non-cartésienne et la vraie philosophie s'érigent. Car l'Être pourrait bien lui aussi, d'une certaine manière se délaisser et le brouillard se transfigurer en *repos*.

§ 54. **Cruauté et pitié.**

On comprend comment Schopenhauer peut affirmer sans cesse la parole sacrée des *Vedas* : « *Tat twan asi* »[208] : « Tu es ceci ». C'est un écho direct du panthéisme de la douleur qu'il expose — c'est aussi sa manière d'expliquer l'intime union de l'artiste et de son sujet. On a beaucoup écrit sur l'attachement manifesté sans relâche par Schopenhauer à la pensée de

207. BYRON : « Les montagnes, les ondes et les cieux ne font-ils pas partie de moi et de mon âme, comme moi de la leur ? ».

208. *Monde*, § 63.

l'Inde. Il eut été préférable de reconstituer, comme on a tenté de le faire, le long cheminement intérieur qui le conduisait à la retrouver comme fidèle miroir de ses pensées. « Tu es ceci » ! Nous venons d'assister à l'effondrement du *Cogito* (le « Tu » dans le « Tu es ceci »). Il serait logique que le « ceci » s'effondre à son tour. Le corollaire de la destruction du *Cogito* est l'apothéose du Néant et le panthéisme de la douleur doit faire place au nihilisme[209]. Le chemin est moins spéculatif que pratique ; il demande moins d'intelligence que de patience. L'*ego* destitué de ses titres et repoussé en ses prétentions se replie dans l'égoïsme. Il faut donc que dans la lugubre lumière de la souffrance, l'*ego* se consume et renonce à soi.

Il ne sera pas nécessaire de décrire toutes les étapes. Qu'il suffise de dire que l'embûche première et dernière est la cruauté, qui est un peu plus que de la méchanceté. Dans les Leçons de Berlin Schopenhauer distingue cruauté et méchanceté quelque peu scolastiquement[210]. Cette distinction n'a pas une grande importance, selon nous, si l'on comprend que le refuge ultime du *Cogito* est dans ce qui unit cruauté et méchanceté : la claire jouissance de la souffrance d'autrui[211]. C'est une racine qui prolonge l'arbre de l'égoïsme — racine aussi étrange qu'inexplicable, puisque, tout bien considéré, on ne voit pas en quel sol elle plonge. La cruauté, dit Schopenhauer, est sans finalité ; elle est *zwecklos*. Sa dialectique est limpide : elle croit, selon *l'apparence*, diminuer nos souffrances en contribuant à augmenter *en réalité* celles d'autrui. Née de l'égoïsme — à moins que ce ne soit l'inverse et que l'égoïsme en procède — la cruauté n'est pas naïve. Elle ne recherche pas le bonheur platement égoïste qu'on espère obtenir en se servant de la souffrance d'autrui comme d'un *moyen* en vue d'arriver à ses fins. La cruauté n'a d'autre fin, si c'est une fin, que la jouissance de soi procurée par le miroir où le tourment d'autrui se manifeste. Sans jeu de mots, il n'est rien de plus *spéculatif*. Si la connaissance du caractère acquis est un calmant, dont on peut abuser sans crainte, la cruauté, potentialisation de l'égoïsme, est un *excitant* bien redoutable car celui qui en use ne manquera pas, à la fin, de se trouver en un « état de manque ». La triste vérité de la philosophie nous oblige à reconnaître qu'il n'y a que l'homme

209. Heidegger dans son *Nietzsche* attribue à Paul Bourget l'invention de l'expression. On pourrait aussi penser à Tourgeniev et à Jacobi.

210. Deussen, X, p. 511.

211. *Ibid.*

cruel qui puisse dire : *ego sum, ego existo,* bien qu'il ait pour cela besoin d'un miroir, la torture de l'autre, qui lui renvoie son image ; l'homme cruel est un être métaphysiquement insondable. Il érige le principe d'individuation — c'est l'autre qui souffre et non pas moi pense-t-il — en loi de l'Être, tandis qu'il n'est qu'un principe des phénomènes. Entre le monde et lui-même l'homme cruel édifie une barrière ontologique, qui pour le philosophe n'est que phénoménale. C'est donc dans le sombre horizon de la torture que l'*ego sum, ego existo* se maintient, comme en sa dernière forteresse. L'homme cruel, écrit Schopenhauer, « prend tout à fait au sérieux les distinctions absolues introduites par le *principium individuationis* entre sa propre personne et tout le reste des êtres »[212]. On dira par conséquent, sans songer à quelque brillant paradoxe, que la cruauté est la figure ultime en laquelle le *Cogito* s'enténèbre. Parlant de la souffrance, sanglant miroir de l'*ego,* Schopenhauer dit : « *C'est un spectacle qui berce* »[213]. Soif de sang — Néron, Domitien. Un spectacle n'est pas un moyen ; il relève de la finalité sans fin, et la cruauté ne se confond pas avec l'égoïsme vulgaire par trop utilitaire. On ne se tromperait pas en disant qu'il existe une Esthétique de la cruauté — reléguant dans les bas-fonds de la médiocrité l'égoïsme — et qu'en celle-ci, justement parce qu'il ne s'agit que d'une finalité sans fin, la volonté, qui est *grundlos, s'affirme*[214]. La non-philosophie s'efface devant l'anti-philosophie et la cruauté émerge en son vrai visage : elle est la *subversion* de la pensée. C'est donc en ce point obscur et débile, que le *Cogito* se maintient, comme acte, opération ou substance — comme on voudra — séparé des autres êtres. La phénoménologie de la vie éthique dévoile ce principe *séparateur,* au sens de Boehme. Il ne faut plus seulement parler de diabolicité. Il faut parler du Diable.

Mais s'il a vu dans la cruauté un principe ultime, un excitant trop répandu, Schopenhauer n'a pas pour autant cru en sa cohérence. Sa métaphysique le lui interdisait. Car quoi qu'on fasse ou dise, l'homme cruel est un *phénomène* parmi d'autres. Il n'est rien de plus qu'une expression de la Volonté de vivre, qui, sans renier son unité ontologique, se diffracte dans la représentation. Expression du vouloir-vivre l'homme cruel ne peut en saine logique revendiquer un statut particulier qui ferait de

212. *Monde,* § 65.
213. *Ibid.*
214. *Monde,* § 67.

lui, métaphysiquement, une expression étrangère aux autres. Dès lors il est clair que surgissant dans la diversité phénoménale de la Volonté non moins que tout autre être, il est métaphysiquement uni à toutes les souffrances : « Il est cette Volonté, il est elle tout entière ; donc il n'est pas seulement le bourreau, il est aussi la victime »[215]. La cruauté, potentialisation farouche de la volonté de vivre au point de vue de la phénoménalité, rentre malgré elle dans la longue série des combats et des luttes qui déterminent le mouvement de l'Être. Il est facile dès lors de comprendre comment psychologiquement l'homme cruel sera aussi son bourreau. En sa « philosophie » inversée qui érige en loi de l'Être le principe d'individuation, il doit s'abandonner à l'affirmation de la Vie, se plonger dans le tunnel du temps, dans l'inquiétude, ou plutôt, le mot allemand étant plus clair, dans l'*Un-Ruhe*. L'essence des spectacles est de toujours finir par nous décevoir ; il faudra à chaque fois un peu plus de larmes et beaucoup plus de sang — mais le sentiment d'insatisfaction grandira et avec lui l'amertume, torture secrète du cœur. L'homme cruel devra se fatiguer, toujours se séparer de son passé pour inventer de nouveaux délices, qui seront autant de supplices lui réservant d'infinis tourments. Certes il fera des victimes ; mais pour chaque victime il sera lui-même doublement victime dans l'attente angoissée d'une nouvelle victime qui lui donnerait une double satisfaction. Au fond si la soif du sang ne cesse de s'augmenter, la langueur croît par rapport à elle en une proportion géométrique. Ceci nous apprend que la cruauté n'offre qu'un illusoire salut au *Cogito*. On peut ajouter qu'infiniment plus *zwecklos* qu'elle n'imagine l'être, la cruauté n'est pas un métier de tout repos.

On comprendra que Schopenhauer n'ait point voulu prononcer un discours *moralisateur* sur la cruauté. Le problème de la phénoménologie de la vie éthique n'est pas de dire ce que les hommes doivent ou ne doivent pas faire — il lui appartient seulement de mesurer le sens et la portée de ce qu'ils font. Au reste le *remords*, dont nous avons tant parlé, n'est pas inaccessible à l'homme cruel. On se lasse de tout, même des atrocités, et au fil des jours qu'étire la langueur, le bourreau peut en venir à désirer le repos et renoncer à la subversion métaphysique. Schopenhauer n'est pas assez dogmatique pour vouloir la mort du pécheur et César Borgia lui-même peut, un jour, prendre le sentier du salut. Si cruel qu'on soit on n'évitera pas les

215. *Monde*, § 65.

reproches métaphysiques intérieurs à la conscience. L'auteur du *Monde* le dit expressément : « Le voile de Maya... a beau couvrir d'épaisses ténèbres les regards du méchant, il a beau être enfoncé dans l'erreur du principe d'individuation... malgré tout, au fond de sa conscience, s'élève un secret pressentiment ; un tel ordre des choses, il le devine, n'est qu'une apparence »[216]. On sent bien que c'est le mot *apparence* qui a seul de l'importance : grâce à lui nous comprenons que l'homme cruel ou méchant est d'abord piètre métaphysicien. Et si l'on devait proposer une *règle* de morale, la première consisterait à encourager l'esprit à travailler la métaphysique. Il est certain que Schopenhauer n'a pas espéré, ni cru changer le monde. Ce ne sont pas les synthèses à la mode allemande qui le pourraient. Chaque jour l'esprit recueilli peut assister à la subversion de la métaphysique, commise par la cruauté, qui alimente par sa perpétuation infinie la preuve apagogique de la nécessité de la destruction de l'*ego*. En fait le seul bénéfice que l'on peut retirer du spectacle de la cruauté, c'est qu'elle éclaire du dedans et par inversion la portée infinie de la doctrine de la pitié. D'un côté l'*ego* clair en son obscurité, si l'on peut dire, de l'autre la pitié obscure en sa clarté où s'opère une réduction de l'*ego*.

C'est à partir de ces considérations qu'il convenait d'aborder la doctrine de Schopenhauer concernant la pitié. On ne l'a pas fait et c'est pourquoi les meilleurs commentaires sont insuffisants. Loin de méditer en partant de la cruauté, entrevue dans sa dimension phénoménologique et métaphysique, mère de l'histoire et source d'une esthétique malfaisante, c'est avec une déconcertante naïveté qu'on s'est attaché à la pitié. Il faut du point de vue phénoménologique reconnaître l'effectivité de la cruauté en laquelle se soutient l'*ego* pour appréhender celle de la pitié qui voit sa dislocation — et simultanément il faut apercevoir dans la cruauté la subversion de la métaphysique et dans la pitié son instauration. Cette vue simultanée est d'autant plus nécessaire que structurellement la dialectique de la Volonté en son unité métaphysique et de la diversité phénoménale est identique dans les deux cas, à ceci près que l'orientation est exactement inverse et que ce qui est valorisé est du côté de la cruauté l'apparence et du côté de la pitié l'Être.

La pitié, comme la cruauté, est d'abord un spectacle. Mais en celui-ci un être devient une valeur positive pour un autre. C'est un fait indéniable, en sa signification indubitable, et qui

216. *Monde*, § 65.

nous assure que se forgent des liens entre les êtres qui sont autant de renoncements à l'*ego*. Avoir pitié, c'est d'abord penser à l'autre. Cela est peut-être vraiment *la pensée*. Cette fois l'*ego* craque de partout et tandis que l'égoïsme recule, un pas gigantesque est accompli vers le nihilisme. Max Scheler, en dépit de la justesse des analyses, des réflexions sagaces auxquelles il nous a habitués aussi bien dans le domaine de la phénoménologie que de la métaphysique, semble avoir entièrement manqué la signification de la pitié, en la ramenant on ne sait comment à son contraire : la cruauté. « Schopenhauer, écrit-il, prend l'*amour* de la souffrance et de la douleur, qui est inhérent à la sympathie, pour une pitié véritable, ayant sa valeur propre »[217]. Il cherche à étayer sa critique en soulignant comment les vocations médicales, qui conduisent à la vue du sang et des plaies, ont une source *morbide*. Le fait est sans doute exact, mais ce n'est pas la pitié qu'il faut invoquer comme fondement ; c'est son opposé : la cruauté — le contre-sens de Max Scheler est total.

Identiques structurellement, puisque dans les deux cas il se trouve un rapport entre l'Être et l'apparence, la cruauté et la pitié fonctionnent de manière divergente. La cruauté, on l'a vu, consiste à établir le principe d'individuation en loi de l'Être, donc à *distinguer*. La pitié, qui consiste à reconnaître que la souffrance de l'autre est ma souffrance, puisque nous ne sommes que des phénomènes issus d'une même volonté, consiste à *confondre*. Dans les deux cas de manière asymétrique c'est la valeur de l'autre qu'on nie ou qu'on affirme. Toutefois, murée dans l'*ego* la cruauté n'offre aucune issue, tandis que la pitié, à travers de fulgurantes apories — dont la moindre n'est pas la transformation du « Je souffre, donc je suis » en « *Nous* souffrons, donc le monde et nous existons, mais nous ne possédons aucune valeur » — ouvre un chemin inconnu. Schopenhauer affirme que la pitié est un *fait* naturel, mais pour ainsi dire *contre-nature*, puisqu'au lieu de se combattre les êtres se prêtent secours. Bien plus ! « L'égoïsme chez la bête comme chez l'homme, est enraciné fortement dans le *centre* même de l'être, dans son essence : disons mieux il est cette essence même »[218]. On n'invoquera pas une nouvelle fois la problématique du centre au siècle de Descartes et de Pascal. Mais il faut la mentionner pour comprendre la portée de la pitié, qui ruinant l'égoïsme,

217. Max Scheler, *Gesammelte Werke*, Bd. VII, p. 65.
218. Brockhaus, Bd. IV, p. 196.

est *décentration* et, sous ses formes les plus discrètes, déjà *abolition de mon essence.* La cruauté se veut opération de constitution du centre et soutien de l'essence, mais sa vanité ressort du fait qu'elle ne peut se mouvoir que dans l'apparence, tandis que la pitié levant les barrières phénoménales érigées par le principe d'individuation s'enracine dans l'unité métaphysique de l'Être. Qu'un mouvement de pitié, fait aussi simple qu'indéniable, que chacun de nous a pu éprouver à un certain degré, soit le levier abolissant la différence, c'est ce que Schopenhauer ne se lasse pas de nommer un mystère. « Par là seulement son mal à *lui,* sa détresse à *lui* deviennent pour *moi* un motif ; autrement seuls les *miens* me guideraient. Ce phénomène est, je le répète un *mystère* ; c'est une chose dont la raison ne peut rendre compte directement, et dont l'expérience ne saurait découvrir les causes. Et pourtant le fait est quotidien ». Après Malebranche Schopenhauer avait dit que la liberté est un mystère. La pitié est dans le mystère de la liberté le fond du mystère. Mystère de l'homme, du monde et de la mort enfin regardée sereinement... La cruauté ne va pas si loin. Sa totale ignorance de l'Être, son absence limpide de scrupules, font que potentialisation de l'égoïsme, elle en garde la clarté phénoménale en ne faisant autre chose que de suivre plus loin que d'ordinaire sa loi, sans pour autant la changer. La pitié substituant le « Nous » au « Je » dépasse et détruit la loi de la nature.

On dira que Schopenhauer n'a pas mesuré d'emblée la signification métaphysique de la pitié. Mais on commettrait une grave erreur en pensant qu'elle n'était pas déjà totalement supposée par la première édition du *Monde.* Si Schopenhauer peut dans *Le fondement de la Morale* lui reconnaître une fonction capitale, c'est que la métaphysique développée dans le *Monde* l'y autorise. Certes, horrifié par la terminologie de Hegel, qu'il juge barbare — comme celle de Kant ! —, il sera tenté par une expression plus littéraire et de ce fait plus ambiguë. Même les Leçons de Berlin, pourtant destinées à l'enseignement, n'échappent pas à un certain flottement dans l'exposition. Mais ce sont là des détails tout à fait insignifiants. Schopenhauer a aperçu avec une vigueur toujours croissante que la pitié était l'opération en laquelle la volonté de vivre en vient à se nier, puisque je cesse d'obéir à mes motifs. La parole sacrée des *Védas,* « Tu es ceci » trouve son accomplissement, le néant de l'*ego* entraîne la néantisation du « ceci ». Si je ne suis *rien,* dans la mesure où je suis vidé de tous mes motifs, le *ceci* que je suis supposé être est à son tour un néant.

Le problème qui se pose ici est synthétique ou, si l'on préfère, harmonique. Problème entièrement ignoré par la cruauté qui se nourrit de l'antithèse et de la discorde cacophonique... Dans un premier temps Schopenhauer, suivant les orientations de la phénoménologie de la vie éthique, semble avoir voulu conserver une « pincée » de subjectivité, de « Je ». Reprenant la thèse de Cassina, il précise que la pitié ne consiste pas à ressentir en *notre propre personne* les souffrances d'autrui[219]. A ce niveau la pitié est un spectacle douloureux, mais un spectacle quand même : « Nous ne cessons pas de voir *clairement* que le patient c'est lui et non pas nous »[220]. Mais nul ne niera que nous ne *sentions* la douleur de l'autre. Aussi, sans démentir son propos, Schopenhauer doit admettre que je *sens* la douleur d'autrui et par-delà le spectacle j'en possède une compréhension qui n'est pas seulement intellectuelle — voir *clairement* que le patient c'est lui — mais affective et que le bouleversement qui m'envahit devant les larmes, les cris, le sang, ne s'explicite pas en purs concepts. Dès lors une nouvelle et ultime correction de la pensée philosophique est nécessaire. Il n'est plus possible de s'en tenir au « Je souffre, donc j'existe ». Dans l'interminable tête à tête de l'existence phénoménale et de la souffrance, émerge l'unité transcendante du Toi souffrant et du Je malade de compassion. Toutes les barrières de la métaphysique classique volent en éclats. Le Toi n'est pas sans le Moi et inversement, et cette harmonie éclate triomphante dans l'aspiration indivise à quitter le monde visible, à cesser de vouloir, pour se réfugier par delà l'Être de la Volonté dans le pur néant. Ainsi l'*ego*, questionné au niveau de la dialectique affective, n'est plus en mesure de conserver son orgueilleuse autonomie que les cartésiens, grands et petits, s'employaient à défendre. Ce qui maintenant émerge est le *Mit-sein*, expression à peu près intraduisible chez Schopenhauer. Elle signifie aussi bien vivre ensemble en un même temps et en un même lieu que travailler et souffrir ensemble. « *Mit-sein bedeutet Mit-Leiden* ». Être ensemble signifie souffrir ensemble et toute souffrance (*Leiden*) est « une mortification de la Volonté et par là même se trouve être une exhortation à la résignation ; au point de vue de la possibilité elle possède une force sainte »[221]. Ce vivre-ensemble, qui émerge de la pitié, qui conduit à la résignation s'éprouve

219. Brockhaus, Bd. IV, p. 211.
220. Brockhaus, Bd. IV, p. 211.
221. Deussen, X, p. 563.

de la manière la moins intellectuelle qui se puisse imaginer. La pierre angulaire de la métaphysique est une ombre énigmatique qui, issue de la douleur, se nomme pitié. Nous voici devant les ténèbres dont les enfants ont peur[222]. Si tout est dans le phénomène douleur, s'il est vrai que tout authentique amour est *Mitleid*[223], que faisons-nous sur cette Terre ?

§ 55. **Que devons-nous faire ?**

C'est une question bien simple et que les Russes adorent. Mais le malheur est que l'intelligence ne peut jamais y répondre et que la conscience affective peut seulement la poser. La réponse, s'il en est une, celle qui serait à la fois une *Vollendung der Vorstellung* et une *Vorstellung der Vollendung*, une fin de la représentation et une représentation de la fin, sera donnée par *la philosophie de la tragédie*, si elle parvient à nous faire comprendre que le monde n'a de sens que dans la représentation et que dans la rigueur métaphysique cette représentation n'est rien que nous-mêmes. Nous le comprendrons avec peine : l'enfant a peur dans le noir parce qu'il s'identifie à ce noir et que celui-ci n'est rien.

Mais la philosophie a déjà tant pleuré qu'elle ne saurait plus se conduire comme un enfant. Elle sait ce que nous faisons sur cette Terre. Nous souffrons. Et nous souffrons sans raison, sans motif et sans gloire. Nous souffrons sans jamais pouvoir acheter un gramme de salut et le pélagianisme n'est qu'une croyance bourgeoise et barbare[224]. Prenons un exemple. Ce n'est pas parce que nous devons espérer une future récompense que nous devons accomplir un acte qui « nous coûte ». L'espérance est une idée momie qu'il faut ensevelir dans l'arène du monde. Puisque nous ne faisons que souffrir, la réponse à la question : « Que faut-il faire ? » est très simple. Nous devons nous efforcer de devenir les enfants de la nuit en abolissant peu à peu la force du ressort de la volonté de vivre qui se manifeste en nous. C'est un exemple de la *négation de la volonté de vivre* parmi d'autres, car Schopenhauer en cite de multiples. On ne manquera pas de souligner qu'il se trouve ici, non un *impératif*, mais un *conseil*. La pitié, qui ouvre le chemin de la résignation, est entièrement opposée à tout impératif : elle ne

222. *Monde*, § 71.
223. Deussen, X, p. 531.
224. *Monde*, § 70.

se commande pas et c'est pourquoi elle est fondement de la morale — en effet, elle nous permet d'expliquer des actes que nous jugeons « moraux » parce qu'opposés à l'égoïsme —, elle n'est pas principe de la morale. Que ce soit la pitié, l'oubli de soi, etc., peu importe — ce que nous devons faire, si notre *nature* nous guide, consiste à emprunter un des nombreux sentiers qui conduisent à la délivrance.

Schopenhauer aurait pu écrire en tête de son livre fondamental le vers célèbre de Dante : « Vous qui entrez ici, perdez toute espérance »[225]. C'est au *principe d'espérance* qu'il faut renoncer. Cela se fait souvent en nous sans nous. Dans le *Monde* Schopenhauer cite un exemple frappant : « Nous voyons tous les jours, dans la vie réelle, des malheureux, qui ont appris à connaître toute l'amertume de la souffrance, monter à l'échafaud, aller au-devant d'une mort ignominieuse, horrible, cruelle, avec une entière force d'âme, dès qu'ils ont perdu toute espérance »[226]. Certes l'ascétisme des saints nous paraît plus intelligible ; si leur renoncement nous paraît plus laborieux, mais aussi plus clair en son développement, c'est qu'il s'étire dans le temps, de lutte contre soi devient une habitude qui finit par s'épanouir en manière d'être. Mais ce long cheminement ne conduit pas plus loin que la subite résignation du grand criminel. On ne médite pas assez sur la brutale *conversion* au néant de certains criminels, parmi les plus atroces, alors qu'on peut y voir la chute aussi décisive, brutale qu'inattendue du *principe d'espérance,* qui est le noyau de la torture de l'âme. Les saints et les martyrs sont patients, le criminel est tout d'un coup *décidé*. Et tous se rejoignent dans le refus du monde.

La spirale du *Monde* comme *Volonté* et *Représentation* s'achève. Sans doute peut-on trouver quelques conclusions *morales*. Elles ne changeront rien à la stratégie qui a permis de remporter sur le cartésianisme une victoire décisive. Il faut se garder de trop insister sur les similitudes que Schopenhauer a cru pouvoir discerner entre sa doctrine et les pensées religieuses aussi bien nées sur la terre du christianisme que sur celle de l'Inde. Il nous a suffi de transcrire un propos de Madame Guyon pour apercevoir la richesse de la gamme de l'exégèse de Schopenhauer. Vouloir déterminer avec précision tous les moments du subtil agencement par lequel Schopenhauer veut accorder les degrés du renoncement aux vertus distinctes

225. DANTE, *La divine Comédie, Inferno,* ch. III.
226. *Monde,* § 68, « *... nachdem ihnen alle Hoffnung gänzlich genommen ist.* »

que le christianisme, par exemple, célèbre, serait propre à susciter des contre-sens. C'est que, l'espérance ensevelie, les saints et les criminels, par des sentiers certes divers, en viennent à conquérir une égale force d'âme. Que Schopenhauer ait beaucoup insisté sur l'ascétisme, « anéantissement réfléchi du vouloir »[227], on le comprendra aisément. Mais il ne faut pas se dissimuler qu'il ne s'agit que d'un sentier et qu'au regard de la souffrance, maîtresse du monde, tous les sentiers sont égaux. Cette relative impuissance de la philosophie à établir des distinctions nous enseigne que la *grandeur ne s'apprend pas*. Elle peut venir à l'aube silencieuse frapper à la porte de la prison ou en une nuit trop longue naître de notre méditation insomniaque sur le sens de notre vie. En un sens banal, c'est comme la musique : on comprend ou on ne comprend pas.

Faut-il énoncer ce qui peut se présenter comme principe en l'éthique de Schopenhauer ? Il semble que cela s'impose pour éviter toute confusion. Le principe est double. Tout d'abord ne pas faire à autrui ce qu'on ne voudrait pas qu'on nous fasse et par extension : « *Neminem leadere, suum cuique tribuere* »[228]. Ne léser personne, attribuer à chacun ce qui est sien. On verra là, comme le veut Schopenhauer, une règle de justice, déjà énoncée dans le droit romain, plus qu'un impératif moral. Ensuite le philosophe énonce un principe *positif* : « Aider autrui, autant qu'il est possible » « *Omnes, quantum potes, juva* »[229]. Ces deux principes ne sont que des *conseils*. Sans doute le second s'exprime sous la forme impérative. Mais aider autrui, c'est éprouver pour lui de la pitié, ou de la charité, et l'on sait que la pitié ne se commande pas. Quant au principe *négatif* « *Neminem laede* », c'est une règle de *prudence* dont l'application, en fait comme en droit, est très difficile. En fait parce que cela suppose non seulement une théorie, mais une pratique de l'État et de la justice[230]. En droit parce que, sur ce seul principe appuyé, on ne trouvera jamais de raisons assez fortes, même si ce sont de *bonnes* raisons, pour parvenir à la réduction de l'égoïsme, phénomène monstrueux, mais bien naturel, qui rapporte tout au moi. Schopenhauer a été si conscient de la limitation de ses principes qu'il a écrit : « A l'aide de motifs choisis, on peut imposer

227. *Monde*, § 68.

228. Brockhaus, Bd. IV, p. 217.

229. Brockhaus, Bd. IV, p. 230.

230. Nous pensons, tout bien considéré, que le problème politique est tout empirique chez Schopenhauer. Nous renvoyons à l'excellent article de Mme Simone GOYARD-FABRE, *Études philosophiques*, 1978, n° 4.

aux hommes la *légalité*, mais la *moralité* non pas ; on peut changer leur *conduite*, mais non leur volonté en elle-même : or c'est de la volonté seule que vient toute valeur morale »[231]. Tout au long de sa théorie de la morale, Schopenhauer a été soutenu et conforté par un seul argument : rien ne justifie qu'on ajoute, si peu que ce soit, à la souffrance du monde. Seule vaut la compassion (*Mitleid*) qui ne s'embarrasse pas de casuistique[232]. Au demeurant Schopenhauer ne peut se placer dans une perspective éthique semblable à celle de Fichte : il n'y a rien à ajouter, ni à retrancher puisque tout est déjà inscrit dans le monogramme de notre caractère intelligible. Nous pouvons tout au plus tenter de comprendre, mais souvent nous comprenons mal, car les grandes pensées viennent du cœur et ce dernier est trop souvent sec. On dira que ce *fatalisme* éthique n'est pas compatible avec le renoncement, qui demeure un acte de liberté. C'est peut-être une contradiction *philosophique*, mais il est moins sûr que ce ne soit pas l'expression de la malheureuse vie humaine. Ce manque de compréhension conduit au suicide et Schopenhauer le condamne. C'est être injuste envers soi-même que de s'ôter la vie ; injuste en un sens bien précis : ne pas s'accorder ce que l'on doit s'accorder : vivre, si possible de la vie des saints, s'accepter et ne pas être envers soi égoïste. Tout cela composé et réuni donne naissance à une faute qui n'est qu'une bêtise due à une compréhension bornée. Schopenhauer l'a maintes fois expliqué[233] : celui qui veut se tuer ne désire pas la paix de la mort, mais vivre *autrement*. « Dans le suicide, écrit-il, loin de se nier la volonté s'affirme avec une intensité farouche et aveugle ». En fait dans le suicide « la volonté s'affirme... par la suppression même de son phénomène, parce qu'elle ne peut plus s'affirmer autrement ». L'auteur du *Monde* n'a pas voulu se rallier aux Stoïciens affirmant que le sage pouvait se donner la mort pour sortir du monde comme on sort simplement d'une pièce emplie de fumée.

L'ultime expression de la morale, la réponse à la question de savoir ce que nous devons faire, va se formuler avec une netteté qui ne laisse rien à désirer. Nous avons peut-être compris que la douleur est l'essence de la vie et qu'il est stupide de se suicider. Aussi sommes-nous dans les ténèbres d'un cachot et nous souffrons — le philosophe *peut-être* plus que les

231. Brockhaus, Bd. IV, p. 255.
232. Brockhaus, Bd. IV, p. 236.
233. *Monde*, § 69, Deussen, X, p. 567.

autres puisqu'il sait que derrière les murs du cachot il n'y a rien. Puisqu'on ne peut imaginer plus grande tragédie, la règle de la morale consistera à tout simplement *tenter* de ne pas nous conduire comme des imbéciles et à *économiser* les ressources de notre esprit pour attendre la mort dans une calme et sereine attente. C'est ce que fit Schopenhauer. Comme les mystiques qu'il fréquentait assidûment, il aimait la brièveté, mais aussi, on aura pu s'en apercevoir, à se répéter. Il a très vite compris que les murs du cachot étaient solides. L'insuccès de la première édition du *Monde*, ouvrage en lequel il avait dépensé tant d'intelligence et de cœur, le désastre de son enseignement à Berlin, avaient contribué à renforcer les murs. En 1850 son œuvre était toujours inconnue. Il se plaignait à Frauenstaedt de ne point trouver d'éditeur, tandis que Herbart, Rosenkranz, Chalybaeus publiaient leurs extravagantes rêveries où et quand ils le voulaient. Mais il avait acquis assez de sagesse pour commenter cette situation dans les termes suivants : « Mon cas est contrariant, mais non pas humiliant, car les journaux viennent d'annoncer que Lola Montès a l'intention d'écrire ses mémoires et déjà des éditeurs anglais lui ont offert de grosses sommes ». Il ne fallait pas seulement de l'humour pour s'exprimer ainsi, alors qu'on ne doutait point d'être un grand philosophe. Schopenhauer avait compris qu'il parlait dans un monde désert et malade d'inconscience. A partir de cette année de 1850 la gloire commence cependant à frapper à sa porte. Expliquer comment serait une longue histoire qui n'intéresse pas la réflexion philosophique. Schopenhauer pu la voir grandir, cette gloire, sans pour autant s'y attacher. Il ne chercha pas à sortir de sa réserve ; peut-être peut-on seulement souligner que ses derniers écrits furent plus caustiques. Mais en réalité il avait assez appris de sa philosophie pour respecter un proverbe espagnol qui dit à peu près ceci : *Je suis ce que je suis*. Quand donc le matin du 21 avril 1860 son médecin, venant le visiter, le trouva mort, tassé sur son canapé, il fut frappé de voir un visage paisible, que nulle altération n'avait tourmenté. C'était bien. Car il avait toujours demandé que l'on prenne conscience que l'être du monde et l'être-au-monde n'étaient qu'apparences, indignes de troubler un cœur fier. Une philosophie de la tragédie s'inscrivait paisiblement dans la grande histoire de la philosophie.

ÉPILOGUE

Les dernières pages du *Monde comme Volonté et comme Représentation* sont intitulées : *Épiphilosophie.* Nous pouvons bien écrire un *épilogue.* Qu'en est-il advenu de la gloire de Schopenhauer ? Elle fut grande une soixantaine d'années et culmina vers 1913. Ce penseur, qui ne voulait pas que les langues séparent les hommes, est traduit fiévreusement. En 1913 une « société schopenhauerienne » se constitue en Allemagne sous la présidence de Deussen. On n'a pas encore cherché à traduire Hegel ni Schelling ; les sociétés hégéliennes sont bien modestes. Quel renversement ! Après la guerre de 1914-1918 Schopenhauer rentre dans l'ombre. Sans doute les publications et les études ne cessent pas ; leur rythme toutefois se ralentit. La même chose se passe pour Bossuet. Pendant la guerre on emportait du côté français *Les Méditations sur l'Évangile* de Bossuet ; du côté allemand les soldats — et parmi eux Hitler — fourraient dans leur barda un exemplaire du *Monde.* L'opposition laissera, sans nul doute, rêveur. Mais la conséquence qui devait s'ensuivre produira quelque stupeur : les travaux visant à nous procurer une édition critique et savante des œuvres de ces deux grands esprits s'arrêtèrent après la grande guerre. Il s'est produit une sorte de naufrage littéraire. C'est une chose fréquente dans le déroulement de grands événements. La Révolution française a enseveli Pufendorf que Schiller dans son poème, *Die Weltweisen,* saluait encore cent cinquante ans après sa mort. Où se trouve un centre de recherches scientifiques orienté vers une complète édition de l'œuvre de Pufendorf ? *Mutatis mutandis,* Schopenhauer et Bossuet ont subi le même destin. Sans doute le monde a été moins sévère envers eux : ils n'ont pas, du moins pour Schopenhauer, été abandonnés par tous les éditeurs. Il est significatif, toutefois, que les traductions de Schopenhauer aient touché le point le plus bas et rien n'indique qu'on se prépare à construire une édition savante et critique, semblable à celle de Fichte, qui achevée constituera un trésor de l'érudition, de Hegel ou de Schelling. Certes l'édition de Deussen est encore remarquable — avec quelques réserves pour les volumes comprenant la correspondance — mais elle est devenue inaccessible. Ne disons rien des *Specula*, tout est à faire.

La grande guerre a très certainement contribué en Occident à cet effacement de Schopenhauer. On ne relit pas volontiers un philosophe qu'on a fréquenté en une telle épreuve. En outre Schopenhauer écrivait contre l'histoire, son absence de sens, et le cœur humain, torve et orgueilleux quand il est couvert de médailles devait réagir. En Allemagne, dans la défaite même, on se prit à croire en l'histoire. On avait été battu certes, mais il ne manquait pas d'esprits pour dire qu'on avait été poignardé dans le dos et cela donnait à penser qu'il fallait effacer ce triste incident et retrouver la voie de la grande et véritable histoire. La résurrection de Hegel commença avec Haering, mais surtout Kroner. Du côté français la victoire enfanta des haines philosophiques — on vit naître ce que André Bridoux avec finesse appelait « la philosophie bleue horizon ». Au travers de ces influences aussi pesantes qu'incommensurables la phénoménologie de Husserl voyait le jour. Avec l'appui de la philosophie de Cassirer elle renvoyait Schopenhauer à l'étage de Berkeley, donc bien en dessous de Kant dans l'échelle imaginaire des philosophes. Déchu de sa couronne, Schopenhauer devenait le Berkeley teutonique. Triste fin.

Or c'est par le côté où on l'attend le moins que Schopenhauer demeure notre contemporain en sa vraie grandeur. On peut sans doute interroger les savants comme les apprentis dans la connaissance de la philosophie de l'Inde et entendre formuler le même jugement : Schopenhauer a commis des erreurs grossières, etc. — Mais les savants n'ont jamais entièrement raison. Si Schopenhauer n'a pas bien entendu la doctrine de l'*atman* par exemple (ce dont nul ne doutera) il a su recueillir dans la pensée de l'Inde, la seule idée puissante, je veux dire la *non-violence*. Il l'a transmise au Comte Léon Tolstoï et elle fut réanimée en Inde par Gandhi, admirateur fervent de Tolstoï. On ne soutiendra pas que Gandhi eût été incapable de rendre à lui seul la vie à cette idée. Mais l'histoire a fait un détour par la philosophie allemande. Cette idée glorieuse, qui n'est vraiment venue en Europe qu'avec Schopenhauer, est retournée en sa terre natale. Ainsi Schopenhauer a annoncé l'aube de la philosophie de la tragédie et aperçu la nuit de la violence. Si grand que soit le respect qu'on doive à une œuvre comme celle de Schelling, elle n'a guère d'intérêt selon l'histoire, confrontée à cette œuvre méconnue : la philosophie de Schopenhauer.

OUVRAGES ET ARTICLES CONSACRÉS A SCHOPENHAUER ET CITÉS OU CONSULTÉS

BAILLOT A. — *Influence de la philosophie de Schopenhauer en France* suivi d'un *Essai sur les sources françaises de Schopenhauer,* Alcan, 1927.

BOSSERT A. — *Schopenhauer et ses disciples, d'après ses conversations et sa correspondance,* Paris, Hachette, 1920.

BOURDEAU J. — *Le bonheur dans le pessimisme,* Hachette, 1906.

BRÉHIER E. — *L'unique pensée de Schopenhauer,* Revue de Métaphysique et de Morale, 1938.

BRUNETIÈRE F. — *La philosophie de Schopenhauer,* Revue des Deux-Mondes, 1er octobre 1886.

— *La philosophie de Schopenhauer et les conséquences du pessimisme,* Revue des Deux-Mondes, 1er novembre 1890.

CALAS T. — *Schopenhauer, pessimisme, athéisme,* Montauban, 1909.

CHAIX-RUY J. — *Actualité de Schopenhauer,* Les Études philosophiques, 1961. II.

CHALLEMEL-LACOUR. — « *Souvenirs* », Revue des Deux-Mondes, 15 mars 1870.

DILTHEY W. — *Arthur Schopenhauer,* Braunschweig, G. Westermann, 1864.

FAUCONNET A. — *L'esthétique de Schopenhauer,* Alcan, 1913.

— *Schopenhauer précurseur de Freud,* Mercure de France, décembre 1933.

FISCHER K. — *Schopenhauers Leben, Werke und Lehre,* Heidelberg, 1893.

FRAUENSTAEDT J. — *Memorabilien, Briefe und Nachlasstücke,* Berlin, 1863.

GARDINER P. — *Schopenhauer,* Hardmondsworth, Penguin Books, 1963.

GOYARD-FABRE S. — *Droit naturel et loi civile dans la philosophie de Schopenhauer*, Les Études philosophiques, 1977/4.

GUEROULT M. — *Études de philosophie allemande*, Hildesheim, 1977.

GWINNER W. — *Schopenhauers Leben*, Leipzig, 1878.

HORKHEIMER M. — *Die Aktualität des Schopenhauer*, Jahrbuch, XLII, Francfort, 1961.

JANET P. — *Schopenhauer et la physiologie française : Cabanis, Bichat*, Revue des Deux-Mondes, 1er mai 1880.

JOUHET S. — *Actualité de Schopenhauer* ? La Table Ronde, 1960, n° 153.

KANOVITCH A. — *The will to beauty being a continuation of the Philosophies of A. Schopenhauer and F. Nietzsche*, New York, 1922.

KOWALESKI A. — *Schopenhauer und seine Weltanschauung*, Halle, 1908.

LEHMANN R. — *Schopenhauer, ein Beitrag zur Psychologie der Metaphysik*, Berlin, 1894.

MANN Th. — *Essai sur Schopenhauer.*

MEDITCH P. — *La théorie de l'intelligence chez Schopenhauer.*

MÉRY M. — *Essai sur la causalité phénoménale selon Schopenhauer.*

PAPINI G. — *Il crepusculo dei filosofi, Arturo Schopenhauer*, Firenze, Vallecchi.

PAULSEN F. — *Schopenhauer, Hamlet, Mephistopheles, dreit Aufsätze zur Naturgeschischte des Pessimismus*, Berlin, 1900.

PICLIN M. — Schopenhauer, Paris, 1974.

— *Généalogie de Schopenhauer*, Les Études philsophiques, 1977/4.

PILLON F. — *La doctrine de Schopenhauer sur le libre arbitre*, Critique Philosophique, 1877.

RENOUVIER Ch. — *La logique du système de Schopenhauer*, Critique Philosophique, 1882.

— *Schopenhauer et la métaphysique du pessimisme*, Année philosophique. II, 1893.

RIBOT Th. — *La philosophie de Schopenhauer*, Paris, 1874.

ROD E. — *Schopenhauer et ses correspondants*, Paris, 1905.

ROSSET C. — *Schopenhauer, philosophe de l'absurde*, Paris, 1967.

— *Schopenhauer*, Paris, 1968.

— *L'esthétique de Schopenhauer*, Paris, 1969.

ROSSIGNOL F. — *La pensée de Schopenhauer,* Grenoble, 1947.

RUYSSEN Th. — *Schopenhauer,* Alcan, 1908.

RENUWSKI S. — *L'optimisme de Schopenhauer,* Alcan, 1908.

SANS E. — *Richard Wagner et la pensée de Schopenhauer,* Paris, 1969.

SCHULTZ P. — *Schopenhauer und seine Beziehung zu den Naturwissenschaften,* Deutsche Rundschau, 20, 1900.

SEILLIÈRE E. — *Les Grands écrivains étrangers : Arthur Schopenhauer,* Paris, 1911.

SEYDEL R. — *Schopenhauers System dargestellt und beurteilt,* Leipzig, 1857.

SIMMEL G. — *Schopenhauer und Nietzsche,* Leipzig, 1907.

SONDAG Y. — *Nietzsche, Schopenhauer, l'ascétisme et la psychanalyse,* Revue philosophique, 1971.

VOLKELT J. — *Schopenhauer, seine Persönlichkeit, seine Lehre, seine Glaube,* Stuttgart, 1900.

INDEX DES NOMS CITÉS

TABLE DES MATIÈRES

ACHEVÉ D'IMPRIMER
EN OCTOBRE 1999
PAR L'IMPRIMERIE
DE LA MANUTENTION
A MAYENNE
N° 274-99

Dépôt légal : 4e trimestre 1999